中等职业教育国家规划教材
全国中等职业教育教材审定委员会审定

证券基础

（第 4 版）

主　　编　张　强
责任主审　钱　晟
审　　稿　黄惠青

中国财政经济出版社

图书在版编目（CIP）数据

证券基础/张强主编．—4版．—北京：中国财政经济出版社，2015.12
中等职业教育国家规划教材
ISBN 978－7－5095－6499－8

Ⅰ．①证…　Ⅱ．①张…　Ⅲ．①证券交易－中等专业学校－教材　Ⅳ．①F830.91

中国版本图书馆CIP数据核字（2015）第287754号

责任编辑：康　苗　　　　　　责任校对：李　丽
封面设计：陈　瑶

中国财政经济出版社 出版

URL：http：//www．cfeph．cn

E－mail：cfeph＠cfeph．cn

社址：北京市海淀区阜成路甲28号　邮政编码：100142

营销中心电话：88190406　北京财经书店电话：64033436　84041336

北京财经印刷厂印刷　各地新华书店经销

787×1092毫米　16开　12.25印张　278 000字

2016年2月第4版　2016年2月北京第1次印刷

定价：22.00元

ISBN 978－7－5095－6499－8/F·5233

（图书出现印装问题，本社负责调换）

本社质量投诉电话：010－88190744

打击盗版举报热线：010－88190492，QQ：634579818

第4版前言

为全面贯彻落实《国务院关于加快发展现代职业教育的决定》（国发〔2014〕19号）和《国家中长期教育改革和发展规划纲要（2010～2020年）》，我们依据教育部最新颁布的《中等职业学校金融事务专业教学标准（试行）》，对中等职业教育国家规划教材《证券基础》进行了第4次修订。

本书自2002年问世以来，持续得到了使用该教材的师生广泛的好评，为了适应中国证券市场的最新发展以及证券基础理论和实践创新的需要，我们不断对前一版进行修订，于2007年出版第2版和2011年出版第3版。广大师生在使用本教材的过程中，给我们提供了一些富有建设性的意见和建议，为此我们表示衷心的感谢！

我们在本书第3版的基础上做了一些修订和完善，主要在以下几个方面：

第一，对于2010年之后我国证券市场在相关政策、制度、产品等方面的发展变化，我们注意删减过时的内容，增补新的规定和发展概况，全面更新数据和资料；

第二，补充了一些新内容，例如，在“证券投资与投机”中补充过度投机的危害，对世界主要股价指数的内容进行补充；

第三，对第3版中发现的错误进行了更正。

我们相信，本书经过修订后，会更加理论联系实际，在专业性、权威性和实用性方面会更为突出。由于证券市场发展变化很快，不足与疏漏在所难免，敬请读者指正。

本书第1版由张强任主编，刘轶任副主编。编写人员有：张强（第一、八、九章），刘轶（第一、四章），陈景雄（第五章），王悦（第九章），张静琦（第二章），苗青华（第三章），李宗民（第六、七章）。第2、3版均由张强教授主编，刘轶副教授担任副主编，共同完成内容的修订，最后由张强教授定稿。

本次修订由张强教授和刘轶副教授共同完成，谈颢阳博士参与了本次修订。

编　者

2016年2月

目　录

第一章 导论

学习目标

通过本章的学习，掌握证券投资的基本概念、基本要素和特点。

第一节 市场经济与投融资机制

金融活动源于社会资金的余缺调剂，资金的赤字部门即成为融资主体，资金盈余部门即成为投资主体。因此，投融资实际上是社会资金流动的两个不同侧面。

一、社会融资机制

融资就是指社会资金的调剂和融通，是商品经济高度发展的产物。在市场经济条件下，社会融资机制的作用日益重要，这是因为：

第一，市场经济是信用经济，市场经济越发达，社会各阶层的收入越高，其闲置资金也越多，越需要更加发达的融资渠道使其得到有效利用；

第二，在市场经济条件下，各经济主体（如企业）的扩张欲望都非常强烈，普遍进行负债经营，对资金的需求量增大，需要发达的融资机制为其服务；

第三，在市场经济条件下，政府对宏观经济实施间接调控，需要强大的财力作后盾，这也需要相应的融资机制为政府提供资金融通。因此，市场经济越发达，融资机制的作用也越重要。

在现代经济中，融资机制的发展越来越复杂和成熟。例如，企业可向银行和其他金融机构贷款、向租赁公司租赁设备、在证券市场上发行债券和股票等。这些融资方式各有特点，它们既可以通过金融中介机构来完成，也可以不通过金融中介机构来完成，从而有直接融资和间接融资之分。

间接融资是指资金供求双方在金融中介机构参与的情况下融通资金的方式。银行存放款、信托、租赁、保单以及金融机构发行金融债券都属这种方式，其中银行存放款是最典型的间接融资方式。直接融资是指资金供求双方在没有金融中介机构参与的情况下直接融资的方式。直接融资方式主要包括企业和政府发行的有价证券和预付、赊销等商业信用。金融机构发行的债券与吸收存款因为在本质上并无分别，因此不归入直接融资。图 1－1 说明了直接融资和间接融资的区别。

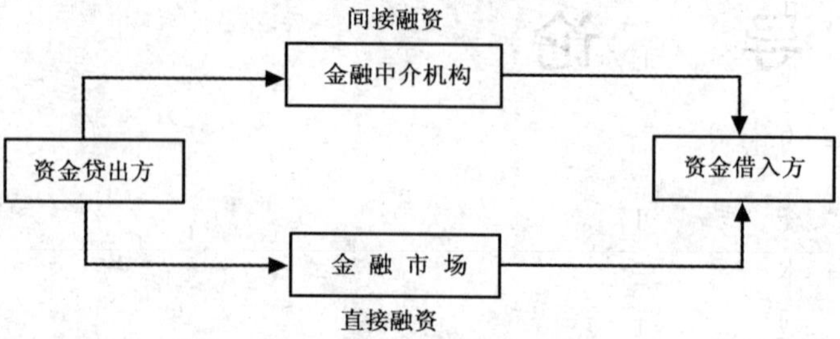

图 1－1　直接融资与间接融资比较

二、社会投资机制

有融资必然有投资，投资和融资实际上是同一过程的两个方面。投资最主要的涵义，是为了将来某种不确定的价值而牺牲目前一定的价值；具体说来，投资是指经济主体以获得未来收益为目的，预先垫付一定数量资金经营某项事业的行为。由于投资的标的不同，所以，投资既可能是修建厂房、购买设备，也可能是购买有价证券。尽管任何形式的投资首先都表现为资金的垫付，但从最终的投资标的物来划分，可将投资划分为实物投资和金融投资两种类型。凡是将资金投资于实物资产的行为，称之为实物投资（Real Investment）；相反，凡是垫付资金购买有价证券等金融资产的行为，则称之为金融投资（Financial Investment）。

在现实经济中，实物投资和金融投资并不是完全对立和排斥的，两者之间存在一种相互补充和转化的关系。例如，一个人想购买住房，他可以用自己的钱来支付一部分房款，其余的资金则来自抵押贷款。其抵押贷款是这个人必须承诺在以后的若干年内偿还规定数额的钱，并以财产所有权作为债务的担保。在一般情况下，贷款的一方并不是个人，而是一个作为金融中介的机构。因此，这个人对住房进行了实物投资，金融机构则为这个人进行了金融投资。

正确认识金融投资，尤其是证券投资的虚拟资本性质和实物投资与金融投资相互补充、转化的关系，对于我们防止证券市场上的过度投机，加强证券市场的监管，同时克服将证券投资一概斥之为“泡沫经济”等片面的观点，促进我国证券业的健康发展，都具有十分重要的意义。

小资料

什么是“泡沫经济”

如果将啤酒或可乐倒进玻璃杯中，杯子的最上层会是一截泡沫。有时倒得太急，泡沫甚至会溢出来，但过一阵子，泡沫逐渐消失，才发现啤酒或可乐并没有充满整个杯子，原来只是泡沫造成的假象。这就是“泡沫经济”一词的由来。它是指某一领域经济现状表现为虚假的繁荣。

我们在本课程中研究的有价证券，经济学中一般称之为虚拟资本，即真实资本的纸制副本。有价证券可以上市场交易，有独立的价格，所以它具有可以独立于真实资本而存在，其市值可以与券面价值不一致，证券价格的变化不一定反映真实资本的变化等特点。

三、投资与融资的关系

经济学认为，投资表现为向社会再生产过程投入物质资料的行为；投资来源于储蓄或积累。联结众多投资主体和储蓄主体的，是社会的融资机制。

在任何一个开放型的经济社会里，其国民收入中的一部分必然会以储蓄的形式积累起来，并通过恰当的方式转化为投资。从社会总供给和总需求的关系看，储蓄和投资的平衡是宏观总量平衡的基本要求和模式。因此，储蓄和投资是联系国民收入与资金流量的环节。我们可以从供给和需求两个角度来分析国民收入的构成及资金的流量。

从供给方面看，一个国家的国民收入是一定时期各个生产要素供给的总和，即等于各个生产要素相应地得到的收入的总和。而各个生产要素收入中，除了用于消费的那部分收入外，余下的收入用于储蓄。用 Y 表示国民收入，C 表示消费，S 表示储蓄，I 表示投资，则有：

$$Y = C + S$$

从需求方面看，一个国家的国民收入是一定时期内国内用于消费的支出和用于投资的支出的总和，即等于国内对消费品需求和投资品需求的总和，也就是消费与投资的总和。用公式表示为：

$$Y = C + I$$

由于供给和需求的讨论只是从不同方面对国民收入进行分析，两者在量上的总和是相等的，因此，有：

$$Y = C + S = C + I$$

则：

$$S = I$$

上式简单而又通俗地从理论上证实了储蓄与投资在量上的相等关系。只要经济处于均衡状态，储蓄和投资之间必然存在这种相等关系。这种相等关系的特点是：

第一，储蓄和投资具有不同性质，不能相互替代。虽然从全社会来看，储蓄与投资相等是经济均衡的必然产物，但由于储蓄和投资是互不相关的两类人的独立行为，这两类人的行为动机可能完全不同，所以两者有着重大区别。储蓄可以被解释为预先决定的消费，投资则被限制在“实际”投资的范围内，即在将来能增加国民产出。

第二，储蓄和投资相等实际上是经济均衡的产物。均衡价格决定市场价值，而市场价值又是储蓄和投资相等的充分条件。市场价值是以均衡价格计算的社会商品的货币表现，如果舍去这个中介，直接把均衡价格与储蓄和投资相等直接相联系，结论肯定是：均衡价格是储蓄和投资相等的充分条件。

第二节　证券与证券投资

证券投资的对象是证券。本节中将引入证券的基本概念和相关知识，为证券市场运作的分析和证券投资分析与决策提供铺路石。

一、证券的概念和类型

本课程研究的证券是指有价证券，即具有一定票面金额、用来证明其持有人（投资者）所享有的所有权或债权的一种法律凭证。有价证券是虚拟资本的一种形式。所谓虚拟资本，是以有价证券形式存在，并能给持有者带来一定收益的资本。虚拟资本是独立于实际资本之外的一种资本存在形式，其本身不能在生产过程中发挥作用。虚拟资本不仅在质上有别于实际资本，而且在量上也是不同的，在一般情况下，虚拟资本的价格总是大于实际资本额，其变化也并不反映实际资本额的变化。

从证券的来源来看，它是证券市场上资金需求者向供应者融通资金时所出具的书面证明，是具有法律效力的契约。有价证券本身没有价值，因为它不是劳动产品；但是由于它能给其持有者带来一定的收益，所以它有价格，可以在证券市场上自由买卖。

有价证券的类型较多，从不同的角度可以进行不同的分类和归纳。按证券所体现的内容不同，可划分为货币证券、商品证券和资本证券；按是否上市，又可将其划分为上市证券和非上市证券。

（一）货币证券、商品证券和资本证券

货币证券是指其本身能使持有人或第三者取得货币索取权的有价证券。货币证券主要包括两大类：一类是商业证券，主要包括商业汇票和商业本票；另一类是银行证券，主要包括银行汇票、银行本票和支票。

商品证券是证明持有人有商品所有权或使用权的凭证，取得这种证券就等于取得这种商品的所有权或使用权，并受法律保护。属于商品证券的有提货单、运货单、仓库栈单等。

资本证券是指由金融投资或与金融投资有直接联系的活动而产生的证券，持有人有一定的收入请求权，它包括股票、债券、基金及其衍生产品，如金融期货、金融期权、可转换证券等。

资本证券是有价证券的主要形式，狭义的有价证券即指资本证券。在日常生活中，人们通常把狭义的有价证券——资本证券直接称为有价证券乃至证券。

（二）上市证券和非上市证券

上市证券和非上市证券主要是针对股票和债券而言。

上市证券又称挂牌证券，是指经证券主管机关批准，并在证券交易所注册登记，有资格在交易所进行交易的证券。股票或债券要到某一证券交易所上市，必须符合其上市条件，并遵守其规章制度。证券上市交易一般有利于提高公司的声誉，有利于其资本筹集。

非上市证券是指未在证券交易所登记挂牌，由公司自行发行或销售的证券。未上市证券不能在证券交易所内交易，但可以在交易所以外的“场外交易市场”进行交易。一般来说，非上市证券的种类比上市证券的种类要多。

二、有价证券的特点

一般说来，有价证券作为虚拟资本，其特点主要表现在产权性、收益性、流动性和风险性等几个方面。

(一) 产权性

证券的产权性，是指有价证券记载着权利人的财产权内容，代表一定的财产所有权，拥有证券就意味着享有财产的占有、使用、收益和处置的权利。在现代经济社会里，财产权利和证券已密不可分，两者融为一体，证券已成为财产权利的一般形式。虽然证券持有人并不实际占有财产，但可以通过持有证券，拥有有关财产的所有权或债权。

(二) 收益性

投资者进行证券投资的主要目的是为了获得收益，因此收益性既是证券所具有的基本特点，也是证券所具有的基本性质。证券投资的收益主要来自本期收益和资本利得，收益的多少通常取决于该资产增值数额的多少和证券市场的供求状况。

(三) 流动性

流动性是指证券变现的难易程度，即证券持有人可以根据市场的实际情况和自身需求，自由地、及时地将证券转让给他人而收回本金。证券投资工具流动性的强弱取决于证券的期限、利息支付方式、信用度、知名度、市场便利程度等因素。证券的流通是通过承兑、贴现、交易来实现的。

(四) 风险性

证券投资的目的是为了获取收益，但天下没有免费的午餐，投资者在获得收益的同时必须承担风险，而且其风险与收益呈正相关。证券投资者可能因为证券价格的跌落而亏损，也可能因为证券发行者经营不善而不能得到预期收益，甚至可能因证券发行者破产而血本无归。

三、证券投资的概念和类型

如前所述，投资是指经济主体预先垫付资金从事某项事业，以获取未来收益的行为。证券投资作为金融投资的主体部分，是指经济主体购买股票、债券等各种有价证券，以获取未来收益的投资行为。证券投资是商品经济不断发展和生产社会化程度不断提高的产物。

20 世纪 80 年代以来，随着世界经济一体化趋势的加强，国际金融市场一体化和证券化的趋势也日渐明显，证券市场的地位和作用越来越受到重视。这一方面表现为国际金融市场的融资总额持续不断增长；另一方面则表现为融资形式在结构上也发生了显著的变化。例如，1980 年国际债券发行量仅为 383 亿美元，占平均融资总额的比重仅为 15%。1986 年则达到 2264 亿美元，占平均融资总额的比重达到了 72.8%。

进入 20 世纪 90 年代，证券融资完全突破了空间、地域和某些人为的限制，席卷全球。美国、欧共体和日本跨国持有的股票从 1986 年的 8000 亿美元增加到 1991 年的 13000 亿美元，1993 年世界新发行的股票和债券超过 15000 亿美元，比 1992 年增长 36%。可见，银行信贷收缩和证券融资猛增这一融资证券化趋势已不可逆转。在国际金融市场上，各种新的融资品种不断创新，许多新的融资技术和方式应运而生，大大加强了国际金融市场的深度和广度，也为资金供求双方提供了更多的可供选择的机会。

证券投资按不同的划分标准可以分为不同的种类，按三种分类方式划分为：直接证券投资与间接证券投资，长期投资、中期投资与短期投资，固定收益投资与不固定收益投资。

（一）直接证券投资与间接证券投资

按照投资过程中有无金融机构，可以将证券投资划分为直接证券投资和间接证券投资。直接证券投资是指投资者直接从证券市场购买证券的投资行为，如投资者直接购买企业发行的股票、债券和政府公债等。间接证券投资则是指投资者购买由金融机构发行的证券，再由这些金融机构用筹集到的资金投资于市场有价证券；对投资者来说，等于是间接地参与了证券市场的投资活动，如投资者购买投资基金的受益凭证，即属于间接证券投资。

（二）长期投资、中期投资与短期投资

按投资标的证券的时间长短，可将证券投资划分为长期投资、中期投资和短期投资。长期投资是指购买偿还期限在10年以上的证券，包括购买企业股票和长期债券。中期投资是指购买偿还期限在1年以上、10年以下的证券，主要是指各种国债券和公司债券。短期投资是指购买偿还期限在1年以下的证券，主要是短期国债，例如美国国库券。

由于投资的证券可以在证券市场上转手出让，特别是股票转手十分频繁，所以有时也根据投资者实际持有某种证券时间的长短来划分长期投资与短期投资。投资时间的长短决定和影响证券的性质、收益、风险和流动性等问题。

（三）固定收益投资与不固定收益投资

固定收益投资与不固定收益投资是从投资证券获得的收益是否确定来划分的。一般说来，债券的利息率在发行时已确定，购买债券属于固定收益投资。股票的分红派息要视公司经营业绩而定。经营好、利润多的公司或年份，分红派息就多，反之则少；如果发生亏损，就无收益可言。所以，购买股票是不固定收益投资。但是，金融市场的发展与创新使这种划分变得日益模糊。如在股票中，优先股的股息是发行时已经规定好并先于普通股进行分配的，故优先股属于固定收益投资；在债券中，浮动利率债券在发行时利息率不加固定，而是根据市场利率的变化定期加以调整，所以它又是一种不固定收益投资。

四、证券投资的特点

在现代经济中，证券市场已成为生产要素市场的龙头。这是因为，证券投资既是一种投资形式，也是一种融资方式。它不仅受到资金供求双方的广泛欢迎，也得到各国政府的提倡和鼓励，成为一个国家经济持续成长的必要条件之一。证券投资的快速发展，从根本上看，还是由其本身的特点所决定的。

（一）证券投资是价值保值、增值与流通的有效统一

证券投资的目的是为了获得收益，因此它隐含了一个前提，即首先要使其投资得以保值。在保值的基础上，投资者总是寻找合适的买卖时机，实现资金的增值。此外，投资者还要求其投资在保值和增值的过程中能够随时处置和变化，以应不时之需，这就是经济学中所说的流动性。与货币和银行存款相比较，证券市场的参与者众多，交易标准化，市场普遍活跃，投资者有条件通过自己资金的有效运作，将价值的保值、增值和流通三者以最好的方式加以组合，从长远看尤其如此。

（二）证券投资为投资者和筹资者提供了相互选择的机会

证券投资是通过证券市场完成的。证券市场是一种公开的市场，一切融资活动成功与否，完全取决于证券本身的条件和证券的发售与购买能否顺利进行。而证券的发售和购买就是投资者和筹资者相互选择的过程。

从投资者来看，他要求证券发行企业是长期盈利单位，有发展潜力，市场前景看好；要求它公开财务状况，有良好的经营记录；要了解企业的经营范围和业务；要知道其发行证券的价格和预期收益；要知道企业筹资的用途，甚至直接参与企业的经营决策。投资者只有对一个企业的基本情况进行了解并据此同其他企业进行比较后，才能作出最后的投资决策。这就是投资者对筹资者的选择。

从筹资者来看，他需要筹集多少资金，是发行股票还是发行债券；如果发行股票，是普通股还是优先股；如果发行债券，利率高低、偿还期限长短和本息偿还方式等，都是其筹资决策必须考虑的事项。筹资者结合自身的特点并依据市场运行情况，决定筹资方案，其过程实质上就是他对投资者选择的过程。

（三）证券投资可以分散投资风险

任何投资行为在获取收益的同时都必须承担风险。因此，投资者都在极力寻找既能获得最大的收益，又能把风险降低到最小程度的投资形式和方法。证券投资可以从两个方面降低风险：一方面，证券投资可以分散兴办企业的投资风险。证券融资方式产生以前，企业的组织形式主要是独资和合伙企业，其投资者必须承担无限责任，投资风险完全集中在一个和几个合伙人身上。股份制企业通过发行股票向广大社会公众筹集资本，股票投资者即股东在分享企业利润的同时也相应承担企业的经营风险，由于这种企业制度是一种有限责任制度，因此分散了风险。另一方面，就证券投资本身而言，由于证券市场价格波动频繁、剧烈，投资者在可能获得可观收益的同时也承担了巨大的投资风险。然而，证券的品种多种多样，它们的价格变动无论在方向上还是在幅度上都存在一定差异。也就是说，在其他条件不变的情况下，由于各种证券市场价格变动的差异导致它们的风险也大小不一，投资者可以通过分散投资于多种证券的办法来减少风险。

第三节 证券投资收益与风险

证券投资者与其他任何经济行为主体一样，其行为目标是追求自身效用的最大化，而获得投资收益正是其效用实现的具体方式。但投资者在获取收益的同时还必须承担投资风险，而风险总是会给投资者带来负效用。因此，证券投资行为总是投资者在收益和风险之间反复权衡和决断的结果。收益和风险就相当于一个硬币的两面，它们构成证券投资行为的两大基本要素。

一、证券投资的收益

证券投资收益是投资者在进行证券投资的过程中所获取的利润。投资者从事投资行为是为了获取收益，追求收益的最大化始终是投资者所追求的目标。

（一）证券投资收益的来源

证券投资的收益主要来源于本期收益和资本利得两个部分。本期收益（Current Income）是指证券发行者定期或不定期支付给投资者的利息或红利；资本利得（Capital Gains）又称资本增值，是指投资者在市场上通过低买高卖所获得的差价收入。

各种债券的利息一般是由在债券发行时约定的利率决定的，一般来说属固定收益；股票的股息、红利则要视股票发行企业的经营业绩好坏及其股息分配政策而定，属不固定收益。而资本利得收益来源于市场差价，由于市场未来价格是不确定的，资本利得也是不确定的。但总体来说，本期收益的波动性和风险性比资本利得要小得多，因此，保守型的投资者一般将目光瞄在本期收益上，而激进型投资者则更多地将注意力放在资本利得方面。

在购买股票时，偏好本期收益的投资者一般倾向于选择一些获利多的绩优公司，如美国波音公司发行的股票，即所谓的“蓝筹股”。寻求资本利得的投资者则往往看中新兴的小型公司。这些公司往往不分配红利，但它能赋予投资者未来大幅增值的梦想。

（二）投资者的收益率要求

证券投资收益率的基本计算公式为：

$$收益率=\frac{期末财富-期初财富}{期初财富}$$

收益率要求（Required Rate of Return）是指投资者购买某种有价证券所应该获得的理论收益率。收益率要求是投资者进行投资决策的重要心理依据。如果投资者对某种证券的预期收益率低于其收益率要求，则该投资者肯定会放弃该项投资。

从理论上看，投资者的收益率要求应该包括三个部分，即真实收益率、预期通货膨胀率与风险溢价。

真实收益率（Real Rate of Return）是指投资者让渡资金使用权所要求的基本收益率。这是投资者放弃即期消费并让渡资金使用权所应该得到的报酬，也是资金时间价值的基本体现。其中包含的“真实”二字，是指该收益率剔除了通货膨胀因素和风险因素，是社会资金的真实折现率，其收益水平应该是社会公认的。

预期通货膨胀率是投资者收益率要求的重要构成部分。将真实收益率与预期通货膨胀率相加即可得到在不考虑风险因素情况下的收益率要求，即无风险收益率（Risk - free Rate）。不过，从严格的统计学意义上说，无风险收益率的计算公式应该是：

$$无风险收益率=(1+真实收益率)\times(1+预期通货膨胀率)-1$$

例如，真实收益率为3%，预期通货膨胀率为4%，则无风险收益率＝（1＋3%）×（1＋4%）－1＝7.12%，大致相当于3%＋4%＝7%。因此，两种计算方法一般情况下可替换。

此外，证券投资属风险投资，一般说来，承担的风险越大，要求的收益也就越高，这也就是国债的利率水平低于企业债券利率水平的重要原因之一，所以我们说风险溢价收益也是收益率要求的构成部分之一。对于不同的投资对象，其风险溢价各有不同。例如，对于政府担保的银行存单或者政府直接发行的债券，其风险溢价几乎为零；而对于公司发行的普通股票，其风险溢价一般都至少要达到几个百分点，且随着公司经营风险程度的提高而增加；对于一些高风险的垃圾债券，其风险溢价甚至可达到20个百分点以上。

二、证券投资风险

（一）概述

证券投资是一种风险性投资。一般而言，风险是指对投资者预期收益的背离，或者说是证券收益的不确定性。证券投资风险是指证券预期收益变动的可能性及变动幅度。在证券投资活动中，投资者投入一定数量的本金，目的是希望能得到预期收益。从时间上看，投入本金是当前的行为，其数额是确定的，而取得收益是在未来，在持有证券这段时间内，有很多因素可能使预期收益减少甚至使本金遭受损失。因此，证券投资的风险是普遍存在的。与证券投资相关的所有风险称为总风险。总风险可分为系统风险和非系统风险两大类。

1. 系统风险

系统风险是指由于某种全局性的因素引起的投资收益的可能变动，这种因素对所有证券的收益产生影响。在现实生活中，所有企业都受全局性因素的影响，这些因素包括社会、政治、经济等各个方面。由于这些因素来自企业外部，是单一证券无法抗拒和规避的，因此又叫不可规避风险。这些共同的因素会对所有企业产生不同程度的影响，不能通过多样化投资而分散，因此又称为不可分散风险。系统风险包括政策风险、经济周期性波动风险、利率风险和购买力风险等。

（1）政策风险。政策风险是指政府有关证券市场的现行政策发生重大变化或是有重要的举措、法规出台，引起证券市场的波动，从而给投资者带来的风险。

政府对本国证券市场的发展通常有一定的规划和政策，藉以指导市场的发展和加强对市场的管理。证券市场政策应当是在尊重证券市场发展规律的基础上，充分考虑证券市场在本国经济中的地位、与社会经济其他部门的联系、整体经济发展水平及政治形势、证券市场发展现状及对投资者保护等多方面因素后制定的。政府关于证券市场发展的规划和政策应该是长期稳定的，在规划和政策既定的前提条件下，政府应运用法律手段、经济手段和必要的行政管理手段引导证券市场健康、有序地发展。但是，在某些特殊的情况下，政府也可能会改变发展证券市场的战略部署，出台一些扶持或抑制市场发展的政策，制定出新的法规或交易规则，从而改变市场原先的运行轨迹。特别是在证券市场发展的初期，对证券市场发展的规律性认识不足、法规体系不健全、管理手段不充分，更容易较多地使用政策手段来干预市场。由于证券市场政策是政府指导、管理整个证券市场的手段，一旦出现政策风险，几乎所有的证券都会受到影响，因此属于系统风险。

小资料

2015 年 1 月 16 日，证监会通报了 2014 年第四季度证券公司融资类业务现场检查情况。这次调查的 45 家券商中，有 12 家券商存在融资融券业务违规情况，并被处以不同程度的处罚，其中中信证券、海通证券、国泰君安等三家知名大券商被暂停新开两融客户信用账户 3 个月，并于 1 月 19 日周一，受证监会通报。

（2）经济周期性波动风险。经济周期性波动风险是指证券市场行情周期性变动而引起的风险。这种行情变动不是指证券价格的日常波动和中期波动，而是指证券行情长期趋势的改变。

证券行情变动受多种因素的影响，但决定性的因素是经济周期的变动。经济周期是指社会经济阶段性的循环和波动，是经济发展的客观规律。经济周期的变化决定了企业的景气和效益，从而从根本上决定了证券行情，特别是股票行情的变动趋势。

证券行情随经济周期的循环而起伏变化，总的趋势可分为看涨市场或称多头市场、牛市和看跌市场或称空头市场、熊市两大类型。在看涨市场中，随着经济回升，股票价格从低谷逐渐回升，随着交易量的扩大，交易日渐活跃，股票价格持续上升并可维持较长一段时间，待股票价格升至很高水平，资金大量涌入并进一步推动股价上升，但成交量不能进一步放大时，股票价格开始盘旋并逐渐下降，标志着看涨市场的结束。看跌市场是从经济繁荣的后期开始，伴随着经济衰退，股票价格也从高点开始一直呈下跌趋势，并在达到某个低点时结束。看涨市场和看跌市场是指股票行情变动的大趋势。实际上，在看涨市场中，股价并非直线上升，而是大涨小跌，不断出现盘整和回档行情；在看跌市场中，股价也并非直线下降，而是小涨大跌，不断出现盘整和反弹行情。但在这两个变动趋势中，一个重要的特征是，在整个看涨行市中，几乎所有的股票价格都会上涨；在整个看跌行市中，几乎所有的股票价格都不可避免地有所下跌，只是涨跌的程度不同而已。

（3）利率风险。利率风险是指市场利率变动引起证券投资收益变动的可能性。市场利率的变化会引起证券价格变动，并进一步影响证券收益的确定性。利率与证券价格呈反方向变化，即利率提高，证券价格水平下降；利率下降，证券价格水平上涨。利率从两方面影响证券价格：

第一，改变资金流向。当市场利率提高时，会吸引一部分资金流向银行储蓄、商业票据等其他金融资产，减少对证券的需求，使证券价格下降；当市场利率下降时，一部分资金流回证券市场，增加对证券的需求，刺激证券价格上涨。

第二，影响公司的盈利。利率提高，公司融资成本提高，在其他条件不变的情况下，净盈利下降，引起股票价格下降；利率下降，融资成本下降，净盈利增加，股票价格上涨。

利率政策是中央银行的货币政策工具，中央银行根据金融宏观调控的需要调节利率水平。当中央银行调整利率时，各种金融资产的利率和价格都会灵敏地作出反应。利率风险对不同证券的影响是不相同的。

首先，利率风险是固定收益证券的主要风险，特别是债券的主要风险。债券面临的利率风险由价格变动风险和息票利率风险两方面组成。当市场利率提高时，已往发行又尚未到期的债券利率相对偏低，此时投资者若继续持有债券，在利息上要受损失，若将债券出售，又必须在价格上作出让步，在价格上要受损失。可见，此时投资者无法规避利率变动对债券价格和收益的影响，而且这种影响与债券本身的质量无关。

其次，利率风险是政府债券的主要风险。债券依发行主体的不同，可分为政府债券、金融债券、公司债券等。对公司债券和金融债券来说，除了利率风险以外，重要的还有信用风险和财务风险。政府债券信用风险与财务风险相对较小，它面临的主要风险是利率风险和购买力风险。

再次，利率风险对长期债券的影响大于短期债券。在利率水平变动幅度相同的情况下，长期债券的价格变动幅度大于短期债券，因此，长期债券的利率风险大于短期债券。债券的价格是将未来的利息收益和本金按市场利率折算成的现值，债券的期限越长，未来收入的折扣率就越大，所以，债券的价格变动风险随着期限的增加而增大。

最后，普通股股票和优先股股票也会受利率风险影响。股票价格对利率变动是极其敏感的，其中，优先股股票因其股息率固定而受利率风险影响较大。对普通股股票来说，其股息和价格主要由公司经营状况和财务状况决定，而利率变动仅是影响公司经营和财务状况的部分因素，所以，利率风险对普通股股票的影响相对较小。

（4）购买力风险。购买力风险又称通货膨胀风险，是指由于通货膨胀、货币贬值给投资者带来实际收益水平下降的风险。在通货膨胀情况下，物价普遍上涨，社会经济运行秩序混乱，企业生产经营的外部条件恶化，证券市场也难免深受其害。

在通货膨胀条件下，随着商品价格的上涨，证券价格也会上涨，投资者的货币收入有所增加，会使他们忽视通货膨胀风险的存在并产生一种货币幻觉。其实，由于货币贬值，货币购买力水平下降，投资者的实际收益不仅没有增加，反而有所减少。一般来讲，可通过计算实际收益率来分析购买力风险。

实际收益率 = 名义收益率 − 通货膨胀率

这里的名义收益率是指债券的票面利息率或股票的股息率。例如，某投资者买了一张年利率为10%的债券，其名义收益率为10%。若一年中通货膨胀率为5%，投资者的实际收益率为5%；当年通货膨胀率为10%时，投资者的实际收益率为0；当年通货膨胀率超过10%时，投资者不仅没有得到收益，反而有所亏损。可见，只有当名义收益率大于通货膨胀率时，投资者才有实际收益。

购买力风险对不同证券的影响是不相同的。最容易受其影响的是固定收益证券，如优先股、债券。因为它们的名义收益率是固定的，当通货膨胀率升高时，其实际收益率就会明显下降，所以，固定利息率和股息率的证券购买力风险较大。同样是债券，长期债券的购买力风险又要比短期债券大，相比之下，浮动利率债券或保值贴补债券的通货膨胀风险较小。

对普通股股票来说，购买力风险相对较小。当发生通货膨胀时，由于公司产品价格的上涨，股份公司的名义收益会增加，特别是当公司产品价格的上涨幅度大于生产费用的涨幅时，公司净盈利增加，此时股息会增加，股票价格也会随之提高，普通股股东可得到较高收益，可部分减轻通货膨胀所带来的损失。

需要指出的是，购买力风险对不同股票的影响是不同的；在通货膨胀的不同阶段，对股票的影响也是不同的。这是因为公司的盈利水平要受多种因素影响，产品价格仅仅是其中的一个因素。在通货膨胀情况下，由于不同公司产品价格的上涨幅度不同、上涨时间先后不同、对生产成本上升的承受能力不同、受国家有关政策的控制程度不同等原因，会出现在相同通货膨胀水平条件下，不同股票的购买力风险不尽相同的情况。一般来说，率先涨价的商品、上游商品、热销或供不应求的商品的股票购买力风险较小，国家进行价格控制的公用事业、基础产业和下游商品等股票的购买力风险较大。在通货膨胀之初，企业消化生产费用上涨的能力较强，又能利用人们的货币幻觉提高产品价格，股票的购买力风险相对小一些。当出现严重通货膨胀时，各种商品价格轮番上涨，社会经济秩序紊乱，企业承受能力下降，盈利和股息难以增加，股价即使上涨也很难赶上物价上涨，这时，普通股股票也很难抵御购买力下降的风险。

2. 非系统风险

非系统风险是指只对某个行业或个别公司的证券产生影响的风险，它通常是由某一特殊的因素引起，与整个证券市场的价格不存在系统、全面的联系，而只对少数证券的收益产生影响。这种因行业或企业自身因素改变而带来的证券价格变化与其他证券价格、收益没有必然的内在联系，不会因此而影响其他证券的收益。这种风险可以通过分散投资来抵消或规避，因此，又称为可分散风险或可规避风险。非系统风险包括信用风险、经营风险、财务风险等。

（1）信用风险。信用风险又称违约风险，是指证券发行人在证券到期时无法还本付息而使投资者遭受损失的风险。证券发行人如果不能支付债券利息、优先股股息或偿还本金，哪怕仅仅是延期支付，都会影响投资者的利益，使投资者失去再投资和获利的机会，遭受损失。信用风险实际上揭示了发行人在财务状况不佳时出现违约和破产的可能，它主要受证券发行人的经营能力、盈利水平、事业稳定程度及规模大小等因素影响。

债券、优先股、普通股都可能有信用风险，但程度有所不同。债券的信用风险在下面将详细分析，这里先谈谈股票的信用风险。股票没有还本要求，普通股股息也不固定，但仍有信用风险，不仅优先股股息有缓付、少付甚至不付的可能，而且如果公司不能按期偿还债务，会立即影响股票的市场价格，更不用说当公司破产时，该公司的股票价格会接近于零，无信用可言。在发行债券和优先股时，要进行信用评级，投资者规避信用风险的最好办法是参考证券信用评级的结果。信用级别高的证券，信用风险小；信用级别越低，违约的可能性越大。

（2）经营风险。经营风险是指公司的决策人员与管理人员在经营管理过程中出现失误而导致公司盈利水平变化，从而使投资者预期收益下降的风险。

公司的经营状况最终表现于盈利水平的变化和资产价值的变化。经营风险主要通过盈利变化产生影响，对不同证券的影响程度有所不同。经营风险是普通股票的主要风险，公司盈利的变化既会影响股息收入，又会影响股票价格。当公司盈利增加时，股息增加，股价上涨；当公司盈利减少时，股息减少，股价下降。经营风险对优先股的影响要小些，因为优先股的股息率是固定的，盈利水平的变化对价格的影响有限。公司债的还本付息受法律保障，除非公司破产清理，一般情况下不受企业经营状况的影响。但是，公司盈利的变化同样可能使公司债的价格呈同方向幅度变动，因为盈利增加使公司的债务偿还更有保障，信用提高，债券价格也会相应上升。

（3）财务风险。财务风险是指公司财务结构不合理、融资不当而导致投资者预期收益下降的风险。

负债经营是现代企业应有的经营策略，通过负债经营可以弥补自有资本的不足，还可以用借贷资金来实现盈利。股份公司在营运中所需要的资金一般来自发行股票和债务两个方面，其中，债务（包括银行贷款、发行企业债券、商业信用）的利息负担是一定的，如果公司资金总量中债务比重过大，或是公司的资金利润率低于利息率，就会使股东的可分配盈利减少，股息下降，使股票投资的财务风险增加。例如，当公司的资金利润率为10%，公司向银行贷款的利率或发行债券的票面利率为8%时，普通股股东所得权益将高于10%；如果公司的资金利润率低于8%时，公司须按8%的利率支付贷款或债券利息，普通股股东的收益将低于资金利润率。实际上，公司融资产生的财务杠杆作用犹如一把“双刃剑”，当融资产生的利润大于利息率时，给股东带来的是收益增长的效应；反之，就是收益减少的财务风险。

（二）系统风险与非系统风险的关系

系统风险和非系统风险共同构成一个投资组合的总风险，它们之间的这种区别可用图1－2来表示。

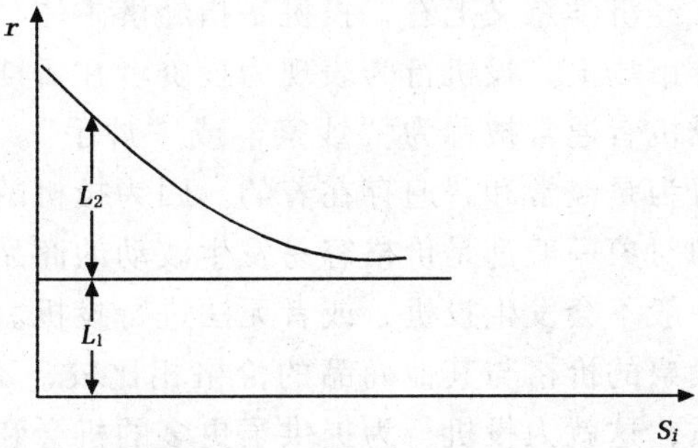

图1－2　系统风险与非系统风险

图1－2中，r为总风险，S_i为证券市场的全部证券，L_1为系统风险，L_2为非系统风险。由于系统风险是不可分散的，所以当这种风险产生后，任何证券的收益都会受到影响。L_1反映的就是这种状况。非系统风险具有可分散性特点。如果把投资分散于多种证券上，其中一种或几种是受特殊或个别原因影响造成的风险，可以由其他证券加以抵消或分散。图中L_2自左向右下倾就说明了这一过程。

三、证券投资收益与风险的关系

如上文所述，在证券投资的收益率要求中，风险溢价是其重要的组成部分。这是因为证券投资在可能给投资者带来高收益的同时，也伴随着巨大的风险，有时甚至是灾难性的。这在股市当中表现得尤为明显。

从总体上看，收益与风险之间存在一种正向函数关系，即收益越高，风险越大；收益越低，风险也越小，如图1－3所示。

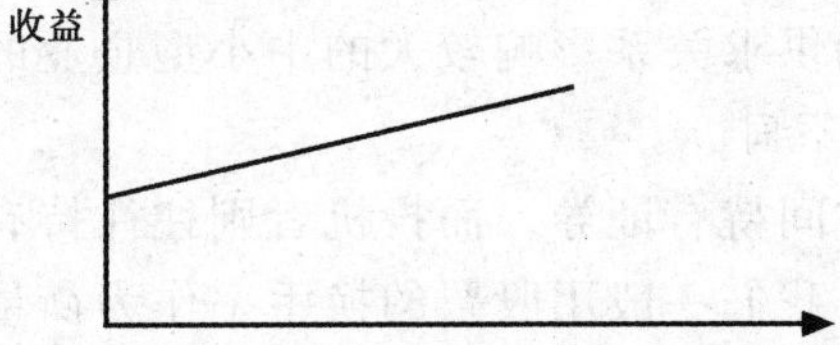

图1－3　收益风险关系图

第四节　证券投资与投机

发展证券市场需要正确地对待投机行为。投机对证券市场是一把“双刃剑”，没有投机，证券市场将陷于停滞；过度投机，则又必将破坏证券市场正常的交易秩序。因此，正确处理证券投资与投机的关系是证券市场健康发展的重要保证。

一、证券投机的概念

投机的涵义很广泛。从经济学意义上看，投机是指经济主体甘冒较大的风险以图获取特殊收益的经济行为。在证券市场上，投机行为表现为投资者在短期内企图通过低买高卖以获取短线差价的行为。证券投机者通常被称为“炒家”或“炒手”。

在证券市场上，投机行为是经常和普遍存在着的。因为投机的目的都是想从商品价格波动中获取收益，所以投机的对象一般都是价格容易发生波动的商品；价格相对稳定或者价格存在着严格管制的商品，一般不会发生投机，或者无法进行投机。从现实生活看，在证券市场上，证券的价格特别是股票的价格与其他商品的价格相比较，不仅更具有易变性的特点，而且这种易变带有瞬时性质，这就为投机行为提供了更多的机会和条件。这也是证券市场上投机行为更为普遍的原因。

二、证券投资与投机的区别

广义的投资是指一切经济主体垫付资金以求获取收益的经济行为，它包含了投机行为。这里的投资，是与投机相对称的狭义投资概念，是指以获取证券长期收益为目的而长期持有有价证券的行为。区别证券投资与投机具有重要的理论和现实意义。

证券投资与投机的区别主要表现在如下几个方面：

（一）投资与投机的动机不同

投资者是将资金投入某一企业（证券），以期在较长时期内获得股息和股份增值两个方面的正常收益。而投机者的行为动机则是在于短期收益，企图在短期内利用价格水平的变化赚取尽可能多的价差收益。

（二）投资与投机的对象不同

证券投资者往往选择质量较高、风险较小的证券。一般他们选择的是信用等级较高、价格比较稳定的政府债券、金融债券、公司债券及实力雄厚、地位稳固、发展前景较好的大公司的股票，这类公司股票价格波动幅度较小，从长期看呈持续上升势头。而证券投机者则往往选择价格波动较大、受市场供求关系影响较大的中小型企业的股票。

（三）投资与投机的行为不同

证券投资者倾向于较长时间持有证券，而投机者则往往持有证券时间较短，只要能赚到差价，什么时间出售都可以。我们一般用股票的换手率作为衡量一个证券市场投机性强弱的标志，投机性强的市场，其股票的换手率高；投机性弱的市场，其股票的换手率相对较低。

此外，从投资资金来看，在一般情况下，投资者往往只运用自己的积累和收入来投资证券市场；而投机者则由于短期利益的驱动，除了自有资金外，还通过各种途径和方式大量借入资金进行买卖。

（四）投资与投机的风险偏好与风险承受能力不同

投资者一般厌恶风险，风险承受能力也较差；而投机者往往喜欢风险，他们愿意为了获取高收益而冒较大的风险，他们的风险承受能力也相对较强。

（五）投资与投机的决策依据不同

投资者的决策主要依据于对上市公司经营状况的分析考察，而投机者的决策主要依据于对股市行情短期变化的预测。

需要指出的是，在实际生活中，证券投资与投机往往难以区分。比如说，投资者购入证券后准备长期持有，但当他看到证券价格大幅度上升而卖出以获得可观的差价收入时，投资就变成了投机；反之，投机者买入证券后被套牢而不得不长期持有，投机就变成了投资。实际上，对证券的购买者而言，当证券市场比较稳定、证券价格比较平缓时，投资动机起主导作用；而当证券市场波动频繁、证券价格变动幅度较大时，投机动机起主导作用。因此，往往很难把证券购买者简单地划分成投资者和投机者，证券投资与投机的区分只是相对的。

三、过度投机对市场的危害

任何事物有两面性，证券投机也不例外，适度的投机对证券市场具有较大的积极意义，证券市场存在过度投机现象会引发很多方面的负面影响，存在着诸多危害。证券市场过度投机所导致的危害主要表现为以下四个方面：

（一）过度投机导致证券市场偏离正确的轨道

建立证券市场的一个基本目的，就是通过公司制改造，建立科学的法人治理结构，使企业的发展充满生机和活力。但当投机成为市场的主导力量的时候，投资者均把炒作当成盈利的途径，他们并不关心企业的经营状况和企业的发展情况，不能形成投资者对公司经营的压力，证券价格与经营业绩无关，不能形成市场的优胜劣汰机制，证券市场就会偏离正确的轨道。

（二）过度投机导致证券价格暴涨暴跌，给社会经济造成巨大冲击

从市场经济形成的早期出现的“南海泡沫事件”和“密西西比泡沫事件”，到20世纪下半叶日本股市出现的暴涨、暴跌，每一次证券市场的过度投机都给社会经济造成了极大的破坏。

（三）过度投机不利于证券市场优化资源配置功能的发挥

资本市场的天职就是通过竞争机制和价格机制使资源得到最有效的配置，一个健康的证券市场能够提供最优的导向，把社会资源引导到发展前景好、效率高的行业和企业中去；但是，过度投机会窒息证券市场的优化资源配置功能。

（四）过度投机严重损害中小投资者的利益

在过度投机证券市场上，真正获益的只是少数有内幕消息、资金雄厚的超级主力，他们通过虚买虚卖、内幕交易等方法操纵证券市场，获取暴利，而中小投资者由于信息不全、势单力薄，往往是损失最大的群体。

四、正确对待证券投机

在证券市场的发展过程中，证券投机具有必然性，我们不能简单地否定它，而应该在承认其客观性的基础上，进行妥善的引导和管理。

（一）承认证券投机的客观性

既然证券投机与证券市场密不可分，而证券市场又是社会主义市场经济的有机组成部分，因此，证券投机不但客观存在，而且将在相当长的时期内存在。我们不能回避证券投机，而应该在承认其客观性的基础上，理性地对待证券投机。

（二）区分不同类型的证券投机并分别对待

证券投机按不同标准可以进行不同的分类。按性质划分，可以分为合法投机与非法投机。合法投机，是指在国家法律允许范围之内进行的投机；而非法投机则是违反国家法律规定的投机，它一般是指使用不正当的手段如通过哄抬、舞弊、欺诈等手段来进行的投机。按程度划分，证券投机可以分为过度投机和适度投机。适度投机是在不影响证券市场健康发展与社会经济稳定前提下进行的投机；而过度投机则是导致证券市场与社会经济剧烈波动的投机。

对证券投机的态度，应该是用法律手段坚决取缔非法投机行为，用行政手段与经济手段有效抑制过度投机，允许适度投机的存在，从而既实现证券市场与社会经济的基本稳定，又达到活跃证券市场的目的。

（三）加强对证券投机的控制

一方面，要加快证券法制建设，把对证券投机的控制纳入法制轨道，加强执法；另一方面，要健全证券监管机构，以提供对证券投机进行控制和管理的组织与人员的保证。

思考与练习

一、名词解释

证券

投资

系统风险

非系统风险

二、概念比较

直接融资与间接融资

投资与投机

三、辨析

承担的风险越大，获得的收益就越大。

四、问答

1. 简述有价证券的特点。
2. 简述证券投资的特点。

第二章

债　券

学习目标

通过本章的学习，了解和掌握债券的种类及其交易方式以及我国的国债、国际债券、债券评级等内容。

第一节　债券概述

一、债券的概念、性质及其特征

资金短缺的债务人可以通过各种方式向外筹集资金，如发行股票、债券等。所谓债券，就是债务人（即社会各类经济主体，如中央或地方政府、金融机构、股份公司、企业等）为筹集资金而依照法律程序向债券投资者出具的，承诺按约定利率和日期支付利息，并在特定日期偿还本金的书面债权债务凭证。

（一）债券的基本要素

1. 发债人

债券上必须载明发债人即债务主体的名称。明确债务主体，既为债权人到期追索利息和本金提供了依据，同时也有利于投资者根据不同债务人的不同信用状况选择购买债券。

2. 面值

债券的面值即是债券票面载明的金额。它包括两个基本内容：面值币种和面额大小。面值币种取决于发行者的需要和债券的种类。债券的面额代表着债券发行者向债券持有者筹集资金的数量，是计算利息和到期支付本金的基础。债券面额的确定要根据债券的发行对象、市场资金的供求状况及债券的发行费用等因素综合考虑。

3. 债券的偿还期限和方式

债券的偿还期限是指从债券的发行日至还本付息日之间的时间（债券上几乎总是标明到期日，在这个时点上，债券发行人有义务向债券持有者支付债券面值）。债券的偿还期限长短不一，可能是数天，也可能是数年，如短期债券的偿还期限只有几个月，而长期债券的偿还期限却可能长达十几年甚至几十年。

债券的发行人在确定债券的偿还期限时，通常需要考虑的因素有：其一，所筹资金的用途；其二，利率变动趋势；其三，债券流通市场的发达程度。债券的偿还方式是指对债券本金和利息的实际偿还时间及具体的偿还方法所作出的安排。绝大部分债券都是到期一次性归还本金和利息；也有部分债券是可提前偿还或展期偿还的，对这类债券，在发行前必须对具体偿还方式有详细、明确的说明。

4. 债券的利率及计息和付息的方式

每张债券上都应载明债券的票面利率、利息的计算方式和支付方式。债券可以采用固定利率，也可采用浮动利率。采用浮动利率的债券须在发行前明确其利率浮动的依据。利息的计算方式包括单利计息、复利计息和贴现计息三种。在单利计息方式下，无论期限多长，所生利息均不加入本金重复计算利息。在复利计息方式下，每经过一个计息期，都要将所生利息加入本金，并以增加了的本金作为计息基础再计利息，逐期滚动计算。在贴现计息方式下，债券以低于其面额的价格折价出售，其面额和售价之间的差额作为投资者的利息收入。债券利息的支付方式也是多种多样的。贴现计息的债券在折价出售时就相当于支付了利息。此外，有的债券是在到期归还本金时一次性付息，而有的债券是在存续期内每间隔一定时间支付一次利息。

5. 选择性的要素

除以上要素之外，有的债券还可能具备其他一些可选择性的要素，如债券担保条件、提前归还条件、购买债券的优惠条件等。

（二）债券的性质

1. 债券是有价证券

债券本身代表着一定的价值。一方面，债券的面值通常是债券投资者投入资金价值的量化表现；另一方面，债券的利息是债券投资者投资收益的价值表现。因此，它是一种有价证券。

2. 债券是债权债务凭证

从本质上讲，债券是债权债务关系的书面凭证。它表示债券的投资者（债权人）将一定数量资金的使用权在规定的时间内让渡给债券的发行者（债务人）。债券的发行者以支付一定的利息给债券的投资者为代价取得该资金的使用权。债券作为证券化的借贷凭证，有别于一般的借贷凭证。其区别在于：一般的借贷凭证是由当事双方自行商讨借款条件而签订的合约，它代表的是债务人与某个特定债权人之间的借贷关系，因而这种合约是非标准化的，一般是不能流通转让的；而债券所代表的借贷关系是债务人与不特定的债权人之间的借贷关系，是标准化的借贷凭证，具有公开性、社会性和规范性的特点，因而一般可以流通转让。

3. 债券是要式凭证

债券作为要式凭证，是指其必须具备法律所规定的必要的形式和内容，以保证该债券具有法律效力。如前所述，债券应具备的要素包括发债人、面值、债券的偿还期限和方式、债券的利率及计息和付息的方式以及一些选择性条款。

（三）债券的特征

1. 收益性

收益性是指债券能为债券持有者带来一定的收入，即债券投资的报酬。在实际经济活动中，债券收益可以表现为三种形式：一是利息收入，即债权人在持有期间按约定的条件分期、分次取得利息或者到期一次取得利息。二是资本损益，即债权人到期收回的本金与买入债券或中途卖出债券与买入债券之间的价差收入。这种收益与市场上的利率水平有关系。如果市场利率在持有债券期间固定不变，这一价差就是自买入债券或是自上次付息至卖出债券这段时间的利息收益表现形式。但是，如果市场利率发生变化，债券价格就会随市场利率的升降而上下波动。债券持有者能否获得转让价差、转让价差的数额，要视市场情况而定。三是再投资收益，即将投资债券所获得的现金流再投资的利息收入，受市场收益率变化的影响。

2. 流动性

债券持有人虽然必须到期才能收回本金，但由于债券具有较强的变现能力，其在到期之前可以随时在流通市场上交易变现，所以债券具有较强的流动性。一般而言，债券流动性的强弱受所在国债券市场的发达程度、债券发行人的资信度、债券期限的长短以及利息支付方式等因素的影响。

3. 风险性

债券投资者所面临的风险主要包括信用风险、利率风险和通货膨胀风险等。

信用风险是指由于债券发行者不能还本付息或不能按时还本付息而带来的风险。信用风险的程度由债券发行者的经营能力、规模大小及事业稳定性等因素决定。一般来讲，中央政府债券的信用风险最小，地方政府债券和政府机构债券其次，再次为大型金融机构和企业的债券，而中小企业债券的风险程度相对较高。

利率风险是指由于市场利率变动而带来的风险。由于债券的利率在发行时已确定，因而利率风险对其利息收益几乎不影响。但当市场利率发生变化时，债券二级市场的价格就会朝相反的方向波动，从而给债券持有者带来损失。一般而言，当市场利率上升时，长期债券价格的下降幅度要大于短期债券，因此，利率变动对长期债券价格的影响大于对短期债券价格的影响。

通货膨胀风险几乎危及所有的债券，特别是对利率固定、期限较长的债券的影响尤为巨大。当发生通货膨胀时，债券的预期收入和本金都会发生贬值，从而给投资者带来损失。

尽管债券投资者面临上述各种风险，但相对于股票、期货等投资工具而言，债券仍称得上是一种安全性较高的投资工具。其主要原因如前所述：第一，债券发行时，其偿还期限就已确定，因而投资者到期收回本金和利息的权利受法律保护；第二，债券的利率一般固定，不受发行后市场利率变化的影响，即使是采用浮动利率方式发行的债券一般也规定有利率浮动的底限，使投资者的利益有保障；第三，债券市场价格的波动幅度相对较小，市场价格下跌给投资者带来的损失也较为有限；第四，债券的付息和清偿顺序较之股票优先，从而更有保障。

4. 偿还性

由于债券体现的是债权人与发行人之间的借贷关系，这就决定了债券必须是有期限的、到期必须偿还的，否则，便失去了借贷的性质。因此，一般而言，债券的偿还期限都有明确的规定，到期后则其债权、债务关系结束。但也有个别例外，如英国有一种国债就没有确切的到期日，发行后经过一段时间，政府有随时归还本金的权利，但债权人无偿还请求权，政府甚至还可以无限期地支付利息而永不偿还本金。

二、债券的分类

（一）政府债券、金融债券和公司债券

依据债券发行主体的不同，债券可分为政府债券、金融债券和公司债券。

1. 政府债券

政府债券是政府或政府有关机构为筹集财政和建设资金而发行的债券。政府虽然是一种非经济机构，但其在各国经济中都扮演着非常重要的角色。政府干预经济需要以大量资金作为后盾。政府获取资金的渠道，除了税收收入外，还可通过在证券市场上发行大量政府债券的方式来取得资金。

政府债券按照其发行主体的不同，又可具体划分为中央政府债券、地方政府债券和政府机构债券。中央政府债券亦称国债，专指中央财政代表中央政府发行的国家公债。国债是以国家信用为后盾筹集资金的一种方式，其所筹资金一般用于弥补财政赤字或进行公共建设，其还款来源为中央政府税收。其中，一年以下的短期国债又被称为国库券。地方政府债券是地方政府为了发展地方经济，兴办地方事业，如交通运输、文教科研、卫生设施、地方福利等而发行的债券。地方政府债券是以地方政府的信用为依托而发行的，其还款来源主要是地方税收。政府机构债券是政府所属的公共事业机构、公共团体机构或公营公司所发行的债券。发行政府机构债券所筹集的资金主要用于发展各机构或公营公司的事业。政府机构债券通常只以所建项目的收入作为还款来源，因此其风险性要略大于其他两种债券。但当其出现资金偿还方面的问题时，政府通常不会坐视不管，因此，政府机构债券实际上具有政府保证债券的特征。政府债券具有安全性高、流动性强、收益稳定以及可享受税收优惠的特点，并且常常被作为抵押品来接受。

2. 金融债券

金融债券是指银行或其他非银行金融机构凭借自身的信用，依照法定程序向投资者发行的债券。对于金融机构来说，发行金融债券与吸收存款筹集资金相比，具有以下特征：

（1）金融债券具有融资的主动性。发行金融债券是一种主动性的筹资手段。金融机构可以控制每次发行的时间和规模。而吸收存款则是被动性的筹资手段，是日常性的业务，且规模及存款期限由存款者决定。

（2）金融债券融资成本较高。发行金融债券的利率一般略高于同期限的定期存款利率，以此吸引投资人。

（3）金融债券具有较强的流通性。发行金融债券筹资，金融机构一般不承担债券到期前兑现的义务，其购买人可以在流通市场上通过转让交易而变现，而存款人通常是向银行直接支取现金而不能通过转让和交易变现。

（4）发行金融债券所筹的资金定向使用。发行金融债券所筹集的资金一般情况下都是定向使用，而吸收存款所筹资金一般无使用方向的限制。由于金融债券是由金融机构发行的债券，其安全性仅次于政府债券而高于一般公司债券，加之其利率收益高于同期储蓄存款，并且可以在证券市场上很方便地流通转让，因此金融债券是一种较受投资者欢迎的投资品种。但是，发行金融债券所受的管制相对严格，一般要经过本国中央银行的审查批准，经允许后，在金融机构自己的营业网点以公开出售的方式发行。

小资料

政策性银行金融债

我国政策性银行（国家开发银行、中国农业发展银行、中国进出口银行）为筹集信贷资金，经国务院批准由中国人民银行用计划派购的方式，向邮政储汇局、国有商业银行、区域性商业银行、城市商业银行（城市合作银行）、农村信用社等金融机构发行的金融债券。2014 年，这三家政策性银行一共发行金融债 23025.52 亿元，发行次数为 102 次。

3. 公司债券

公司债券是公司、企业依照法定程序向投资者发行的债券。在严格意义上，公司债券的发行主体应是股份有限公司，但有些国家也允许非股份有限公司的企业发行债券。所以，通常将公司债券和非公司企业发行的债券统称为公司（企业）债券。公司债券利息的支付不以公司是否盈利为条件，到期必须支付。因此，与股票相比，公司债券收入固定，风险性相对较小。但各公司自身的状况千差万别，有的实力雄厚、信用度高；有的经营状况较差、信用度低，因此，公司债券的风险性相对于政府债券和金融债券要大一些。公司为了筹集到所需资金，不断设计出新品种的债券以吸引投资者。因而，公司债券的种类多种多样，其中有些品种是公司债券所特有的，主要包括：

（1）参与公司债券和非参与公司债券。非参与公司债券是一般的公司债券，其投资者按规定的利率取得利息。参与公司债券的投资者除了得到事先规定的利息外，还可以在一定程度上参与公司的盈利分红，而参与分红的比例和具体方式则在发行债券时予以明确规定。

（2）设备信托公司债券。发行这种债券的一般做法是：发行人与信托机构签订合同，以发行债券所筹资金购买设备，并将这些设备作为抵押品抵押在信托机构。

（3）收益公司债券。这是一种特殊的公司债券。它与普通债券一样，有固定的到期日，清偿时的顺序也先于股票，但它同时具有某些股票的特征。收益公司债券的利息只在发行公司有盈利时才支付，如果当年没有盈利或盈利不足支付，未付利息可以累加，待公司收益改善后再补发。所有应付利息付清后，公司股东才可享受分红。

（4）附新股认购权公司债券。附新股认购权公司债券的购买者可以按预先规定的条件（如认购价格、认购期和认购比例等），在发行公司新发股票时享有优先认购新股的权利。这种债券有两种类型：一种是可分离型，即债券与认股权可以分离，认股权可以单独流通转让；另一种是非分离型，即认股权不能与债券分离，不能单独流通转让。

（5）可转换公司债券。可转换公司债券是指在一定的期限内依照约定的条件可以转换成普通股股份的公司债券。转换的选择权通常在投资者手中，例如，当公司的利润显著增长时，投资者可将其转换成股份以分享公司未来的成长收益；否则，就继续以债券形式持有以获得稳定的利息收益。可转换公司债券一般要经股东大会或董事会决议通过才能够发行，而且在发行时应明确规定其转换期限和转换价格。

可转换公司债券兼具债券与股票的特点，且是否转换的选择权在投资者手中，所以，这是较受投资者欢迎的一类债券。但另一方面，正是由于可转换债券具有普通公司债券所不具备的转换为股票的权利，因此其利率一般较普通债券低。公司发行可转换债券可以降低筹资成本，当投资者选择将其转换为股票时，公司还可减轻还本付息的压力，但公司原有的股权结构将受到影响。

在我国证券市场的早期就进行过可转换公司债券的试点，如深宝安、中纺机、深南玻等企业先后在国内外发行了可转换公司债券。1996 年，我国政府决定选择有条件的公司进行可转换公司债券的试点，并于 1997 年颁布了《可转换公司债券管理暂行办法》。根据该办法的规定，在我国，上市公司以及未上市的重点国有企业都可发行可转换公司债券。上市公司发行可转换公司债券的，以发行可转换公司债券前一个月股票的平均价格为基准，上浮一定幅度作为转股价格。重点国有企业发行可转换公司债券的，以拟发行股票的价格为基准，折扣一定比例作为转股价格。上市公司发行的可转换公司债券，在发行结束 6 个月后，持有人可以依据约定的条件随时转换股份。重点国有企业发行可转换公司债券，在该企业改建为股份有限公司且其股票上市后，持有人可以依据约定的条件随时转换股份。可转换公司债券到期未转换的，发行人应在 5 个工作日内还本付息。

此外，公司债券还有一个很大的特点，是其关系人除了发行者和投资者双方外，一般还包括受托人。受托人是为保障公众投资者的权益，接受发行企业的委托，代表全体公司债券持有人的利益，与发行企业进行交涉并订立合同，代债权人行使索赔等权利的信托机构。例如，企业为发行担保债券所设定的动产或不动产抵押权，都由受托人代表全体债权人取得。

（二）短期债券、中期债券和长期债券

根据债券期限的长短，可将债券划分为短期债券、中期债券和长期债券。

短期债券一般指偿还期在 1 年以内的债券。中期债券是指偿还期为 1 ~ 10 年的债券。偿还期在 10 年以上的债券一般称为长期债券。我国国债的期限划分与上述标准相同。但我国企业债券的期限划分与上述标准有所不同。我国短期企业债券的偿还期在 1 年以内，偿还期在 1 年以上、5 年以下的为中期企业债券，偿还期在 5 年以上的为长期企业债券。

（三）本币债券和外币债券

根据债券票面币种的不同，可将债券划分为本币债券和外币债券。

本币债券是在本国境内发行的以本国货币为面额，并以本币还本付息的债券。外币债券是以外国的货币为面额，并以外币还本付息的债券，如以美元为面额的债券称为美元债券，以英镑为面额的债券称为英镑债券等。另外，外币债券在某些国家具有特殊的称谓，例如，通常称外国发行者在日本发行的日元债券为“武士债券”，外国发行人在美国发行的以美元为面额的债券则称为“扬基债券”。外币债券的发行者多为国际组织、外国政府、外国金融机构、跨国公司等。

（四）固定利率债券、浮动利率债券和累进利率债券

根据对利率的规定，可将债券划分为固定利率债券、浮动利率债券和累进利率债券。

1. 固定利率债券

固定利率债券也称定息债券，此类债券在发行时就明确规定了债券利率，并且该利率在整个有效期内固定不变，债券发行人将按此利率支付利息。固定利率债券有利于投资者事先明确投资的名义收益，但它使投资者承受了较大的利率风险。当市场利率上升时，持有固定利率债券的投资者就会蒙受损失，尤其是长期债券，在利率固定的情况下，投资者承受的利

率风险会更高。

2. 浮动利率债券

浮动利率债券是指发行人在发行债券时，规定债券利率以预先选定的某一市场利率为参考指标，债券利率盯住参考利率的波动而变化。在具体运作中，通常是债券发行后，按一定的时间间隔（一般是事先约定，时间为3个月或半年），根据参考利率的变动情况对债券利率进行调整。在通货膨胀和利率上升的时期，持有固定利率债券的投资者会遭受损失，因此，在这种时期，人们往往不愿意购买固定利率债券，浮动利率债券就应运而生。由于其利率可以随市场利率的波动而变化，所以在通货膨胀时期或利率上升时期，就可以通过对债券利率的调整来减少或避免投资者的损失。但正如一把双刃剑一样，浮动利率债券在利率上升时可以减少投资者的损失风险，而在利率下降时，它会减少投资者可能获得的收益。为使其对投资者产生更大的吸引力，有的浮动利率债券规定了一个利率下限，即便市场利率低于该债券规定的利率下限，仍按利率下限付息。这就在一定程度上保障了投资者的收益。此外，当利率变动比较频繁时，往往会给浮动利率债券的账务处理和计息工作增加负担。因此，发行人往往在利率调整上采用一些简化的做法。例如，事先规定一定的利率变动幅度，只有当实际市场利率的变动达到或超过了这一幅度，才能对债券利率进行调整，这样就可减少债券利率的调整次数，减轻工作量。浮动利率债券一般为中期债券，这是因为，1年以内的短期债券受利率变动的影响较小，没有浮动的必要，而长期债券浮动利率的计算又过于复杂。

3. 累进利率债券

累进利率债券的利率也是变动的。但与浮动利率债券不同的是，累进利率债券的利率不随市场利率变动，而是按投资者投资同一债券期限的长短计息，期限越长利率越高，即利率只上浮，不下浮。因此，此类债券的偿还期限通常也是浮动的，即规定有最短持有期限和最长持有期限，同时规定基础年利率和利率递增率。例如，某债券最短持有期限为1年，最长持有期限为3年，基础年利率为8%，利率递增率为1%。那么，如果投资者持有该债券满1年要求偿付时，按8%计息；投资者持有该债券满2年要求偿付时，则第一年按8%计息，第二年按9%计算，两年平均利率为8.5%（单利）；投资者持有该债券满3年要求偿付时，则第一年按8%计息，第二年按9%计息，第三年按10%计息，三年平均利率为9%（单利）。

（五）息票债券、贴现债券和到期付息债券

按利息支付方式的不同，可将债券分为息票债券、贴现债券和到期付息债券。

1. 息票债券

息票债券亦称剪息债券、附息债券或联票式债券。此类债券的券旁附有称为息票的小纸券，记录着付息日期和金额。持券人按照约定的期限（一般为6个月或1年）到指定的付息处，凭剪下的息票领取利息。因此，息票债券实际上是一种分期付息的债券，债券上所附的息票张数视债券期限与付息次数而定。息票债券的发行者一般委托证券机构或银行代为兑付本息。国外的公司债券和公债中有相当部分是采用息票债券的形式。

息票债券有两大特点：一是期限较长；二是在还本之前分次支付利息。息票债券实际上具有复利性质，因此其票面利率一般要比单利计息、到期一次还本付息的债券低一些。

2. 贴现债券

贴现债券又称贴息债券、贴水债券或无息票债券。这是一种发行时不规定利息率，也不附息票，只是按一定折扣出售的一种债券。债券到期时按面额还本，发行价与面额之差就是利息收入。因此，这类债券在发行时就等于使投资者立即获得债息收入。贴现债券一般期限较短。国外的政府债券和金融债券都普遍采用这种类型。目前，我国的国库券也通常采用贴现方式发行。

3. 到期付息债券

到期付息债券是在债券到期时一次性支付全部利息。此类债券的到期收益为按票面利率计算出的到期利息收入。

（六）公募债券和私募债券

按债券募集的方式划分，可将债券分为公募债券和私募债券。

1. 公募债券

公募债券是以不特定的多数投资者为对象，公开向社会公众发行的债券。由于公募债券涉及众多的社会投资者，所以在发行时受到很多的限制，要求具备更高的发行条件。例如，发行者必须具备较高的信用等级（一般为政府、政府机构、大金融机构、大公司等）；必须向主管机关提交证券发行注册申请书，公开内部财务信息；要接受证券评级机构的资信评定，向社会投资者提供投资决策的参考依据；有时需要提供抵押和担保等。因此，公募债券一般信誉较好，部分债券可以在证券交易所上市交易。但相对来说，发行手续较为复杂，成本较高。

公募债券的优点是：第一，公募债券的发行对象不受限制并且其发行量一般都比较大，因此可以筹集到巨额资金；第二，公募债券的投资者遍布全社会，其发行者可以借此提高自身的知名度，扩大社会影响；第三，可以通过众多投资者的选择，达到社会资金的合理流动和合理配置。

2. 私募债券

私募债券是面向特定的对象（通常是本企业职工或其他与发行人有特定关系的投资者，如与其有业务往来的客户、银行、保险公司等）发行的债券。

和公募债券相比，私募债券具有的优点是：第一，免于向主管机关注册申报，手续简单，可迅速筹到所需资金且发行费用低。由于私募债券的发行对象有限，且一般与筹资者都有某种特定关系，因而投资者对筹资者的资信状况、财务状况等都较为熟悉，可以自行判断投资风险，因此很多国家的法律对私募债券发行的规定都较为宽松，一般不要求发行者向政府部门登记，也不必提供有关文件和资料。因此，私募债券发行的手续简便，发行成本也较低。第二，因为投资者人数相对较少，这样有利于发行者按照特殊的需要设定债券的金额和期限。第三，它使一些资信状况较差，不具备公募发行资格的筹资者也能通过债券形式筹资。私募债券的发行者一般为中小企业，但有时大企业为了节省发行费用，也可能采用此种发行方式。

与公募债券相比，私募债券也存在一些缺点：第一，私募债券不利于提高发行者的社会知名度；第二，由于私募发行的范围受到限制，因此利用私筹债券难以筹集到巨额资金；第三，私募债券的利率一般高于公募债券；第四，私募债券一般不能公开上市交易，而且需持有超过一定期限之后才能转让给他人，因此缺乏流动性。

（七）注册债券、记名债券和不记名债券

按债券记名与否，可将其划分为注册债券、记名债券和不记名债券。

1. 注册债券

注册债券又称登记债券或登籍债券。它是由专门承办登记注册事务的有关机关将债券购买者的姓名、地址及所持债券的权利内容等登记在册，并发给购买者注册证书以代替债券本身的一种债券。债券的发行人只对被登记在册的持有人偿还本金和支付利息。注册债券的购买者所领到的注册证书中标明了债券的性质、面额、种类、各种面额的张数、总金额和债券的号码等。该证书仅用于证明有关债券的权利已依法予以登记，它本身不是有价证券，不能买卖，也不能用于抵押。注册债券转让必须由出让和受让双方签署正式的转让文件。受让人到注册机构出示转让文件，并进行重新登记注册以后，才能成为合法的债权人。注册债券可通过两种方式形成：一种是在发行债券时就不发行实际的债券，而由投资者直接以注册登记的方式认购债券；另一种是投资者将持有的实际债券改为注册形式，即投资者交回手中的债券，同时在注册机构进行注册登记。发行注册债券的优点是：可以避免债券的遗失、盗窃、污损等；节约债券印制、保管、运输等费用，降低发行成本；债券利息支付手续简便。

注册债券方式深受认购金额较大并且持有期限较长的投资者的喜爱。例如，私募债券通常就采用注册债券的方式发行。因为私募债券的投资机构少，每个机构的投资金额较大，债券转手的情况也比较少。当然，公募债券也可以进行登记注册。日本是发行注册债券的典型代表国家。

2. 记名债券

记名债券是指在券面上注明债权人的姓名（或机构名称），同时在发行公司注册登记的债券。记名债券的优点是安全性较高，如发生意外，可向发行公司挂失。但记名债券在转让时，不仅要支付买卖手续费，而且需支付过户手续费，转让成本相对较高。英、美等国发行的公司债券大多是记名债券。

3. 不记名债券

不记名债券是券面上不载明债权人的姓名（或机构名称），也无需在发行公司注册登记的债券。投资者以持有债券来证明其债权人的身份。发行公司则对任何持有债券者支付利息和本金。不记名债券的缺点是债券遗失或损毁后不能挂失，投资者将因此蒙受损失。不记名债券的优点在于其转让非常简便，只将债券转手即可，不需办理过户手续。因此，不记名债券的流动性较强。在日本，大多数债券采用不记名方式。在西方国家，不记名债券一般附有息票，属息票债券。

（八）信用债券和担保债券

按照债券的信用保证程度，可将其划分为信用债券和担保债券。

1. 信用债券

信用债券是指发行人不以特定的资产或他人的信用作保证，而完全凭借自身的信用来发行的债券。政府债券和金融债券一般都是信用债券。此外，一些信誉卓著，经营业绩良好的大企业也可以发行信用债券。在企业发行债券是否需要提供担保（包括抵押和保证）的问题上，各国的做法各有不同。例如，美国就并不要求发行企业一定要提供担保，因此美国的信用债券为数不少。日本则是长期以来一直实施较为严格的担保制度的国家。但近年来，随着企业财务素质的提高，担保制度已有松动的趋势。1979 年，日本松下电器公司发行了日本战后第一笔信用公司债券，此后有不少的企业纷纷仿效。

2. 担保债券

担保债券是以特定的财产或他人的信用作为担保而发行的债券。担保债券通常为企业所采用。对于信用级别不是很高的企业来讲，发行担保债券可以提高债券的安全性，增强其吸引力，从而促使企业债券发行成功。当然，从客观上看，担保债券也有利于保障投资者的利益。担保债券又可细分为抵押债券、质押债券和保证债券。

抵押债券是以土地、设备、房屋等不动产为抵押品而发行的债券。当发行人不能履行还本付息义务时，债券持有者有权变卖抵押品来抵付持有人的债务，如果处理抵押品仍不足以清偿债券持有人的债务，那么抵押债券的持有人还可以作为普通债权人参与公司其他财产的索赔。

质押债券是指发行企业以有价证券作为担保品所发行的公司债券。发行此类债券时，发行企业必须将作为抵押品的有价证券交由受托人保管。当债券到期，发行人不能还本付息时，由受托人负责处理抵押品并代为偿债。

保证债券是指发行企业以他人信用为担保发行的债券。担保人可由政府、金融机构或债券发行人的母公司充当。保证债券的信用程度在很大程度上取决于担保者的资信程度。

（九）到期偿还债券、期中偿还债券和展期偿还债券

根据债券本金的偿还方式，可将债券分为到期偿还债券、期中偿还债券和展期偿还债券。

1. 到期偿还债券

到期偿还债券按照债券发行时规定的期限，在到期时一次全部偿还本金。这种偿还方式手续简便，计算方法简单。

2. 期中偿还债券

期中偿还债券是指在最终到期日前可偿还部分或全部本金的债券。期中偿还的目的主要在于分散债务人到期一次还本的压力。期中偿还债券在发行时就必须对债券的宽限期、偿还率等事先作出规定。宽限期是指债券发行后不允许提前偿还的时期，例如，某债券的期限为10年，可提前偿还，宽限期为5年，则表明该债券至少要发行5年以后才能提前偿还。偿还率是指每次偿还的债务额占发行总额的比例，如上述的债券从第六年开始，每年一次，分五次偿还完本金，每次偿还发行额的20%，则偿还率为20%。

期中偿还又可分为定时偿还和随时偿还两种情况。定时偿还是指期中偿还的具体时间安排在发行时就予以规定，到时则按规定执行。随时偿还方式对发行人更为有利。发行人通常会在市场利率急剧降低时提前偿还债券，再以低利率发行新债券以降低筹资成本。这种做法显然会损害投资者的利益。因此，有的国家对采用随时偿还设立了一些限制性条款。在提前分次偿还时，发行人通常会采用抽签的方式来决定每次偿还哪一部分债券。有时，发行人也会采用买入注销的办法来达到提前偿还的目的。买入注销是指发行人在债券到期前，按照市场价格从流通市场上购回自己发行的债券而注销债务。这种方法既可使债券发行人拥有提前偿还债务的主动性，又不损害投资者的利益，因为流通市场上的债券买卖完全遵循自愿的原则。买入注销在许多国家是偿还政府债券的一种常用的方式。

3. 展期偿还债券

展期偿还债券是指债券期满后又延长原规定的还本付息日期的债券。展期偿还属于延期偿还的一种情况。展期偿还债券通常带有延期售回条款，这种债券赋予投资者在债券到期后继续按原定利率持有债券，直到一个指定日期或者几个指定日期中的某一个日期的权利。延

期偿还的另一种情况是由于债券到期时债务人无力偿还，又不能或者不便借新还旧，于是在征得债券持有者同意后，将到期债券予以延期。

第二节 债券的收益与偿还

一、债券的收益

（一）债券收益的概述

债券收益是指投资者购买债券所获得的超过投入价值的全部报酬。这种收益既是投资者进行债券投资的主要目的，也是衡量投资是否成功的重要标志。

债券的收益一般由三部分构成：一是债券的利息收入；二是债券买卖的盈亏（即资本损益或资本利得）；三是债券再投资收益。债券的利息收入取决于债券发行时确定的利率水平，因而往往是一种较为明确和稳定的收入，是有较大保障的利息收入。债券买卖的盈亏却是一个极不稳定的收益来源，因为这是债券进入二级市场后由于买卖价差而给投资者带来的报酬，是债券的增值收益。投资者能否顺利实现低买高卖，完全取决于投资者对信息的判断、决策能力和入市的时机。一旦这三个环节中有一个出现错误，投资者就会失去盈利的好机会，有时甚至会导致亏损。在债券市场上，如果投资者的目标是获得利息收入，那么购入债券后应长期持有该债券，持有时间越长，持有收益也就越多；如果投资者要想从债券买卖差价中获得收益，则应做短线操作，利用债券的价格波动来获取增值收入。债券再投资收益，是投资债券所获得的现金流再投资的利息收入，受市场收益率变化的影响。

债券的收益有名义收益和实际收益之分。所谓债券的名义收益，就是债券投资给投资者带来的表面货币收益。但是在现实生活中，债券的投资从投入到产出之间有一个时间距离，在这个时间间隔中，有可能因为某种原因产生通货膨胀，使货币的购买力下降，从而使债券投资给投资者带来的货币实际报酬并不像名义报酬那么多。债券的实际收益就是把通货膨胀因素考虑进去，扣除名义收益中不真实的部分所得到的实际货币收益。实际收益与名义收益相比较，由于剔除了收益中的水分，更能准确地反映投资者进行债券投资的回报程度，是债券收益分析中常用的一个指标。

（二）影响债券收益的因素

债券收益虽从总体上来说是相对稳定的，但仍要受到各种因素的影响和制约。影响债券收益的影响因素有：

1. 债券的票面利率

债券的票面利率直接决定着投资者所获得的名义利息的高低。票面利率越高，债券利息收入越多，债券收益越多；反之，票面利率越低，债券利息收入越少，投资的债券收益也就越少。

2. 债券的期限

债券按还本期限的长短可分为长期债券、中期债券和短期债券三种。一般来说，债券还本期限越长，则还本付息的不确定性也越大。因为时间越长，市场利率水平、通货膨胀水平发生较大变动的可能性就越大，而这对债券的价格和债券的实际收益必然产生较大的影响。因此，为了相应地弥补风险、吸引投资者，还本期限长的债券往往制定相对较高的收益率。同理，对于期限较短的债券，其收益率相应就定得低一点。

3. 发行者的信誉

筹资者在发行债券时，评级机构一般要根据其信用程度对债券进行评级，债券的信用等级是反映发行公司资信程度与债务偿还能力的重要指标。一般来说，公司资信度越高，信用等级就定得越高，债券安全系数也就越高，而息票利率就越低，从而使债券的投资收益率也越低。反之，公司资信度越低，信用等级亦越低，债券安全系数也越低，在这种情况下，为了吸引投资者，息票利率就必须定得较高。依据此利率，投资者投资于这种债券的收益率也就相对比较高。例如，国家的资信程度高于金融机构的资信程度，金融机构的资信程度高于公司、企业的资信程度，于是与各自的资信程度相对应，债券的收益率也就有国债低于金融债券、金融债券低于公司债券的一般公式。由此可见，发行者的资信程度与债券的收益率成反比关系。

4. 债券的实际购买价格

在债券期限既定的前提下，债券实际购买价格与债券收益率也呈反比关系，即债券购买价格越高，债券实际收益率越低。当债券购买价格高于债券面值时，债券收益率低于债券的票面利率；当债券购买价格低于债券面值时，债券收益率高于债券的票面利率；当债券购买价格等于债券面值时，债券收益率等于债券的票面利率。

（三）债券收益率的计算

债券收益的衡量指标是债券的收益率。债券收益率是指在一定时期内投资于某种债券获得的收益与投资总金额的比率，通常以年为时间单位，也就是用年收益率来表示。债券的收益率通常分为四种：票面收益率、当期收益率、到期收益率和持有期间收益率。

1. 票面收益率

票面收益率又称面值收益率。它实际上就是债券券面上标明的收益率，它可以在债券券面上直接标明，也可以在债券的发行公告中说明，还可以以贴现形式出现。其计算公式如下：

$$\text{债券票面收益率}=\frac{\text{债券年利息收入}}{\text{债券面值}}\times 100\%$$

票面收益率虽然简单、直观，但是其不足之处很明显：一是它没有考虑到债券发行价格与票面金额之间的差异。由于债券可以平价发行，也可以溢价发行或折价发行，所以在年利息收入既定的前提下，如果是溢价发行，债券会因发行价高于面值而使实际收益率低于票面收益率。如果是折价发行，则会使债券发行价低于面值，而实际收益率会高于票面收益率。只有在平价发行时，投资者的实际收益率才会等于票面收益率。二是没有考虑债券的市场价格对收益率的影响。按照票面收益率这种计算方法，只有当债券的面值与购买时的市场价格一致时，票面收益率才等于投资者的实际收益率。但事实上，债券的市场价格由于受到利率、通货膨胀率等因素的影响，一般很难与面值一致。因此，债券的票面收益率也就很难真实地反映出债券投资的实际收益水平。

2. 当期收益率

当期收益率又称本期收益率。它是投资者每年收到的利息收入与该债券当时的市场价格的比率，其计算公式如下：

$$\text{债券的当期收益率}=\frac{\text{债券年利息收入}}{\text{购买债券的市场价格}}\times 100\%$$

例如，一种票面金额为100元，年利率为9%的债券，当时的市场价格是90元，其收益率的计算为：

$$\text{这时它的当期收益率}=\frac{100\times 9\%}{90}\times 100\%=10\%$$

当期收益率比票面收益率更有意义。因为它考虑到了市场价格的变化对债券收益率的影响，但它同样不能全面、真实地反映投资者的收益状况。其原因在于这种收益率只是在债券持有期内某一时点的收益指标，而债券的市场价格每时每刻都在变化，对于投资者来说，只有在债券售出或到期偿还、实现了本金的收回和利息的收入后，得出的最终收益率才是真正有意义的。因此，对于投资者来说，若债券买进后一直持有到偿还期满，当期收益率就不能充分衡量证券剩余偿还期间内的实际收益了。

3. 到期收益率

到期收益率又称期满收益率。到期收益率是指债券投资者将债券持有至还本期满所得到的实际收益率。在这种情况下，投资者要把每年的利息收入考虑在内，而且如果债券的购买价格不等于它的面值，那么就在最初的投资与收回的本金之间有一个差额，这个差额在计算债券的到期收益率时，也应考虑进去。

根据投资者购买债券的不同时间，到期收益率一般有两种不同的计算方法。

（1）购买新发行的债券并持有到偿还期满的债券收益率，其计算公式如下：

$$\text{新发债券到期收益率}=\frac{\text{年利息收入}+（\text{面值}-\text{发行价格}）/\text{偿还期限}}{\text{债券发行价格}}\times 100\%$$

例如，一种票面金额为100元，年利率为7%的10年期债券，发行价为120元的债券，其到期收益率的计算为：

$$\text{新发债券的到期收益率}=\frac{100\times 7\%+（100-120）/10}{120}\times 100\%\approx 4.2\%$$

（2）购买已发行的债券并持有到偿还期满的债券收益率，其计算公式如下：

$$\text{已发债券到期收益率}=\frac{\text{年利息收入}+（\text{面值}-\text{购买价格}）/\text{剩余期限}}{\text{债券购买价格}}\times 100\%$$

例如，一种票面金额为100元，年利率为7%的10年期债券，某投资者在其发行5年后在二级市场上购入，购买价为90元，并且持有到期，则该投资者持有这已发债券的到期收益率的计算为：

$$\text{已发债券的到期收益率}=\frac{100\times 7\%+（100-90）/（10-5）}{90}\times 100\%=10\%$$

到期收益率的计算是以投资者持有债券到偿还期满为前提条件的，但在现实生活中，尤其是在债券二级市场较为发达的情况下，投资者并不一定会持有债券到期，往往会在偿还期内或是因为资金需要或是由于价格上涨而出售债券，并取得资本利得，所以产生了持有期间收益率。

4. 持有期间收益率

持有期间收益率是指债券投资者在债券发行后买入，又在偿还期满之前就出售债券所得的收益率。作为投资者债券投资金额与其收益金额比率的反映，其计算也有两种情况。

（1）购买新发行的债券在中途出售的债券收益率，其计算公式如下：

$$\text{新发债券持有期间收益率}=\frac{\text{年利息收入}+(\text{出售价格}-\text{发行价格})/\text{持有时间}}{\text{债券发行价格}}\times 100\%$$

例如，某投资者以发行价 110 元购入一种票面金额为 100 元，年利率为 7% 的 3 年期新发债券，但在持有 1 年后按市场价 114 元售出，则该投资者的持有期收益率计算为：

$$\text{新发债券持有期间收益率}=\frac{100\times 7\%+(114-110)/1}{110}\times 100\%=10\%$$

（2）购买已经发行的债券并持有一段时间后出售给其他人的债券收益率，其计算公式如下：

$$\text{已发债券持有期间收益率}=\frac{\text{年利息收入}+(\text{出售价格}-\text{购买价格})/\text{持有期间}}{\text{债券购买价格}}\times 100\%$$

例如，某投资者以 110 元在二级市场上购入一种已发行 1 年，票面金额为 100 元，年利率为 7% 的 3 年期债券，并在持有 1 年后以市场价格 114 元售出，则该投资者的持有期收益率的计算为：

$$\text{已发债券持有期间收益率}=\frac{100\times 7\%+(114-110)/1}{110}\times 100\%=10\%$$

以上偿还期限、剩余期限、持有时间均以年为单位，日、月等应换算为年。

二、债券的偿还

债券不同于股票，债券都有一个偿还期限，于是也就有到期归还本金的要求。债券的偿还，是在债券偿还期满，债券发行人偿还本金的过程。一般来说，在债券发行时，债券的发行人都应在发债章程的偿还方式条款中对债券的偿还作出明确的规定。根据偿还时间是否延长、提前，其偿还方式可分为定期偿还、提前偿还和推迟偿还。

定期偿还是按事先约定的时间偿还本金的偿还方式，有定期一次偿还和定期分批偿还两种。定期一次偿还的方式，就是在约定的时间内一次性地归还本金。定期分批偿还方式，一般是在经过一定期间后，间隔一定的时间（如每年或每半年）偿还一定金额的本金，到期满时偿还其余金额。这种偿还方式的目的在于减轻发行者的最终偿还负担，保障债权人的利益。它有利于提高债券的流通性，同时也有利于提高发行者的信用地位。

提前偿还是在债券期满前就偿还部分或全部债务的偿还方式。这是发行人为了改善财务状况，确保本利支付而采用的一种方法。部分提前偿还通常采用抽签的方法决定什么时间偿还哪一部分投资者。提前偿还的方式往往在市场利率大幅下降的时候为债券发行人所采用，因为这种情况下，发行人可以以低于债券利率的市场利率融入资金，因而先偿还先前的债务、重新再借入资金，可以降低其融资成本。对于投资者来说，这可谓是一种损失。所以在国外，在发行人与应募人的合同中，往往有提前偿还须附加一定溢价（即处罚）的条款。

推迟偿还是指根据发债章程规定，筹资者（即发行人）有权在债券到期后，继续按原利率支付债券利息，而暂不偿还债务或在几个指定日期后偿还债务的方式。这种方式往往在市场利率趋于大幅上升的情况下采用，所以也会对债券持有人造成一定的损失。

为了确保本利的支付，债券的发行人还可采用收购注销的方式偿还债务，即发行人以市场价格从市场上购买其债券后注销。这种方法不会给债券持有人带来难以预料的损失。收购注销的方式在债券的市场价格下跌时效果最好。

对于公司债券中的可转换债券来说，举债公司还可以债券转换为股票的方式来偿还到期的债务，即把原来的债务资本转换为永久的股权资本。但是，债券发行人以此方式发行债券、融通资金，必须在其发债章程中明确注明转换条件。

第三节　我国的国债

一、我国国债的发行及其种类

（一）我国国债的发行

我国的国债是指我国财政部代表中央政府发行、由中央政府掌握资金使用的国家公债。中华人民共和国成立后，发行国债可分为两个时期：20 世纪 50 年代为一个时期，20 世纪 80 年代以后为一个时期。20 世纪 50 年代由国家统一发行的国债共有六次。第一次是 1950 年为了平衡财政收支，制止通货膨胀，稳定市场物价发行的“人民胜利折实公债”。从 1954 年起，为了筹集国民经济建设资金，连续 5 年发行了“国家经济建设公债”，1968 年本息还清后，一直到 1981 年，国家都没有发行国内公债。

1981 年以后，我国每年发行国债。其发行规模从开始的 40 亿元陆续增加到 60 亿元、160 亿元、250 亿元、275 亿元、380 亿元。到 1994 年，国债发行规模跃上了千亿元，达 1028.6 亿元。截至 2014 年 12 月，我国发行的国债额达到 16247.35 亿元，同比增长 4.5%，市场的国债存量达到 91451.99 亿元。

从 1988 年开始，我国分两批开展国债流通转让业务试点，从而出现了国债的二级市场。1991 年，在全国 400 个城市全面开放国债的二级市场。1991 年国债发行采取承购包销的方式。1993 年国债发行采取一级自营商制度，实行每年付息和净价交易方式。1994 年开始实行柜台销售方式，由各银行承购包销后利用其柜台进行凭证式国债的发售。1996 年首次采用招标发行方式发行记账式国债。从 2003 年起，财政部对国债发行招标规则进行了重大调整，即在原来单一“荷兰式”招标基础上，增加“美国式”招标方式，将招标的标的确定为三种，依次是利率、利差和价格。至此，我国国债发行方式经历了 20 世纪 80 年代的行政分配，90 年代初的承购包销，到目前的定向发售、承购包销和招标发行并存的发展过程。目前，我国发行的国债有记账式国债、凭证式国债以及电子式国债三种。《2010 年记账式国债招标发行规则》规定记账式国债可采用“荷兰式”招标、“美国式”招标和混合式招标等方式，标的可以为价格或者利率。但是从实践情况看，我国目前仅采用了“美国式”招标和“混合式”招标两种方式，其中记账式付息国债采用以利率为标的的“混合式”招标方式，记账式贴现国债采用以价格为标的的“美国式”招标方式，而我国凭证式国债和电子式国债是采用承购报销方式发行的。我国国债发行的总趋势是不断趋向低成本、高效率的发行方式，实现国债发行品种、期限和发行方式的多样化，并逐步走向规范化与市场化。1994 年，财政部第一次发行半年期、一年期和二年期国债，实现了国债期限的多样化。短期国债的出现促进了货币市场的发展，同时也为中央银行的公开市场业务操作奠定了基础。

（二）我国国债的种类

随着市场经济的发展，我国发行国债的种类不断增加。按其不同标准，可以进行以下分类。

1. 按国债偿还期限的长短，国债可划分为短期国债、中期国债、长期国债

短期国债是指偿还期限在1年以内（包括1年）的国债。短期国债的常见期限有：3个月、5个月、6个月、9个月和1年。这种国债的发行目的是为弥补政府暂时的季节性资金不足，并可以作为中央银行公开市场业务操作的对象，它具有极好的流动性。

中期国债一般是指期限在1年以上、10年以下的国债。中期国债与短期国债和长期国债相配合，有利于吸收更多不同期限的社会闲置资金，同时也有利于政府更为灵活地利用债务手段来干预宏观经济运行。我国现有的国债品种多为中期国债。

长期国债是指偿还期限在10年或10年以上的国债。长期国债的发行避免了政府频繁进入市场，从而降低了发行成本，但是由于期限较长，为了吸引投资者，其所定利率一般相对较高。

2. 按还本付息方式不同，国债可划分为贴现国债、定期偿还国债和附息国债

贴现国债又称贴水国债或折扣国债。其特点是：发行时以低于票面金额出售，偿还时以票面金额收回，将票面价与发行价之差作为利息收入预付给认购者，因而在债务期限内不支付利息。这种国债期限一般较短。

定期偿还国债是指发行后到债务期满时一次性还本付息，中途不支付利息的国债。我国发行的国债绝大部分为该类国债，其优点是收益稳定，缺陷在于利率风险较大，如在债务期限内出现通货膨胀或市场利率上升等情况，投资者就要蒙受损失。

附息国债又称剪息国债。附息国债是在债务期限内每间隔一定时间（如每半年或每一年）支付一次利息、到期还本的国债。它的期限一般较长，至少是5年以上，甚至是无期国债。世界各国在发行中长期国债时大多采用附息方式。

3. 按是否记名，国债可分为记名国债和无记名国债

记名国债，是指发行时在券面上标明认购者姓名的国债，若要转让，必须有持有人的背书，如果遗失还可以挂失。

无记名国债是不在券面上注明认购者姓名的国债，不能挂失，同时转让亦不受限制，所以流通更为便利。

4. 按是否存在国债现券，国债可分为凭证式国债和记账式国债

在政府债券的托管及结算电子化实现之前，所有的国债都是以现券或收款单形式出现的。随着电子技术的发展，出现了托管结算系统。国债的发行、交易、托管和结算都可以通过记账的方式进行，这样就省去了现券的印刷、运送、保管和销毁等手续，大大降低了成本，提高了效率。随着托管登记系统的日趋完善，记账式国债有可能完全取代凭证式国债。

5. 按国债的用途不同，国债可分为赤字国债、经济建设国债、替换国债和特别国债

赤字国债是指国家为弥补财政赤字而发行的国债。我国建国以来发行的国库券就是赤字国债。

经济建设国债，是指国家兴建大型项目或加快经济建设步伐而需要大量资金投入时，为弥补单以财政收入作为建设资金不足而发行的债券。如我国“一五”时期发行的“国家经

济建设公债”以及改革开放以后发行的“国家重点建设债券”，均属此类债券。替换国债亦称倒换国债或轮换国债，是已发国债到期而政府无力偿还，用借新债还旧债的方式发行的债券。

特别国债是为应付一些意外事件（如战争、自然灾害）或为解决一些重大金融问题而发行的国债，如2007年财政部发行的1.55万亿元特别国债，用于购买约2000亿美元外汇，作为即将成立的国家外汇投资公司的资本金。

除了以上的分类方式外，国债还可以用其他标准进行分类，如根据发行地域或国别不同，可划分为国内债券和国际债券，即内债与外债；在西方国家，还有按照利率是否固定，将国债分为固定利率国债和浮动利率国债。

二、我国国债的交易

（一）国债现货交易

国债现货交易是指国债的买卖双方在同意成交时马上进行交割清算，即卖者交出债券，买者付出现金的国债交易。在实际的交易过程中，一般允许有一个较短的拖延时间，其目的是为了给买卖双方有足够的时间进行备款调券的准备工作，也是为了给证券交易所和其他金融中介机构比较充足的时间进行账户处理。

1. 国债现货交易的种类

一般来说，现货交易按交割时间的不同可以分为以下三种：一是即时交割，即在交易成交时立即办理交割，或称“T+0”交割，这种交易方式又称为回转交易；二是次日次割，即于交易成交后的第二天办理交割，或称“T+1”交割；三是例行交割，即于交易成交后的第四天办理交割，或称“T+3”交割。目前在沪、深两个证券交易所，由于实现了国债托管集中化和交易电子化，国债现货交易采取的是回转交易方式，即“T+0”交割。

2. 国债现货交易的特点

国债现货交易的主要特点是作为现金与国债的实物交易，买卖双方的现金和国债相互转移，没有对冲，交易的目的主要是为了投资。

（二）国债期货交易

国债期货交易是国债买卖双方在有组织的交易所内公开竞价，在将来某一时期按预定的价格交割特定国债的交易。

国债期货具有以下几个主要功能：

1. 价格发现功能

在国债期货市场上，供需双方经过公开竞价，使国债价格不断随着供求变化而变化，并在整个市场范围内不断传送。由于国债期货市场上的国债价格反映了众多买卖者的观点和意愿，是最具代表性的价格，因而对当前以及今后的现货市场价格走势起着重要的指导作用。

2. 套期保值功能

套期保值所依据的原理，一是期货价格走势与现货价格走势大致相同；二是越接近交割期，期货价格与现货价格越趋于相同。套期保值的做法，就是在期货市场上持有与现货市场数量相等但买卖方向相反的期货，以期货市场盈亏抵消现货市场的盈亏，从而实现控制资金成本、保证利润的目的。

3. 投机获利功能

任何市场的正常运作都离不开适度的投机。在国债期货市场中，如果没有投机者的参与，套期保值者所转嫁的风险就无人承担，国债期货市场就不能发挥其应有的作用。投机行为使国债期货交易保持勃勃生机。

（三）国债回购交易

国债回购交易是指买卖双方在某种指定国债成交时，同时约定于未来某一时间以某一价格双方再行成交，亦即国债持有者（融资方）与资金所有者（融券方）在签订的合约中规定，融资方在卖出该笔国债后须在双方约定的时间，以约定的价格再买回该笔国债，按规定利率支付利息的交易方式。与上述程序相反的交易称为反回购交易或逆回购交易。

1. 国债回购交易作为一种短期融资的方式，被看作一种参与货币市场的工具

国债回购交易按期限不同分为隔日回购和定期回购。隔日回购是指国债持有者在卖出债券次日即将该国债购回的交易方式；定期回购是指国债持有者在卖出债券以后再按合同约定的日期购回该国债。目前我国的国债回购交易品种是定期回购，期限品种有：3日回购、4日回购、7日回购……273天回购等。不同期限回购品种，其利率水平、手续费是不同的。一般而言，短期回购品种手续费较低，其年收益率也较低。

2. 国债回购交易的作用

国债回购交易是国债现货交易的衍生品。现阶段，我国是以国库券作为指定券种进行回购交易的。我国国债市场的回购交易额在1999年已达1500亿元左右，占整个国债市场交易额的90%以上。国债回购交易具有如此巨大的交易额，占如此大的市场份额，与其发挥的重大作用是密不可分的。

（1）国债回购交易增强了国债的流通性，促进了国债的发行。在国债回购交易中，资金拥有者（融券方）的行为客观上提高了社会对国债的需求量，从而极大地活跃了国债的现货交易，增强了国债的流通性。另一方面，国债持有方（融资方）通过回购交易，面向社会融资，以扩大自身控制资金的实力，从社会上大量吸纳资金，从而扩充了国债一级市场的容量，有利于国债的顺利发行。

（2）国债回购交易是中央银行公开市场业务操作的主要工具。当经济过热、通货膨胀率较高时，中央银行可在证券市场上通过回购交易卖出国债，回笼货币，减少货币供应量，促使短期利率上升；在通货紧缩时期，中央银行又可通过反回购交易买进国债，投放货币，增加货币供应量，促进利率下调，放松银根。因此，中央银行可通过在公开市场上的国债回购交易来间接调控货币市场，实现宏观调控的目标。

小资料

中央银行票据

2013年6月20日，为保持货币市场利率基本稳定和基础货币平稳增长，中国人民银行发行了2013年第十一期中央银行票据，本期中央银行票据以贴现方式发行，发行量20亿元，期限3个月（91天），到期按面值100元兑付。中央银行票据是中国人民银行调节市场流动性的短期操作工具，是中央银行为调节商业银行超额准备金

而向商业银行发行的短期债务凭证。中央银行票据对于调节商业银行的流动性和调节货币供应量起着重要作用。中央银行向商业银行发行中央银行票据，可以调节商业银行超额准备金水平；中央银行也能通过发行中央银行票据调节基础货币，从而达到调节货币供应量的目的。

（3）国债回购交易有利于融资渠道畅通，有效配置资源。国债回购交易作为一种灵活快捷的融资和融券渠道，为持有中长期国债和拥有大量闲置资金的投资者提供了便利。一方面，对于中长期国债持有者，遇到临时性资金短缺同时又不打算出卖其持有的国债时，为了筹措解燃眉之急的资金，可以通过国债回购交易达到既融资又能在回购期满后继续持有国债的目的；另一方面，对于拥有大量闲置资金的投资者来说，可以根据现有资金闲置时间的长短，在国债回购市场投资，既保证了资金的安全性，又获得了较高的收益，从而实现社会资源的有效配置。

（4）国债回购交易扩大了商业银行的融资渠道，也降低了资金融出一方的风险，促进了资金融通的顺利实现。

商业银行为弥补资金头寸不足或满足业务拓展需要，往往需要向外部融资。向中央银行融通资金（如再贷款，再贴现）以及向其他金融同业拆借资金，要受到诸多因素的制约，因而也不能完全满足商业银行的资金需求。借助于国债回购交易，商业银行可以用其持有的有价证券（资产）作为担保品，既可获得所需要的资金，轧平头寸，拓展业务，同时又不丧失对国债的所有权。同时，由于融资有债券担保，也降低了债权人的风险。商业银行利用国债回购作为其主动负债的有效手段，在二十世纪七八十年代迅速发展，并在现今世界各国普遍盛行。

三、我国的企业债券

企业债券，是指企业依照法定程序发行并约定在一定期限还本付息的有价证券，它代表了发行债券企业和债券投资者之间的债权债务关系。

（一）我国企业债券的发展历程

从企业债券的发展过程来看，大致可分为四个阶段：第一阶段为萌芽阶段（1984～1986年）。在此期间，国家对其尚没有进行规范管理，也没有相应的法律法规。第二阶段是快速发展阶段（1987～1992年）。1987年3月27日，国务院颁布实施了《公司债券管理暂行条例》。从1989年至1992年，下达企业债券发行计划分别为：75亿元、20亿元、250亿元和350亿元；并安排了7个券种：国家投资债券、国家投资公司债券、中央企业债券、地方企业债券、地方投资公司债券、住宅建设债券、内部债券。第三阶段是整顿阶段（1993～1995年）。1993年8月2日，国务院修订颁布了《公司债券管理条例》。当年开始经济治理整顿工作，公司债券发行计划改为新增银行贷款（债改贷）。从1994年开始，公司债券品种归纳为中央公司债券和地方公司债券两个品种。第四阶段是规范发展阶段（1996年至今）。其重要特点是品种增加、发行规模不断扩大。

企业债券发行规模实现跨越式增长。2014年我国累计发行企业债券584只，发行总额为6971.98亿元，发行家数、发行期数和发行总额较上年分别增长46.63%、54.16%和45.28%，增幅十分显著。另外，企业债券品种和利率结构日益丰富。传统上，企业债券多以10年期或15年期品种为主。近年来，债券期限品种日益丰富，从3年期到30年期已有10余个期限品种来满足投资者的不同需求，这是中国企业债券市场各方参与主体走向成熟的重要标志。目前我国企业债券在整个债券市场中所占的规模很小，企业债券市场的发展明显落后于国债市场与股票市场。

（二）我国主要的企业债券

1. 中长期债券

我国企业债券品种比较单一，多以中长期固定利率债券为主，发行主体主要是一些大型国有企业。截至2014年底，市场现在的中长期企业债券存量规模高达29298.84亿元，企业债券的存续期限在3年、5年、7年、10年、15年、20年以及更长的期间都有分布，但3～5年期企业债券所占比重最大，为35.3%。

2. 短期融资券

2005年5月23日，中国人民银行公布实施《短期融资券管理办法》及配套的《短期融资券承销规程》和《短期融资券信息披露规程》，允许符合条件的企业在银行间债券市场向合格机构投资者发行短期融资券。短期融资券是指中华人民共和国境内具有法人资格的非金融企业，依照《短期融资券管理办法》规定的条件和程序，在银行间债券市场发行并约定在一定期限内还本付息的有价证券。2005年5月26日，华能国际等首批5家企业在银行间债券市场发行了7只109亿元的短期融资券。2014年，发行短期融资债券的企业增长为782家，一共发行1072期，总面额为10521.53亿元。

第四节 国际债券

一、国际债券的概念及特点

（一）国际债券的概念

国际债券是指一国政府及其所属机构、银行及金融机构、工商企业或国际组织等为了筹措资金，在国际金融市场上，以外国货币标价，向外国投资者发行的债券。国际债券的投资者主要是银行或其他金融机构，各种基金、工商财团和私人。国际债券是与国内债券相对应的范畴。

（二）国际债券的特点

国际债券既具有普通债券的一般特征，如固定的收益性、偿还的安全性、较大的流动性，又具有自己的特征，是目前国际投、融资活动中的重要形式。国际债券与国内债券相比，具有如下特征：

1. 资金来源广泛，突破了国界的限制

与国内债券的发行范围不同，国际债券的发行对象为众多国家的投资者，因此，筹资不受国界限制，其资金来源比国内债券要广泛得多。

2. 计价货币通常采用国际通用的货币

国际债券通常以国际通用的货币如美元、英镑、日元和瑞士法郎等为面值标价发行。

3. 发行规模巨大

发行国际债券的目的，首先就是利用国际证券市场资金来源广泛、充足的特点一次性筹集大量资金，因此无论哪个国家发行国际债券，其发行规模都相当大。同时，只有信用度很高的发行人才能进入国际债券市场举债，这也使得巨额借债成为可能。

4. 有国家信用作为保障

为了促进本国企业顺利地发行国际债券以筹集巨额资金，有些国家的政府会对某些债券提供最终付款的承诺保证，从而更加提高了国际债券的安全性，也保证了国际债券发行的成功。这在国内债券市场上是很少见的。

5. 要承担汇率风险

发行国际债券所筹集的外币资金通常需要兑换成本币资金使用，而还本付息时又要将本币兑换成外汇。在此过程中，如果汇率发生变动，发行人就将蒙受意外损失或获取意外收益。汇率风险是一国发行国际债券筹资风险中的最重要风险之一。

二、国际债券的种类

从国际债券产生到现在，发展很快，对世界经济的影响也很大。就其本身而言，在其日趋成熟的同时，也形成了种类齐全的各种债券形式。按照发行国际债券的货币种类与发行债券市场所在国的关系，国际债券主要分为两大类，即外国债券和欧洲债券。

（一）外国债券

外国债券，是指国际债券发行人在东道国（某一外国）的市场，以东道国货币标价发行的债券。该种国际债券发行人属于一个国家，债券面值的计价货币及发行市场则属于另一个国家（东道国），并且向东道国的公民优先出售。例如外国筹资者在日本债券市场上发行的日元债券就是外国债券，这种债券面值的计价货币是日元，它的发行工作由日本金融机构承担，发行的债券仅在日本债券市场上买卖，购买者属日本的投资者。

目前，典型的外国债券有外国筹资在美国债券市场上发行的美元债券，又称“扬基债券”；在日本债券市场上发行的日元债券，又叫“武士债券”；在英国债券市场上发行的英镑债券，又称“猛犬债券”；以非日元的亚洲国家和地区货币发行的“龙债券”等。

外国债券是一种传统的国际债券，早在19世纪就已经存在了。英国、法国、德国、荷兰等欧洲国家是相对外国债券市场的主要中心。但是在第一次世界大战以后，随着美国经济地位的提高，外国债券市场的中心也逐渐由欧洲移到了美国，纽约取代了伦敦、巴黎、柏林，成为主要的外国债券中心。目前，美国、瑞士、德国和日本已成为最大的外国债券市场，它们占整个外国债券市场的95%左右。

（二）欧洲债券

欧洲债券是指国外借款人在外国金融市场上发行的，不以发行所在国货币而是以另一种货币计值并还本付息的债券。欧洲债券除了可以用单一货币发行外，还可以用综合性的货币单位如欧洲货币单位、特别提款权或指定的一揽子货币等发行。这里需要指明的是，欧洲债券的“欧洲”两字，并不是地域上的概念，而有着丰富的特定内涵，它指的是一国借款人在东道国（某一外国）、使用东道国以外的外国货币标价发行的债券，其债券发行人属于一个国家，发行地在另一个国家（东道国），采用面值的计价货币属于第三个国家。当然，发行地也可以是几个国家，面值货币也可以是多个国家的。

欧洲债券产生于20世纪60年代，是随着欧洲货币市场的形成而兴起的一种国际债券。20世纪60年代以后，由于美国资金不断外流，美国政府被迫采取一系列限制措施。1963年7月，美国政府开始征收“利息平衡税”，规定美国居民购买外国在美国发行证券的所得一律要付税。1965年，美国政府又颁布条例，要求银行和其他金融机构限制对国外借款人贷款数额。这两项措施使外国借款人很难在美国发行美元债券或获得美元贷款。另一方面，在20世纪60年代，许多国家有大量盈余美元，需要投入借贷市场获取利息，于是一些欧洲国家开始在美国境外发行美元债券，这就是欧洲债券的由来。

欧洲债券最初主要以美元为计值货币，发行地以欧洲为主，故名“欧洲债券”。20世纪70年代以后，随着美元汇率波动幅度增大，以德国马克、瑞士法郎和日元为计值货币的欧洲债券的比重逐渐增加。同时，发行地也突破欧洲地域的限制，在亚太、北美以及拉丁美洲等地发行的欧洲债券日渐增多。欧洲债券自产生以来，发展十分迅速，在国际债券市场上，欧洲债券所占比重远远超过了外国债券。

欧洲债券一般由一国或多国的金融机构组成的国际承销团（国际辛迪加）承销。例如，法国公司要发行以美元为面值货币的债券，但这种债券不是在美国，而是在美国以外的其他国家或地区如伦敦、卢森堡或法兰克福发行。发行的组织工作也不是由美国国内的金融机构承担，而是由英国、荷兰、卢森堡和德国等国的金融机构以及美国金融机构的海外分支机构组成的国际辛迪加承担。这种美元债券就是欧洲债券。

面值货币是美元的欧洲债券称为欧洲美元债券，面值货币是欧元的欧洲债券则称为欧洲欧元债券。以此类推，还有欧洲日元债券、欧洲瑞士法朗债券、欧洲英镑债券等。

欧洲债券是在20世纪60年代兴起的国际债券。欧洲债券市场是世界上最大的国际债券市场。它在地理范围上并不仅仅限于欧洲。除了金融中心的债券市场外，还包括亚洲、中东等地的国际债券市场。面值货币以美元为主体，还包括欧元、瑞士法朗、英镑、日元、特别提款权等货币。

近年来，随着国际金融市场全球化趋势的进一步加强，国际资本市场又出现了一种新型的国际债券，即全球债券。它是指在全世界各主要资本市场同时大量发行，并且可以在这些市场内部和各市场之间自由交易的一种国际债券。其特点是全球发行，全球交易，高度流动性和借款人信用级别高（多为政府机构）。全球债券于1989年5月由世界银行首次发行而标志诞生。

当然，把国际债券划分为外国债券和欧洲债券只是划分方式的一种，还有其他划分方法，如按是否可兑换，可将国际债券划分为直接债券、可转换债券和授权证债券；按利率的不同计算方式可划分成固定利率债券、浮动利率债券、零息利率债券和限定下浮债券；还可按发行货币将国际债券分成双重货币债券和货币选择债券等等。

三、国际债券融资

（一）外国债券融资

外国债券融资与国内债券融资不同，债权国与债务国金融当局都持慎重态度，以防范风险。以外国债券融资的优点和缺点如下：

1. 以外国债券融资的优点

（1）融资额大。外国债券的发行额一般都比较大，如美国就规定在美国发行美元债券，规模应至少5000万美元，多的可达1亿美元，必要时还可超过。我国政府在日本发行日元债券最多时曾达500亿日元。

（2）筹资多元化。在不同的国家通过外国债券融资可实现筹资的多国化，以不同的币种发行外国债券可实现筹资的多样化。

（3）资金用途一般没有严格的限制。以外国债券筹得的资金，其具体用途和使用尺度都由筹资国根据需要进行筹划。

2. 以外国债券融资的缺点

（1）发债前期要有信用评级。发行外国债券首先接受信用评级，即使是由一国政府发行外国债券，也要根据其国内的财政收支状况、国际收支、偿还能力及政治稳定情况来对发行人进行资信评级。这种资信评级将影响到发债人债券的发行期限及数额大小。

（2）手续复杂，费用较高。以外国债券融资要履行的手续比较复杂，由此而产生的各项费用也较多，因而其成本比国际银团贷款还要稍高一点。

（3）要接受发行地的金融监管。以外国债券融资必须要接受外国当地有关金融当局的监管，服从其有关条例。

不同国家对其他国家在本国发行外国债券的发行条件和发行程序都有不同的规定，日本和美国就有很大的差别。

（二）欧洲债券融资

欧洲债券由于有其自身的特点，在许多方面都优于外国债券，所以给筹资者带来了许多好处。

1. 管制较松

欧洲债券市场是一个相对开放和自由的市场，其所在国货币当局对银行等金融机构以及跨国公司、国际金融机构的融资活动管制相对较松，债券的发行较为自由灵活，既不需要向任何监督机构登记注册，又无利率管制和发行数额限制，还可以选择多种计值货币。例如，欲在美国纽约市场发行扬基债券，美国金融监管当局对此要进行相当严格的审查，要通过美国证券交易委员会的批准非常不容易。而在欧洲市场发行欧洲美元债券的手续则较简单，对财务公开的要求不高，不需要信用评级，也不必向任何机构登记注册。欧洲债券上市只需向当地证券交易所提交发行说明即可。因此，这对资金融入者极具吸引力。

2. 币种和期限均实现多样化

欧洲债券可以有更多的货币种类的选择，其期限也是多种多样的。欧洲美元债券的期限可以是5~8年，欧洲瑞士法朗债券则是5年。选择不同的债券，可以得到不同的融资期限。

3. 交易集中

欧洲债券接受证券交易所规章制度的管理和监督，其交易全部在证券交易所里进行，没有场外市场。

4. 税收优惠

欧洲债券的另一大吸引力在于其税费负担不高，其利息收入通常免缴所得税，并且以不记名方式发行，并可以保存在国外，适合一些希望保密的投资者的需要。

5. 资金调拨方便

欧洲债券市场是完全自由的市场，不存在限制和标准，加上欧洲金融中心银行林立，业务经验丰富，融资类型多，通讯发达，资金调拨非常方便。若融资后还需调换成所需的各种货币，亦可在最短时间内完成调换，并调拨到世界各地。

正因为欧洲债券有其以上各种优势，所以在国际债券市场上占有绝对的优势。

第五节　债券的信用评级

一、债券信用评级的涵义及其意义

（一）债券信用评级的涵义

所谓债券信用评级，就是利用科学的分析方法，对拟发行债券的资金使用的合理性和按债券契约还本付息的能力及风险程度进行的综合评价，并用简单直观的符号来表示其信用的等级。

债券的信用评级仅是对债券还本付息的风险程度进行评级，而对企业或公司本身及企业或公司所承担的社会责任并不给予任何评价。但是，由于债券信用评级机构是不受政府控制并独立于债券发行者、投资者以及中介人之外的民间机构，其评级结果被认为是中立和公正的。因此，尽管债券信用评级机构不对债券投资者的投资选择进行任何干预，也不承担投资者采用评级结果后的法律责任，大多数投资者仍愿意以信用等级作为衡量债券全部投资风险的重要指标，并认为信用等级越高，投资风险越小。

（二）债券信用评级的意义

债券信用评级对债券的管理机构、债券发行者、债券投资者和中介人都具有十分重要的作用。

1. 对投资人的好处

信用评级降低了债券投资者取得信息的成本，为其投资提供了决策依据。大多数投资者在选择债券投资对象与投资组合时，由于自身财力、时间和专业知识等诸多因素的限制，难以依靠自身力量去调查掌握债券市场上各种债券的风险情况。借助专业评级机构作出的公开的、具有权威性的债券信用评级，投资者可以根据各种债券的风险情况，并通过比较其信用级别及其变化情况，选择合适的投资对象。在债券二级市场上，投资者也可以根据评级机构公布的债券信用级别，及时调整自己的投资品种，尽可能地避免或减少所持债券的风险，减少损失。

对于已具备在资本市场上筹措资金能力的债券发行人来说，债券的信用评级还可以防止处于优势地位的债券承销商对其施加苛刻的发行条件。

2. 对发行人的好处

信用评级可以提高发行人的知名度，为其树立良好的形象。通过信用评级的高等级债券，不仅可以在一级市场上顺利地实现资金的筹集，还可以以较低的利率发行，从而降低成本。同时在流通市场上，还可以以其信用等级高、风险低而受到投资者的青睐，从而使其维持较高的市场价格。

3. 对中介机构的好处

信用评级为债券承销机构等中介机构的决策提供依据。债券承销机构代理发行债券，也需要在风险和报酬之间进行权衡。以代销方式发行债券，承销人虽不承担发行风险，但手续费率也低；以余额包销方式或以全额包销方式发行债券，虽然手续费率较高，但承销人要承担债券发行的部分风险或全部风险。因此，债券的信用评级可以为债券承购机构选择以何种方式承销债券的决策提供参考。另外，证券经纪商也可利用债券的信用评级结果作为投资决策的参考，并据此为其顾客提供债券投资的咨询服务。

4. 对债券市场管理者的好处

信用评级不仅为管理者提供了较为客观、公正管理与考核的依据，而且对整个债券市场资金走向的引导，增加信息透明度，保证债券发行、交易的公开、公平、公正，稳定金融市场秩序，促进其健康发展，都具有极其重要的意义。

二、我国债券信用评级的发展

债券评级于20世纪初产生于美国。1909年，美国穆迪公司的创始人约翰·穆迪提出了债券评级问题，为许多准备发行债券、扩展资金实力的公司和准备购买债券的投资者提供了依据。其后，穆迪被认为是在世界上最先建立衡量债券风险的体系，并按照风险大小确定债券等级的人。1918年，美国政府规定，凡是外国政府在美国发行债券必须在发行前取得评级结果。20世纪30年代，美国基本上建立起一整套合理的债券评级制度和方法，到80年代，美国的债券评级制度和方法已基本完善。

1988年以前，我国许多省市的人民银行在其内部设立了评级委员会或类似机构。1990~1993年，我国债券市场的发行规模迅速扩大，特别是二级市场的发展推动了一级市场发展，与此相适应，评级机构逐渐成长起来。1992年4月，在中国人民银行总行亲自组织和指导下，全国信用评级第三次研讨会在海南省召开，与会代表广泛地交流了评级工作中的经验和具体做法，探讨了工作中的问题，并原则通过了几种债券信用评级的指标体系和评级办法。这标志着随着中国证券市场的发展，债券评级也进入了一个新的阶段。1993年4月11日，国务院《关于坚决制止乱集资和加强债券发行管理的通知》中明确规定："要加强债券的信用评级工作，只有确实具有偿还能力的企业才能发行债券。申请发行债券的公司、企业，必须由经有关部门确认的有资格的信用评级机构进行评级。发行债券数额超过一亿元以上的企业，要由全国性的信用评级机构予以评定。"1993年8月出台的《企业债券管理条例》规定，发行者应在债券发行公告中公布债券的信用等级。这些规定不仅说明债券评级在我国债券市场上的作用越来越大，更说明国家有关部门正积极推进我国债券评级事业的发展。1998年出台的《中华人民共和国证券法》中还规定，上市债券的发行者应持续披露其债券的信用等级。1998年，经中国人民银行认定有资格对企业债券进行信用评级的评级公司有9家，他们是中国诚信证券评估有限公司（北京，现名为中诚信国际信用评级有限责任公司）、大公国际资信评估有限公司（北京）、长城资信评估有限公司（北京）、鹏元资信评估有限公司（深圳）、新世纪资信评估有限公司（上海）、远东资信评估有限公司（上海）、辽宁资信评估有限公司、福建资信评估有限公司和云南资信评估有限公司。由于我国资本市场的发展和发育比较迟缓，到目前为止，这些评级机构的评级方法也基本采用美国的做法。从2000年开始，伴随着债券市场的快速发展，信用评级市场快速扩大，主要评级机构在理念、制度、管理等多方面均取得了很大的提升，同时，监管部门也逐步加强了对评级机构的监管。2006年3月，人民银行发布《中国人民银行信用评级管理指导意见》，对信用评级机构在银行间债券市场和信贷市场从事金融产品信用评级、借款企业信用评级担保机构信用评级业务进行管理和指导。同年11月21日，人民银行发布了我国第一部信用评级行业标准——《信贷市场和银行间债券市场信用评级规范》，由《信用评级主体规范》、《信用评级业务规范》和《信用评级业务管理规范》三部分组成。2007年8月，证监会先后发布《公司债券发行试点办法》和《证券市场资信评级业务管理暂行办法》，包括中诚信证券评估有限公司，鹏元、新世纪、大公、天津等资信评估有限公司，共五家评级机构被核准从事证券市场资信评级业务。2008年3月中国人民银行发布了《中国人民银行关于加强银行间债券市场信用评级作业管理的通知》，规范银行间债券市场信用评级机构的评级作业行为，加强对信用评级机构评级作业的管理。2013年10月中国人民银行发布了《中国人民银行关于推进信贷市场信用评级管理方式改革的通知》，人民银行决定改革信贷市场信用评级管理方式，由偏重于事前管理转变为着重进行事中、事后监测和信息披露，加强信用评级业务规范管理。

三、债券信用评级的原则

债券信用评级涉及社会方方面面的经济利益，所以必须坚持以下原则：

（一）公平性原则

公平性原则是指债券信用评级从业人员对债券的信用评定必须公正无私，评级结论应当合理。

（二）科学性原则

科学性原则是指债券信用评级工作的规范、标准、程序和方法应当科学、合理。

（三）客观性原则

客观性原则是指债券信用评级所依据的数据、资料必须是第一手的，分析和评价必须是客观可靠、实事求是的。

（四）独立性原则

独立性原则是指债券信用评级机构和评级人员的评级过程和结果必须是独立自主的，评级过程和结果不受任何权力机构意旨和社会舆论的影响。

四、债券的信用等级

债券的信用等级就是表示债券信用风险程度的级别。不同国家的不同评级机构对债券级别划分的标准以及每一等级的含义的规定有所不同。

（一）美国穆迪公司划分的等级

穆迪公司将长期债券的信用等级分为9级，短期债券划分为4级。

1. 长期债券的等级

Aaa级债券为最高等级债券，表示债券发行人的还本付息能力很强，投资者一般不承担风险。

Aa级债券属高级债券，表示债券发行人的还本付息能力很强，投资者的投资风险很低。

A级债券表示安全度在平均水平之上，但也存在影响还本付息能力的不利因素。

Baa级债券表示安全处于平均水平，还本付息能力一般，目前状况比较安全，但从较长期看，缺少一些保护因素。

Ba 级债券表示将来可能会出现一些影响还本付息的不利因素。

B 级债券表示投资具有投机性。

Caa 级债券表示债券发行人的偿债能力低劣，可能或经常不履行偿债义务，投机性较高。

Ca 级债券表示高度的投机性，经常不支付或迟付利息。

C 级债券是最低等级债券，风险极大。

2. 短期债券的等级

P—1 表示债券按时付款能力极强。

P—2 表示债券按时付款能力特强或很强。

P—3 表示债券按时付款能力令人满意。

非 P 级表示投机级债券。

（二）标准·普尔公司划分的等级

标准·普尔公司把长期债券分为 12 级，短期债券划分为 4 级。

1. 长期债券的等级

AAA 级表示最高质量债券，还本付息能力极强。

AA 级表示高级别债券，还本付息能力很强，但略逊于 AAA 级债券。

A 级表示中上级债券，仍有较强的还本付息能力，但当经济形势发生逆转时较为敏感。

BBB 级表示中级债券，有一定还本付息能力，但当经济发生逆转时，较上述级别更易受影响。

BB 级、B 级、CCC 级、CC 级表示中下级债券，具有很强的投机性，其风险度从 BB 级至 CC 级递增。

C 级表示通常不能支付利息。

DDD 级、DD 级、D 级表示违约债券，还本付息的可能性很小。

在实际操作当中，绝大部分进行评级的债券都属于第一等级的债券，即 AAA 级、AA 级和 A 级。

2. 短期债券的等级

A—1* 表示债券按时付款能力极强。

A—1 表示债券按时付款能力特强或很强。

A—2 表示债券按时付款能力令人满意。

A—3 表示债券按时付款能力不在以上等级范围之内。

B 表示债券有适当的能力按时付款。

C 表示债券付款能力令人怀疑。

D 表示违约债券。

（三）我国的债券信用等级

在我国，目前没有统一的债券信用等级，不同的评级机构所设置的债券等级、符号及表达的含义不完全相同。如中国诚信证券评估有限公司（现在改名为中诚信国际信用评级有限责任公司）长期债券信用等级的设置采用三等十级制：一等（即投资级）包括四个信用级别，即 AAA 级、AA 级、A 级、BBB 级；二等（投机级）包括四个信用级别，即 BB 级、B 级、CCC 级和 CC 级；三等包括两个信用级别，即 C 级和 D 级。每个信用等级可用“+”、“-”号微调，但最高等级为 AAA 级。

AAA 级债券为最高级债券，其还本付息能力最强。

AA 级债券属高级债券，其还本付息能力很强，基本无风险。

A 级债券还本付息能力较强，尽管其还本付息能力易受内外部环境和经济条件不良变化的影响，但风险较低。

BBB 级债券还本付息能力一般，内外部环境和经济条件的不良变化易弱化其还本付息能力，投资风险一般，是正常情况下投资者所能接受的最低信用等级。

BB 级、B 级、CCC 级和 CC 级债券属于投机级债券。BB 级债券的投机性最低，CC 级债券的投机性最高。投机级债券的还本付息能力在变化的外部环境和经济条件下，具有很大的不确定性，风险很大。

C 级债券濒临破产，其还本付息的能力极弱。

D 级债券属于垃圾债券。

五、债券信用评级的程序

（一）发行人申请

信用评级由债券发行人或其代理人向信用评级机构提出信用评级申请，填写《债券信用评级委托书》，经双方协商后签订《委托债券信用评级合同》或《债券信用评级协议书》，确立双方信用评级关系。

（二）评级机构收集有关资料

1. 收集资料

信用评级机构在合同确立后为发行人确定评级小组，由评级小组向债券发行人发出评级资料清单，同时进行行业、政策、法规等的前期研究。债券发行人按评级资料清单的有关要求准备真实的资料，在规定期限内，根据信用评级机构的要求，向其提供必要的经济技术、财务等有关资料。

2. 现场调查、取证、分析测定

评级小组依据其提供的相关资料与债券发行人的有关部门交谈；到现场调查；根据需要，对有关主管部门、同行业、债券发行者的客户和重点项目等进行调查和访谈；对债券发行者各方面的情况进行分析。

（三）初步评级阶段

在调查分析的基础上，根据评级办法和数据处理结果进行信用分析，写出《信用评级分析报告》等。

（四）评委会论证并定级

评级小组向债券评委会成员提交《信用评级分析报告》、调查访谈笔记和其他评级资料。评委开会讨论有关文件，决定被评对象信用等级。

（五）征求债券发行者意见

向债券发行人发出《信用评级报告》，其中包括《信用等级通知书》、《信用等级公告》、《信用评级分析报告摘要》、《信用评级分析报告》等有关附件。如债券发行人对信用级别有疑义，可提交理由书，申请变更级别，并提交追加资料便于复评。评级机构根据有关资料，再次进行研究讨论，重新决定等级或维持原来的级别，复评的结果为最终结论。

（六）公布信用评级结果

评级结束后，如果债券发行人没有提出其他保密要求，可向社会公布信用评级结果。但评定的债券信用级别，只适用于该期发行的债券，当次有效。

（七）跟踪评级阶段

评级工作结束后，评级机构应不断跟踪被评债券信用等级的变动情况，因为债券的质量是随着发行者经营活动的发展而变化的，债券的信用级别不可能一成不变。债券发行人应按评级协议中的有关规定，定期向评级机构提供有关资料，如被评债券的信用状况变化超出一定范围（信用等级提高或降低），评级机构将按跟踪评级程序对被评债券进行更改评级，并视具体情况将更改评级结果向社会公告。

六、债券信用评级的内容和分析方法

债券信用评级的内容，是指债券信用评级程序中的第三和第四阶段的具体工作内容。第三阶段即初步评级阶段，主要是进行信用分析。第四阶段即定级阶段，由评级委员会决定所评债券的信用等级。这两个阶段的工作是整个债券信用评级工作中最重要的组成部分。

债券信用评级的分析方法一般包括定性分析和定量分析。从理论上讲，不进行定性分析而通过数学模型的分析，同样可以测定出所评债券的到期还本付息的风险程度。如詹姆斯—哈利根模型、理查得—韦斯特模型等，这些模型都是通过多重回归方程式或函数分析等方法分析债券信用等级。但在实务界，多数债券评级机构都以定性分析为主、定量分析为参考来评价债券等级，而评级结果的使用者也并不对债券评级机构的定性分析表示怀疑。总的来说，不论是国内还是国外，并不存在一个统一的债券评级方法。下面简要介绍债券信用评级通常包含的内容和一般分析方法。

（一）信用分析的内容与分析方法

现场调查、取证、分析测定后，评级小组要进行的信用分析主要包括：产业分析、企业素质分析、财务质量及偿债能力分析、资金投向分析和经验评估。

1. 产业分析

产业分析是为了判断债券发行者所属的产业是朝阳产业还是夕阳产业，是稳定的产业还是对经济变动反映敏感的产业，国家的产业政策如何，产业的内部竞争力如何，并评价该产业的级别。

2. 企业素质分析

企业素质分析是为了判断领导群体素质和综合能力是否很强，科学管理水平是否很高，参与市场的竞争能力如何，企业生产设备、工艺和产品技术水平以及企业研究开发能力如何，企业的发展速度及趋势怎样，并对企业素质进行综合评价。

3. 财务质量及偿债能力分析

财务质量及偿债能力分析主要是通过下列指标的分析、计算，对比实际值与参照值，来给所评债券打分。

（1）反映资金实力的指标有流动比率、资产负债率、资本化比率、清算价值（有形资产/长期债务）等。

（2）反映资金营运能力的指标有销售收入增长率、产成品销售率、流动资金周转加速率等。

（3）反映资金信用的指标有流动资金贷款偿还率、贷款承付率、贷款回收率等。

（4）反映盈利性的指标有销售毛利率、销售净利率、息税前总资产报酬率、权益报酬率等。

（5）反映盈利偿还能力的指标有：利息保障倍数、现金流量比率（现金流量/长期债务）等。

4. 资金投向分析

资金投向分析主要是分析判断资金投向的合理性，投入性质如何，建设项目的内部收益率和投资回收期是否达到预定标准等，并进行评价。

5. 经验评估

在对上述各方面评价并计算出加权平均得分的基础上，根据经验，加减一定分数。

6. 初步确定等级

评级小组可根据信用分析结果及按评分设置的债券信用级别得出初评结果，并填写《信用评级分析报告》。

（二）评委会决定债券信用级别

债券信用评级委员会的成员通常由信用评级机构的正副总经理、债券评级业务部门正副经理以及评级业务高级分析员组成，一般包括5～7名成员。为了保证评级工作的独立、公正，严守客户秘密，债券信用评级委员会的成员不包括信用评级机构以外的人员。

债券信用评级委员会根据评级小组提交的《信用评级分析报告》等有关资料进行讨论，经充分审议之后，以投票方式决定债券信用级别。

思考与练习

一、名词解释

债券

可转换公司债券

浮动利率债券

国债回购交易

国际债券

欧洲债券

二、概念比较

公募债券与私募债券

外国债券与欧洲债券

三、问答

1. 简述债券的性质与特征。
2. 简述信用评级的内容。
3. 为什么我国的企业都倾向于股票融资，而企业债券市场很不发达？
4. 怎样才能比较准确地计算投资债券的收益水平？
5. 我国需要建立国债期货市场吗？

第三章 股　票

学习目标

通过本章的学习，认识我国建立证券市场以及国有企业进行股份制改造的必要性，掌握现代企业制度、股份制、股票的基本知识，了解股票价格指数的计算。

第一节　现代企业制度与股份制

现代企业制度的一个重要载体是股份公司，股份公司是企业制度中的一种组织形式。发行股票筹措的资金构成了股份公司的原始资本。因此，股份公司、股票就像我们所知道的财政、税收、货币、信用、利率等经济手段一样，是伴随社会化大生产和商品经济的发展必然出现的。新中国成立初期，为医治千疮百孔的社会经济，只有依靠计划经济才能使有限的资金发挥最充分的效益。40年后，中国经济积累了腾飞的力量，现代企业制度为中国走向世界铺就了一条道路，股份制经济为中国企业走向国际市场打开了一扇大门。

一、现代企业制度

现代企业制度是同现代市场经济相关联的企业组织形式。自1992年初邓小平同志南方谈话以来，我国企业改革经历了从政策调整到企业制度创新的转变。1993年11月，党的十四届三中全会通过的《中共中央关于建立社会主义市场经济体制若干问题的决定》中明确提出，"以公有制为主体的现代企业制度是社会主义市场经济体制的基础"，并要求按照"产权清晰、权责明确、政企分开、科学管理"的原则，对企业进行股份制改造。建立现代企业制度，对我国的经济改革和经济发展，对增强企业的动力和活力，对提高经济效益，有着十分重要的作用。

（一）现代企业制度的概念和本质特征

1. 现代企业制度的概念

现代企业制度是指以完善的企业法人制度为基础，以有限责任为特征，以公司制为组织形式的企业制度。现代企业制度也是适应市场经济体制要求的企业产权制度、企业组织制度、企业领导制度（治理结构）、企业法律制度、企业管理制度，以及处理这一系列制度和在这种制度下企业与各方面关系的行为规范、行为方式、行为准则的统称。

现代企业制度中的“现代”两字具有两层涵义：一是相对于我国原有产品经济体制条件下的传统企业制度而言；二是相对于企业组织的发展史而言。相对于我国传统的企业制度而言，我国建立现代企业制度的一项重要内容就是对多数国有企业进行公司制改制。但现代企业制度并不仅仅适应于国有企业，它同样适应于非国有企业。就企业组织的发展而言，它经历了从独资企业到合伙企业再到公司企业的过程。公司企业是为适应现代社会经济发展而建立起来的。

杨启先在《美国现代企业制度考察》一文中指出美国现代企业制度的基本内涵：一是企业产权组织形式主要是公司制；二是企业所有者与企业的关系日趋淡化；三是企业与政府之间是法律关系；四是企业内部现代、科学的管理方法；五是企业既要获取利润，又要造福社会。

现代企业制度的内容和形式并不是固定不变的，会随着时代的变迁和经济形势的变化而不断发展和进步，但始终能够朝着适应最先进的生产力的方向发展。

2. 现代企业制度的基本特征

现代企业制度的基本特征概括起来就是产权清晰、权责明确、政企分开、管理科学。

产权清晰，是以法律形式明确企业的出资者所有权与企业法人财产权之间的关系。

权责明确，是通过法律形式确立出资人和企业法人对企业财产应当拥有的权利、承担的责任和履行的义务。

政企分开，是在理顺企业国有资产产权关系、明确产权的基础上，实行企业与政府的职能分开，建立适应社会主义市场经济体制环境的政府与企业的关系。

管理科学，是要把企业改组与企业管理有机结合，形成一系列科学的管理制度。

（二）现代企业制度的基本内容

一般来说，现代企业制度能最大限度地发展和解放生产力。其基本内容包含以下几个方面。

1. 建立和完善企业法人制度

在传统的计划经济体制下，国有企业作为国家行政机构的附属物，没有独立的法人地位；在有计划的商品经济条件下，国家虽然通过立法形式建立了企业法人制度，但还不是真正意义上独立的企业法人，因为在这种情况下，企业没有法人所必须具备的独立财产权，无法建立真正的财产约束机制，所以企业只能负盈不能负亏，国家对企业仍负无限责任。实行现代企业制度，要求出资者所有权和法人财产权必须有效分离。

出资者所有权在一定条件下表现为出资者拥有股权，股东依法享有资产受益、选择管理者、参与重大决策及转让股权等权利；法人财产权表现为企业依法享有的对财产占有、使用、收益、处分的权利，以独立的财产对自己的经营活动负责，并享有民事权利，承担民事责任，自主经营，自负盈亏，对出资者承担资产保值、增值的责任。

2. 确定企业国有资产的投资主体

在我国，国有资产实行国家统一所有、政府分级监督、企业自主经营的体制。政府机构与企业不再有行政隶属关系，企业不再套用行政级别。国家授权投资的机构作为国有资产投资主体，依法对企业中的国有资产行使出资者职能，对持股企业不再行使政府行政管理职能，而有关部门依法对企业中的国有资产保值、增值实行监督。企业真正拥有依法经营所必需的生产经营决策权、产品定价销售权、进出口权、投资决策权、资产处置权等权利。

3. 建立新的企业财产组织形式

企业财产组织形式是现代企业制度的核心。按财产组织形式划分，企业组织形式有独资企业、合伙企业和公司企业。独资企业和合伙企业是自然人企业，出资者承担无限责任。公司属法人企业，主要包括有限责任公司和股份有限公司，出资者以出资额为限对企业承担有限责任，而企业以注册资本为限对债权人承担有限责任。

4. 建立科学、规范的公司治理结构

根据效率、效益优先的原则建立企业的决策机构、执行机构、监督机构。建立由股东大会、董事会、监事会、经理层组成的公司内部治理结构，各机构之间相互独立，相互制约，相互配合，责权明确。

5. 建立新的企业用工和分配制度

在现代企业制度下，取消了企业管理人员的国家干部身份，打破了不同所有制员工之间的身份界限，建立了企业与员工之间双向选择的用工制度。企业员工和高级管理人员实行以劳动合同为基础的聘任制，企业可按国家有关规定自主确定工资水平和内部分配形式。

6. 建立规范的企业财务会计制度

科学设置财务会计机构，并建立健全公司内部控制制度和财务会计制度，实行内部监督和外部监督相结合。

7. 完善和加强职工民主管理

要积极探索、研究适应现代企业制度的企业民主管理的具体内容和形式，使职工参与企业民主管理，并维护其自身的合法权益。经过民主选举产生的职工代表依法进入公司的监事会和一些有限责任公司的董事会，通过法定程序维护职工的合法权益。

20 世纪 90 年代后，我国开始由计划经济向市场经济过渡。建立适应社会主义市场经济体制要求的现代企业制度是中国经济的历史选择。股份制是现代企业制度的最基本形式。那么，股份制是怎样形成的？如何发展的？股份制又是一种什么样的企业组织形式呢？

二、股份制和股份公司的形成

在自给自足的小生产社会中，生产所需的资本极其有限，单个生产者的积累就能够满足再生产的需要。从自然经济向商品经济发展的初期，由于社会分工不发达，生产力水平低，社会生产所需的资本除了自身积累之外，通过借贷资本基本上可以满足生产发展的资金需要。随着生产力的进一步发展，社会分工日益复杂，人类社会进入了市场经济。这时，无论是生产者自身的资本积累，还是有限的借贷资本，都无法满足企业进行社会化大生产所需要的巨额资金，于是，股份制和股份公司应运而生。马克思说过，在社会化大生产发展的过程中，生产规模惊人地扩大了，个别资本不可能建立的企业出现了；假如必须等待积累去使某些单个资本增长到能够修建成铁路的程度，那么恐怕直到今天世界上还没有铁路。但是，集中通过股份公司转瞬间就把这件事完成了。股份公司通过面向社会发行股票，迅速集中大量资金，实现了生产的规模化经营。由此可见，股份制是在商品经济和社会化大生产的基础上产生和发展起来的。

（一）股份制的概念

股份制是通过发行股票筹集资金进行生产经营的企业制度。它是在社会化大生产和商品经济的基础上发展起来的，它的发展与完善又对社会化大生产和商品经济的完善起着重要的推动作用。股份制的经济构成特征是股份公司、股份、股本、股票、股东、董事会等。

（二）股份公司的概念

股份公司是公司的一种重要形式。公司是依照公司法组建并登记的，以盈利为目的的企业法人。

1. 公司的特征

公司是依照公司法的规定设立的社会经济组织。

公司是以盈利为目的的法人团体。

公司是企业法人。公司是具有民事权利能力和民事行为能力、并依法独立承担民事责任的组织，实行独立的经济核算。

2. 股份公司的概念

股份公司是一种由多人集资、以盈利为目的的企业组织形式。股份持有者是公司的股东，股东凭股份定期领取股息，但无权要求公司偿还股本。

股份公司在漫长的历史发展过程中经历了多种形态，现根据不同的标准，可划分为以下不同类型：

（1）从公司对外活动的基础划分，公司可分为人合公司、资合公司。

人合公司是以股东个人的信用、声誉、地位作为对外信用的基础，股东的个人威望具有重要作用。这种公司通常是以他的一个和两个股东的名字作为公司的名称，其公司成员主要由父子、兄弟等亲属组成。

资合公司是以资本为合作基础并作为信用的公司，主要是以雄厚的资本取信于社会，股东的个人信誉则无关紧要，股东之间的人际关系也极为松散。

（2）按公司注册地划分，公司可分为本国公司、外国公司和跨国公司。

（3）从股东的责任角度划分，公司可分为有限责任公司、股份有限公司、无限责任公司和两合公司。

无限责任公司是由2人以上的股东组成，全体股东对公司债务负有连带无限清偿责任。公司具有法人资格，股东必须是自然人，是典型的人合公司。这种公司17～18世纪盛行于欧洲。

两合公司是由1人以上的无限责任股东与1人以上的有限责任股东组成的，兼有资合公司和人合公司性质。这种公司在19世纪地中海沿岸实行。

有限责任公司和股份有限公司在下面的章节中具体介绍。

三、企业的股份制改组

建立现代企业制度是我国企业改革的目标和方向。1984年，北京天桥百货股份有限公司经过改组后成为我国第一家股份制企业。

（一）企业进行股份制改组的必要性

企业制度是经济体制的一个重要组成部分，它一定要与整个经济体制相适应。改革前，我国实行高度集中的计划经济体制，这决定了企业只能采取没有自主权的传统国有企业制度。社会主义市场经济的建立，要求企业制度也必须进行改革，才能使生产关系适应生产力的发展。

1. 筹集扩大再生产资金的需要

在社会主义市场经济条件下，我国国有企业的发展同样受到资本积累的限制，需要集中资金进行大规模生产经营。国有企业实行股份制改组，就可以充分利用其加速资本集中的功能，迅速筹集资金。

2. 转换经营机制的需要

国有企业进行股份制改制，可以建立起下列机制：

（1）实现“所有权”和“经营权”的两权分离，把政府干预企业的权利控制在必要的范围内，使企业有自己真正的经营权。

（2）实现企业的法人财产制度，建立企业自负盈亏机制。

（3）股份制企业拥有间接融资与通过资本市场直接融资的多种融资渠道，从而使企业具有良好的自我发展机制。

（4）完善的股份公司组织机构有利于强化企业内部和外部环境对企业的约束机制，使企业规范运行，长期发展。

（5）国有企业通过股份制改组建立起“自主经营、自负盈亏、自我约束、自我发展”的机制，增强企业在国际市场上的竞争能力。

3. 协调利益关系的需要

股份公司内部股东大会、董事会、经理层三个权力主体之间，既相互联系又相互制约，三者的权利、责任、利益建立在合理、公正的基础上。另外，股东之间同股同权同利，使股东之间的利益关系也趋于平衡。

4. 分散投资风险的需要

股份公司在给投资者和融资者提供了投融资渠道的同时，也提供了分散风险的途径。从资金需求者来看，通过发行股票筹集资金的同时，也将其经营风险部分地转移和分散给投资者，实现了风险的社会化。从投资者角度看，可以根据个人承担风险的能力，通过选择购买股票和建立投资组合来转移和分散风险。投资者在资金多余时，可以购买股票，把消费资金转化为生产资金；在资金短缺时，可以卖掉股票变现。

（二）国有企业改组成股份公司应遵循的原则

1. 严格按照相关法律进行改造

要依据《中华人民共和国公司法》（以下简称《公司法》）及其有关法规，制定公司改组条例和规范办法，依法做好改制前的准备工作。建立规范化的公司组织体制和管理体制，克服人为因素的影响。

2. 设置合理的股权结构，防止国有资产流失

在公司组建前，要进行严格的资产评估和审计，运用科学的方法清理债务，清产核资，进行产权界定，以此确定法人财产总额和各方持股比例。防止低价折股，低价出售，甚至无偿转归个人所有。

3. 通过试点，分类、分批、分期改造

根据国家产业政策的要求，将各类企业按行业、规模、在国民经济中的地位和要求分类，首先选择竞争性强、符合国家产业政策、效益稳定、企业高层管理人员素质高的企业进

行改制。

4. 改组后的企业应以有限责任公司为主

有限责任公司具有操作简便，改造成本低，易于过渡等特点。除特殊行业外，国有企业一般应改造为由多个股东持股的有限责任公司，以利于规范运作。

5. 维护和处理好所有者、经营者、生产者的责、权、利关系

四、有限责任公司

（一）有限责任公司的概念

我国《公司法》规定，有限责任公司是“股东以其认缴的出资额为限对公司承担责任”的企业法人，是股份公司的组织形式之一。

（二）有限责任公司的设立

1. 有限责任公司的设立条件

（1）股东符合法定人数。根据《公司法》的规定，有限责任公司的股东人数为50人以下。

（2）股东出资达到法定资本最低限额。法定资本达到的最低限额是公司向公司登记机关登记时实缴的出资额，即经法定程序确认的资本。法定资本最低限额是指国家规定的设立公司所需资本的最低要求。有限责任公司注册资本的最低限额为人民币3万元。法律、行政法规对有限责任公司注册资本的最低限额有较高规定的，从其规定。

（3）股东共同制定章程，并经全体股东一致同意。所有股东必须在公司章程上签名、盖章。公司章程必须载明公司的经营范围，也即公司的经营范围不能超出公司章程中表明的范围。

（4）有公司名称，建立符合有限责任公司要求的组织机构。

（5）有公司住所。

2. 有限责任公司章程应当载明的事项

（1）公司名称和住所。

（2）公司经营范围。

（3）公司注册资本。

（4）股东的姓名或者名称。

（5）股东的出资方式、出资额和出资时间。

（6）公司的机构及其产生办法、职权、议事规则。

（7）公司法定代表人。

（8）股东会会议认为需要规定的其他事项。

五、股份有限公司

（一）股份有限公司的基本概念

我国《公司法》规定，股份有限公司是“股东以其认购的股份为限对公司承担责任”的企业法人。

（二）股份有限公司的设立

股份有限公司的设立，是指按照法定程序组建公司的实体并取得法人资格的行为。

1. 股份有限公司的设立方法

发起设立，是指由发起人认购公司应发行的全部股份而设立公司。

募集设立，是指由发起人认购公司应发行股份的一部分，其余股份向社会公开募集或者向特定对象募集而设立公司。

发起设立与募集设立相比，前者是公司的全部股份由发起人认购，而后者则除了发起人认购外，其他法人和社会公众都可以认购。发起人向社会公开募集股份，必须公告招股说明书，并制作认股书。认股书应当载明《公司法》所列事项，由认股人填写认购股数、金额、住所，并签名、盖章。认股人按照所认购股数缴纳股款。

2. 股份有限公司的设立条件

（1）发起人符合法定人数。设立股份有限公司，应当有2人以上200人以下为发起人，其中须有半数以上的发起人在中国境内有住所。

（2）发起人认缴和社会公开募集的股本达到法定资本最低限额。我国《公司法》规定，股份有限公司采取发起设立方式设立的，注册资本为在公司登记机关登记的全体发起人认购的股本总额。股份有限公司采取募集方式设立的，注册资本为在公司登记机关登记的实收股本总额。股份有限公司注册资本的最低限额为人民币500万元。法律、行政法规对股份有限公司注册资本的最低限额有较高规定的，从其规定。

（3）股份发行、筹办事项符合法律规定。

（4）发起人制订公司章程，采用募集方式设立的经创立大会通过。

（5）有公司名称，建立符合股份有限公司要求的组织机构。

（6）有公司住所。

3. 股份有限公司章程应当载明的事项

（1）公司名称和住所。

（2）公司经营范围。

（3）公司设立方式。

（4）公司股份总数、每股金额和注册资本。

（5）发起人的姓名或者名称、认购的股份数、出资方式和出资时间。

（6）董事会的组成、职权和议事规则。

（7）公司法定代表人。

（8）监事会的组成、职权和议事规则。

（9）公司利润分配办法。

（10）公司的解散事由与清算办法。

（11）公司的通知和公告办法。

（12）股东大会会议认为需要规定的其他事项。

（三）股份有限公司的组织机构

股份有限公司的组织机构主要包括股东大会、董事会、监事会、经理。

1. 股东大会

（1）股东大会的形式。股份有限公司股东大会由全体股东组成。股东是股份有限公司的投资者和股份持有人。股东作为出资者按投入公司的资本额享有所有者的资产收益、重大决策和选择管理者等权利，并以其所持股份为限对公司承担责任。

（2）股东大会的职权。决定公司的经营方针和投资计划；选举和更换由非职工代表担任的董事、监事，决定有关董事、监事的报酬事项；审议批准董事会的报告；审议批准监事会或者监事的报告；审议批准公司的年度财务预算方案、决算方案；审议批准公司的利润分配方案和弥补亏损方案；对公司增加或者减少注册资本作出决议；对发行公司债券作出决议；对公司合并、分立、解散、清算或者变更公司形式作出决议；修改公司章程；公司章程规定的其他职权。对以上所列事项股东以书面形式一致表示同意的，可以不召开股东会会议，直接作出决定，并由全体股东在决定文件上签名、盖章。

（3）股东大会的召开。股东大会应当每年召开一次年会，股东大会作出决议，必须经出席会议的股东所持表决权过半数通过。股东大会作出修改公司章程、增加或者减少注册资本的决议，以及公司合并、分立、解散或者变更公司形式的决议，必须经出席会议的股东所持表决权的2/3以上通过。

2. 董事会

股份有限公司设董事会，由股东大会选举产生的董事组成，其成员为5人至19人，董事会对股东大会负责。董事会设董事长1人，可以设副董事长。董事长和副董事长由董事会以全体董事的过半数选举产生。董事会每年度至少召开两次会议，每次会议应当于会议召开10日前通知全体董事和监事。

董事会行使下列职权：召集股东大会会议，并向股东大会报告工作；执行股东大会的决议；决定公司的经营计划和投资方案；制订公司的年度财务预算方案、决算方案；制订公司的利润分配方案和弥补亏损方案；制订公司增加或者减少注册资本以及发行公司债券的方案；制订公司合并、分立、解散或者变更公司形式的方案；决定公司内部管理机构的设置；决定聘任或者解聘公司经理及其报酬事项，并根据经理的提名决定聘任或者解聘公司副经理、财务负责人及其报酬事项；制订公司的基本管理制度；公司章程规定的其他职权。

3. 监事会

股份有限公司设监事会，其成员不得少于3人。监事会应当包括股东代表和适当比例的公司职工代表，其中职工代表的比例不得低于1/3，具体比例由公司章程规定。监事会中的职工代表由公司职工通过职工代表大会、职工大会或者其他形式民主选举产生。

监事会行使的职权有：检查公司财务；对董事、高级管理人员执行公司职务的行为进行监督，对违反法律、行政法规、公司章程或者股东大会决议的董事、高级管理人员提出罢免的建议；当董事、高级管理人员的行为损害公司的利益时，要求董事、高级管理人员予以纠正；提议召开临时股东大会会议，在董事会不履行本法规定的召集和主持股东大会会议职责时召集和主持股东大会会议；向股东大会会议提出提案；依照《公司法》的规定，对董事、高级管理人员提起诉讼；公司章程规定的其他职权。

4. 经理

经理是在股份有限公司章程授权范围内，由董事会聘任的负责公司具体业务活动的高级管理人员。经理对董事会负责，列席董事会会议。

经理行使的职权有：主持公司的生产经营管理工作，组织实施董事会决议；组织实施公司年度经营计划和投资方案；拟订公司内部管理机构设置方案；拟订公司的基本管理制度；制订公司的具体规章；提请聘任或者解聘公司副经理、财务负责人；决定聘任或者解聘除应由董事会决定聘任或者解聘以外的负责管理人员；董事会授予的其他职权。公司章程对经理职权另有规定的，从其规定。

第二节 股票的基本知识

一、股票的概念及特征

(一) 股票的概念

股票是股份有限公司发给股东证明其所持股份的一种有价证券，它可以作为买卖对象和抵押品，是资本市场上主要的长期信用工具。

(二) 股票的特征

股票具有以下五个方面的特征：

1. 收益性

收益性是股票最基本的特征。它是指股票可以为持有人带来收益的特性。股东凭其持有的股票，有权从公司领取股息或红利，获取投资的收益。股息或红利的大小，主要取决于公司的盈利水平和公司的盈利分配政策。股票的收益性，还表现在股票投资者可以获得价差收入或实现资产保值增值。通过低价买入和高价卖出股票，投资者可以赚取价差利润。股票的收益来源可分成两类：一是来自股份公司。认购股票后，持有者即将对发行公司享有经济权益，这种经济权益的实现形式是从公司领取股息和分享公司的红利。股息红利的多少取决于股份公司的经营状况和盈利水平。二是来自股票流通。股票持有者可以持股票到依法设立的证券交易场所进行交易，当股票的市场价格高于买入价格时，卖出股票可以赚取差价收益。这种差价收益称为资本利得。

2. 风险性

股票风险的内涵是股票投资收益的不确定性，或者说实际收益与预期收益之间的偏离。由于股票价格要受到诸如公司经营状况、供求关系、银行利率、大众心理等多种因素的影响，其波动有很大的不确定性。正是这种不确定性，有可能使股票投资者遭受损失。价格波动的不确定性越大，投资风险也越大。因此，股票是一种高风险的金融产品。

3. 流动性

流动性是指股票可以通过依法转让而变现的特性，即在本金保持相对稳定、变现的交易成本极小的条件下，股票很容易变现的特性。流动性通常以可流通的股票数量、股票成交量以及股价对交易量的敏感程度来衡量。可流通股数越多，成交量越大，价格对成交量越不敏感（价格不会随着成交量一同变化），股票的流通性就越好，反之就越差。股票的流通，使投资者可以在市场上卖出所持有的股票，取得现金。通过股票的流通和股价的变动，可以看出人们对于相关行业和上市公司的发展前景和盈利潜力的判断。

需要注意的是，由于股票的转让可能受各种或法律法规的限制，因此，并非所有股票都具有相同的流动性。通常情况下，大盘股流动性强于小盘股，上市公司股票的流动性强于非上市公司股票，而上市公司股票又可能因市场或监管原因而受到转让限制，从而具有不同程度的流动性。

4. 永久性

永久性是指股票所载有权利的有效性是始终不变的，因为它是一种无期限的法律凭证。股票的有效期与股份公司的存续期间相联系，二者是并存的关系。

5. 参与性

股票作为产权或股权的凭证，是股份的证券表现，代表股东对发行股票的公司所拥有的一定权责。股东通过参加股东大会，行使投票权来参与公司经营管理。股东参与公司重大决策权利的大小通常取决于其持有股份数量的多少，如果某股东持有的股份数量达到决策所需要的有效多数时，就能实质性地影响公司的经营方针。

（三）股票的性质

1. 股票是一种有价证券

股票本身没有价值，但股东可按规定要求股份公司分配股息和红利，所以股票反映和代表着一定的价值。另外，股东权利与股票所有权的转让应同时进行，不能只转移股票而保持原有股东的权利，也不能只转让股东权利而不转移股票。

2. 股票是一种要式证券

股票票面应记载法律规定的真实事项。我国的股票应该具备《公司法》规定的有关内容，如果缺少规定的要件，股票就无法律效力。而且，股票的制作和发行须经证券主管机关的审核和批准，任何个人和团体不能擅自印制发行股票。

3. 股票是一种资本证券

认购者购买股票是一种投资行为。股票是投入股份公司的资本份额的证券化。股票对股份公司来说，是一种用于营运的真实资本；对于投资者来说，却不是一种现实的财富。股票只是凭借它所代表的资本额和股东权益在股票市场上进行独立的价值运动。

4. 股票是一种综合权利证券

股票持有者作为股份公司的股东，享有独立的股东权。虽然股东享有这种综合权利，如出席股东大会、投票表决、分配股息红利等，但股东对公司财产没有直接支配处理的权利。

二、股票的类型

股票的品种很多，分类方法也各有不同。按股东的权利划分，股票可以分为普通股和优先股；按股票的上市地点和投资主体划分，股票可以分为A股、B股、H股、N股、S股。

（一）普通股与优先股

1. 普通股

（1）普通股的概念。普通股是随着公司利润变化而变化的一种股票，股东所获得的股息和红利不是在购买时约定，而是事后根据股份公司的经营业绩来确定。公司经营业绩好，普通股的收益就高；若经营业绩差，普通股的收益就低。普通股股东在公司盈利和剩余财产的分配顺序上列在债权人和优先股之后，所以，其承担的风险也比较大。

（2）普通股的特征。普通股是股份公司中最基本、最重要的股票。股份公司在设立时，最初公开发行的股票都是普通股。普通股持有者是股份公司的基本股东，并且股东之间同股同权，在权利义务上不附加任何条件，因此是一种标准的股票。普通股的有效期与股份公司的存续期是一致的。普通股在股票市场上的价格波动幅度大，普通股股票的收益也是随股份公司的经营状况和盈利大小而变化，而且在分配顺序上，普通股收益排在最后，因此普通股也是股票种类中风险最大的一种股票。在我国上海证券交易所和深圳证券交易所上市的股票都是普通股。

(3) 普通股享有的权利。各国公司法一般都规定，普通股股票的持有者按其所持有股份比例享有以下基本权利：

第一，经营决策的参与权。普通股股东通过参加股东大会行使其参与公司经营的决策权。股东在股东大会上听取公司董事会有关经营和财务方面的报告，行使表决权对公司重大事项作出决策，并通过选举公司的董事来体现股东自身对公司经营决策的参与。

第二，利润的分配权。公司股东有权要求从公司经营的税后利润中，并在充分考虑公司未来发展政策和现金流量的基础上，按持股数额分得相应比例的股息和红利。

第三，剩余财产的分配权。公司剩余资产一般按下列顺序支付：拨付清算费用、支付公司员工工资、支付国家税款、支付银行贷款、公司债务和其他债务，如果还有剩余资产，再按照股份数额比例分配给各股东。

第四，优先认股权。如果公司需要扩张而增发普通股股票时，现有普通股股东有权按其持股比例，以低于市价的某一特定价格优先购买一定数量的新发行股票，从而保持其对企业所有权的原有比例。比如，某股份公司原有普通股股票1000万股，某股东持有其中10万股，占公司总股份的1%。现该公司决定增发普通股股票100万股，该股东就获得优先认购新股1%的权利，计1万股。这样，公司增发股票后，该股东仍然能保持其在公司总股份中1%的比例。

2. 优先股

优先股起源于欧洲，早在16世纪，英国就已发行过优先股。但在之后几百年内，由于生产力水平不高，一般公司为了便于管理，只发行普通股，很少发行优先股。进入20世纪后，随着经济发展和技术进步，为了筹集急需的巨额资金，优先股有了适宜生长的土壤。

(1) 优先股的概念。优先股和普通股是相对应的，是指享有优先权利的股票。优先股也是一种股权证书，它的有些权利是优先的，有些又是受到限制的；它在发行时与普通股不同的是事先确定一种固定的股息率。

(2) 优先股的特征。与普通股相比，优先股有四个方面的特点：

第一，股息率固定。无论公司经营状况和盈利水平如何变化，该股息率不变。第二，股息分派优先。在公司盈利分派顺序上，公司盈利首先应支付债权人的本金和利息，其次是优先股股息，最后才是普通股股利。因此，优先股股票风险小于普通股股票。第三，剩余财产分配优先。当公司破产清算时，优先股股东可优先于普通股股东分配公司的剩余财产。第四，一般无表决权。因没有投票表决权，所以无法参与公司的经营管理。

(二) A股、B股、H股、N股、S股

我国上市公司的股票分A股、B股、H股、N股和S股等。这一区分主要依据股票的上市地点和所面对的投资者。

1. A股

A股的正式名称为人民币普通股票。它是我国境内的公司发行，供境内机构、组织或个人（不含台、港、澳投资者）以人民币认购和交易的普通股股票。

2. B股

B股的正式名称是人民币特种股票。它是以人民币标明面值，以外币认购和买卖，在境内（上海、深圳）证券交易所上市交易的股票。它的投资人限于：外国的自然人、法人和其他组织，香港、澳门、台湾地区的自然人、法人和其他组织，定居在国外的中国公民。从2001年2月19日起，中国公民也可以买卖B股股票。

上海真空电子器件股份有限公司（1991年底）是全国第一家在海内外公开发行B股的中外合资股份有限公司。经过10年的发展，中国的B股市场已由地方性市场发展到由中国证监会统一管理的全国性市场。截止到2015年5月28日，深、沪两地B股股票共有105支。

3. H股

H股，即注册地在内地、上市地在香港的外资股票。香港（Hong Kong）的第一个英文字母是H，因此，在香港上市的外资股票被称为H股。大陆在香港发行的第一支H股是青岛啤酒。

4. N股

纽约（New York）的第一个英文字母是N，中国在纽约证券交易所上市的股票被称为N股。华晨汽车股份有限公司于1992年10月9日起在纽约证券交易所挂牌上市，从而使中国公司的股票首次进入美国市场。2014年9月19日，中国最大的互联网企业阿里巴巴在纽约证券交易所正式挂牌上市，股票交易代码为“BABA”，发行价为每股美国存托股（ADS）68美元，以此计算阿里巴巴市值将达到1748.28亿美元。截至收盘，阿里巴巴股价暴涨25.89美元报93.89美元，涨幅高达38.07%，充分体现了国际投资者对中国企业的投资兴趣和信心。

5. S股

新加坡（Singapore）的第一个英文字母是S，中国在新加坡上市的股票被称为S股。中新药业股份有限公司于1997年6月12日在新加坡上市发行，向新加坡公众发行1895万股。

小资料

我国的股权分置改革

股权分置是指A股市场的上市公司股份按能否在证券交易所上市交易，被区分为非流通股（国家股、法人股）和流通股（公众股），这是我国经济体制转轨过程中形成的特殊现象。股权分置扭曲资本市场定价机制，制约资源配置功能的有效发挥；公司股份难以对大股东、管理层形成市场化的激励和约束，公司治理缺乏共同的利益基础；由于存在非流通股协议转让和流通股竞价交易两种价格，导致资本运营缺乏市场化操作基础。股权分置不能适应中国资本市场改革开放和稳定发展的要求，必须通过股权分置改革，消除非流通股和流通股的流通制度差异。

经国务院批准，中国证监会2005年4月30日发布《关于上市公司股权分置改革试点有关问题的通知》，股权分置改革工作正式启动。2005年11月22日，深圳市场中小板率先完成了股改，突破了股权分置这一制约资本市场稳定健康发展的基础性制度障碍，成为我国证券市场历史上第一个与国际市场接轨的“全流通板块”，为建立多层次资本市场体系、促进资本市场健康稳定发展奠定了坚实的基础。截至2006年年底，沪深两市已完成或者进入改革程序的上市公司共1301家，占应改革上市公司的97%，对应市值占比98%，未进入改革程序的上市公司仅40家。股权分置改革任务基本完成。

股权分置改革完成之后，我国上市公司股份被区分为非流通股（国家股、法人股）和流通股（公众股）的情况将成为历史。

三、股票的价格与价值

（一）股票价格

股票价格又叫股票行市，是股票在证券市场上买卖的价格。从理论上说，股票价格应由其价值决定，但股票本身并没有价值，仅是一种凭证，不能在生产过程中发挥现实资本的作用。它之所以有价格，可以买卖，是因为它能够给持有人带来一定的收益，即能够给持有者带来股息或资本利得。股票交易实际上是对未来收益权的转让买卖，股票价格就是对未来收益权的评定，会随着经济形势和公司经营状况的变化而变化。

证券市场上股票的价格分为开盘价、收盘价、最高价、最低价。投资人在进行股票评价时主要使用的是收盘价。

（二）股票的内在价值

股票的内在价值即理论价值，是指在预期的未来可以获得的现金流入的现值。股票的未来现金流入现值包括每期预期的股利收入现值和出售时得到的转让收入的现值。股票的内在价值决定股票的市场价格，但市场价格又不完全等于其内在价值。由供求关系产生并受多种因素影响的股票市场价格围绕着股票内在价值波动。

（三）影响股票价格的因素

凡是影响股息收入和市场利率的因素都会影响人们对未来收入的预期，从而影响股票价格，所以股票价格处于不断变化之中。影响股票价格的主要因素如下：

1. 公司经营状况

上市公司的经营状况是决定股票价格高低的基本因素。

（1）公司盈利的增长能力是股票价格上升的动力，一般表现为股票价格的变化往往先于公司盈利水平的变化。

（2）公司的股利政策影响股票价格的高低。股利来自公司的税后利润，一些公司往往不会把全部的税后利润分给股东。用于扩大再生产和支付股利的利润在税后利润中所占的比例，会随着公司经营策略和发展前景的不同而变化。

（3）体现全体股东利益的公司净资产的多少，也会影响股票价格。在通常情况下，每股净资产增加，股价上升；每股净资产减少，股价可能会下降。

2. 宏观经济因素

（1）经济增长和经济周期。当经济运行状况平稳上升、企业经营状况良好时，股票价格会呈上升趋势。

（2）货币政策、财政政策的变化直接影响股票价格。中央银行采取宽松的货币政策时，降低存款准备金率、再贴现率，增加市场上的货币供应量，股票市场上的资金量相对较宽松，股票价格一般呈上升趋势；反之，中央银行采取紧缩的货币政策会导致股价下跌。财政政策的变化也影响股票价格。宽松的财政政策通过增加财政支出来刺激经济增长和降低税率，减轻企业负担，股市价格会上升；反之，紧缩的财政政策导致股市价格下降。

3. 政治因素

政治因素往往是导致股市暴涨暴跌的原因。国内外的政治形势、重大的政治事件、国家领导人的更迭、国家政治经济政策的制定和公布、战争的爆发等都会影响股票的价格。

4. 投机因素

过度的投机也是股票暴涨暴跌的重要因素。机构大户违规透支或拆入资金、非法的内幕交易、庄家联手操纵股市等，都会造成股票价格短期内的剧烈波动。

另外，投资者的心理因素、证券主管部门的相关政策都会对股票价格变化带来一定影响。

影响股票价格的诸多因素共同作用的结果，使股票市场上的供求不断变化。投资者在股市上根据自己对股票价格的判断，报出买价和卖价。当需求大于供应时，股票价格上升，当供应大于需求时，股票价格下降。

（四）股份公司的利润分配

股份公司在年终对实现的利润按相关规定进行具体分配。

1. 股份公司利润分配的项目

股份公司向股东分派股利，按照我国《公司法》的有关规定，应按一定的顺序进行。

（1）从净利润中提取盈余公积金。盈余公积金分为法定盈余公积金和任意盈余公积金。公司分配当年税后利润时，应当按照10%的比例提取法定盈余公积金，当盈余公积金累计额达到公司注册资本的50%时，可不再继续提取。任意盈余公积金的提取由股东大会根据需要决定。盈余公积可用于弥补公司亏损、扩大公司生产经营或转为增加公司资本。

（2）从净利润中提取公益金。公益金按照税后利润的5%～10%提取。公益金可用于职工集体福利设施建设。

（3）向股东支付股利。在提取了盈余公积金、公益金之后，公司才可向股东支付股利。股利的分配应以各股东持有股份的数额为依据，每一股东取得的股利与其持有的股份数成正比。股份有限公司原则上应从累积盈余中分派股利，无盈利不得支付股利。但若公司用盈余公积金抵补亏损后，为维护其股票信誉，经股东大会特别决议，也可用盈余公积金支付股利，不过支付股利后留存的法定盈余公积金不得低于注册资本的25%。

2. 利润分配的顺序

公司向股东（投资者）分派股利（分配利润），应按一定的顺序进行。按照我国《公司法》的有关规定，利润分配应按以下顺序进行：

（1）计算可供分配的利润。将本年净利润（或亏损）与年初未分配利润（或亏损）合并，计算出可供分配的利润。如果可供分配的利润为负数（即亏损），则不能进行后续分配；如果可供分配利润为正数（即本年累计盈利），则可以进行后续分配。

（2）计提法定盈余公积金。按抵减年初累计亏损后的本年净利润计提法定盈余公积金。提取盈余公积金的基数，不是可供分配的利润，也不一定是本年的税后利润。只有不存在年初累计亏损时，才能按本年税后利润计算应提取数。

（3）计提公益金。按上述步骤，以同样的基数计提公益金。

（4）计提任意盈余公积金。

（5）向股东（投资者）支付股利（分配利润）。

公司股东大会或董事会违反上述利润分配顺序，在抵补亏损和提取法定盈余公积金、公益金之前向股东分配利润的，必须将违反规定发放的利润退还公司。

（五）股利支付方式

股利支付方式有多种，常见的有以下几种：

1. 现金股利

现金股利是以现金方式支付的股利，它是股利支付的主要方式。

2. 财产股利

财产股利是以现金以外的资产支付的股利，主要是以公司所拥有的有价证券，如债券、股票，作为股利支付给股东。

3. 负债股利

负债股利是公司以负债支付的股利，通常以公司应付票据支付给股东，在不得已情况下也有发行公司债券抵付股利的。财产股利和负债股利实际上是现金股利的替代。这两种股利方式目前在我国公司实务中很少使用，但并非法律所禁止。

4. 股票股利

公司以增发的股票作为股利的支付方式。

第三节 股价指数

股价指数是投资者最便捷地衡量股市趋势的参考。

一、股价指数

（一）股价指数的概念

股价指数是运用统计学中的指数方法编制而成的，反映股市总体价格或某类股价变动和走势的指标，通常是以某年某月为基期，并把基期的股票价格指数视为100，以后各期的股票价格同基期相比计算出百分数，即为该期股票价格指数。股票价格指数一般由大的金融机构编制，并定期公布。我们听到的“上证指数收于2000点”，在这里的“上证指数”，就是我国一种典型的股价指数；“2000点”就是指数的数值。

（二）股价指数的特征

股票的市场价格受多种因素的影响，不仅单个股票的价格变动频繁，而且股票价格总体水平也瞬息万变。为了描述和反映股票价格水平及变动趋势，股票价格指数应运而生。股票价格指数是衡量股票市场总体价格水平及其变化趋势的尺度，也是反映一个国家和地区社会政治经济发展状况的灵敏信号。

首先，股票价格指数是一个平均指数，可以大致反映出一个国家经济运行的状况。当股票价格指数大幅度暴跌时，标志着经济不景气或者经济萧条的到来。当经济回升时，股票价格指数也会灵敏地反映出上升的趋势。当政治形势动荡时，股票价格指数下降；当政治形势趋于安定时，价格指数就会回升。

其次，股票价格指数也是买卖股票的一个重要参考。它是判断股票市场运转基本趋势的重要方面，投资者特别注意一天或一段时间股票价格指数的变化，以此来决定买卖时机。

再次，股票价格指数是用多种股票平均价格水平及其变动来衡量股市行情的指标。由于经济、技术、市场、政治等各种因素的影响，股票价格每时每刻都处在变化之中。为了能够综合地反映这种变化，就要选取部分的或所有的股票作为样本，按一定的方法编制股票价格指数。

最后，股票价格指数的高低也标志着投资风险的大小。股票价格指数越高，投资者进行再投资所面临的风险越大。

二、指数的编制方法

（一）股票价格指数的编制步骤

1. 选择样本股

选择一定数量有代表性的上市公司股票作为编制股票价格指数的样本。它可以是全部上市公司的股票，也可以是其中有代表性的一部分。样本股的市价总值要占交易所上市公司全部股票市价总值的相当部分，也是上市公司中的活跃股。样本股票价格的变动趋势必须反映股票市场价格变动的总趋势。

2. 选定基期并以一定方法计算基期平均股价

一般选择有代表性或股价相对稳定的日期为基期，并按选定的某一种方法计算这一天的样本股平均价格或总市值。

3. 计算计算期平均股价并作必要的修正

收集样本股收盘平均价，并按选定的方法计算平均价格。

4. 指数化

将基期平均股价定为10、100、1000等常数，并据此计算计算期股价的指数值。

（二）股票价格指数的计算方法

1. 简单算术股价平均数

它是指用算术平均法计算的股票价格数。为计算这一指数，先要计算简单算术股价，然后将其价格（收盘价）相加，再用所选择的样本股票种类数去除这一价格的总和。计算公式为：

$$P=\frac{\text{样本股票每股价格之和}}{\text{样本股票数}}$$

其中，P 为股票价格的简单算术平均数。

求得即期简单算术股票价格平均数后，再用同样的方法计算基期简单算术股票价格平均数，然后用前者除以后者，再乘以100，就得到股票价格的算术平均数指数。

设从股票市场上选择出10种样本股，其价格分别为：

A = 10　　B = 15　　C = 9　　D = 8　　E = 12

F = 4　　G = 7　　H = 6　　I = 14　　J = 5

$$P(\text{平均})=\frac{10+15+9+8+12+4+7+6+14+5}{10}=9$$

如果基期样本股票价格的算术平均数为：$P(\text{基期平均})=5.1$

现期股票的算术平均数指数为：

$$P(\text{平均})/P(\text{基期平均})\times 100=9/5.1\times 100=176.47$$

道·琼斯股票价格指数在最初编制时采用的就是算术平均法。

简单算术股价平均数的优点是计算简便，但也存在缺点：其一，发生样本股送配股、拆股时，会使股价平均数失去真实性、连续性和时间序列上的可比性。其二，在计算时没有考虑到权数，忽略了发行量或成交量不同的股票对股票市场的影响不同。简单算术股价平均数的不足，可通过加权股价平均数和修正股价平均数来弥补。

2. 加权股价平均数

加权股价平均数是将各样本股票的发行量或成交量作为权数计算出来的股价平均数。加权平均法按样本股票在市场上的不同地位赋予其不同的权数，地位重要的权数大，地位次要的权数小。先将各样本股票的价格与其权数相乘后求和，再被权数相除，得到的就是加权平均后的股票价格指数。这里的权数，可以是股票的交易额，也可以是它的发行量。

加权平均法的计算公式为：

$$\bar{P}(\text{平均股价}) = \frac{\sum PW}{\sum W}$$

其中，W 为样本股的发行量或成交量。

以样本股成交量为权数的加权平均股价可表示为：

$$\text{加权平均股价} = \frac{\text{样本股成交总额}}{\text{同期样本股成交总量}}$$

计算结果为平均成交价。

以样本股发行量为权数的加权平均股价可表示为：

$$\text{加权平均股价} = \frac{\text{样本股市价总额}}{\text{同期样本股发行总量}}$$

计算结果为平均收盘价。

若基期股票平均价格为 $\bar{P}_0$，即期股票平均价格为 $\bar{P}$，设基期指数为 100，则即期加权平均价格指数 I 为：

$$I = \bar{P}/\bar{P}_0 \times 100$$

设从股票市场上选择两个样本股 A、B，其基期数据与即期数据如表 3－1 所示。

表 3－1　　样本股 A、B 基期数据与即期数据

股票名称	基期价格 P_0	即期价格 P	发行量
股票 A	100 元	150 元	10000 股
股票 B	150 元	200 元	15000 股

按发行量加权平均计算：

基期平均价格 $\bar{P}_0 = (100 \times 10000 + 150 \times 15000)/(10000 + 15000) = 130$（元）

即期平均价格 $\bar{P} = (150 \times 10000 + 200 \times 15000)/(10000 + 15000) = 180$（元）

加权平均价格指数 $I = \bar{P}/\bar{P}_0 \times 100 = 180/130 \times 100 = 138.46$

加权平均法考虑了不同地位的股票对股市的不同影响，更能准确反映股票市场的实际情况。标准·普尔指数就是采用此法编制的。

三、世界主要股价指数简介

（一）道·琼斯股票价格指数

该指数由美国道·琼斯公司编制的该指数是世界上最有影响、使用最广的股价指数，最初是1844年7月3日由道·琼斯公司的创始人之一、《华尔街日报》首任编辑查尔斯·亨利·道和爱德华·琼斯编制的。最早编制时样本股包括11种股票，到1928年后，增加到30种股票。现在它是以在纽约证券交易所挂牌上市的一部分有代表性的公司股票作为编制对象，由五种股价平均指数构成。

（1）以30家著名的工业公司股票为编制对象的道·琼斯工业股价平均指数。

（2）以20家著名的交通运输业公司股票为编制对象的道·琼斯运输业股价平均指数。

（3）以15家著名的公用事业公司股票为编制对象的道·琼斯公用事业股价平均指数。

（4）以上述三种股价平均指数所涉及的65家公司股票为编制对象的道·琼斯股价综合平均指数。

（5）以700种不同规模或实力的公司股票为编制对象的道·琼斯公正市价指数。

在这五种道·琼斯股价指数中，以道·琼斯工业股价平均指数最为著名。

（二）标准·普尔股票价格指数

该指数美国最大的证券研究组织标准·普尔公司编制并发表的用以反映美国股票市场行情变化的股票价格指数。该指数1932年开始编制，最初的采样股票有233种。1976年后，采用工业股票400种、运输业股票20种、公用事业股票40种、金融业股票40种来编制。现在的普尔指数是一种采用加权法计算的综合股价指数，它以1941～1943年的平均市价总额为基期值，并以10为基期的指数值，按已售出的股票数量确定每一种股票在市场上的相对重要性，并以此为权数进行加权。

（三）《金融时报》指数

该指数是伦敦《金融时报》工商业普通股票平均价格指数的简称，由英国最著名的报纸——《金融时报》编制和公布，用以反映英国伦敦证券交易所的行情变动。该指数分为由30种股票组成的价格指数；由100种股票组成的价格指数；由700多种股票组成的价格指数。

通常所说的《金融时报》指数是指第一种，即由30种有代表性的工商业股票组成，并采用加权算术平均法计算出来的股票价格指数。该指数以1935年7月1日为基期，以该日股价指数为100点，以后各期股价与其比较，所得数值即为各期指数，该指数也是国际上公认的重要股价指数之一。

（四）日经指数

该指数原称为“日本经济新闻社道·琼斯股票平均价格指数”，是由日本经济新闻社编制并公布的，反映日本东京证券交易所股票价格变动的股票价格平均指数。该指数的前身为1950年9月开始编制的东证修正平均股价。1975年5月1日，日本经济新闻社向美国道·琼斯公司买进商标，采用修正的美国道·琼斯公司股票价格平均数的计算方法计算，并将其所编制的股票价格指数定为日本经济新闻社道·琼斯一般股票平均价格指数。1985年5月1日在合同满10年时，经两家协商，改名为“日经平均股价指数”。日经指数按其计算对象的采样数目不同，现分为两种：一是日经225种平均股价指数，它是从1950年9月开始编制的；二是日经500种平均股价指数，它是从1982年1月开始编制的。前一种指数因延续时间较长，具有很好的可比性，成为考察日本股票市场股价长期演变及最新变动最常用和最可靠的指标。传媒日常引用的日经指数就是指这个指数。

（五）恒生指数

由香港恒生银行编制，反映香港证券市场变化趋势，是最代表香港股票市场状况的股票指数。1969 年 11 月开始编制，基期为 1964 年 7 月 31 日，当天指数定为 100，后改为 1984 年 1 月 13 日为基期。该指数的形成通常经历三个步骤：

（1）选出列入指数计算过程的主要股票，即“成分股”。“成分股”的公司股票总价值在整个股票市场所有股份公司总值中占相当大的部分，并且是股票市场中成交量最为活跃的股票，其价格的高低会影响整个股票市场的变动。一般是规模很大的公司的股票。

（2）断定各成分股的相对重要性。

（3）把成分股有关数据结合或平均起来。

（六）上证综合指数

上海证券交易所编制的，以上海证券交易所挂牌上市的全部股票为计算范围，以发行量为权数的加权综合股价指数。该指数自 1991 年 7 月 15 日起开始实施发布，基准日定为 1990 年 12 月 19 日，基准日指数定为 100。1992 年 2 月 21 日第一只 B 股上市后，又增设了上证 B 股指数。上证 B 股指数以 1992 年 2 月 21 日为基准日，基准日指数定为 100 点。1993 年 6 月 1 日起，上海证券交易所又正式发布了上证分类指数，包括工业类指数、商业类指数、房地产类指数、公用事业类指数和综合类指数。

其计算公式为：

$$\text{本日股价指数}=\frac{\text{本日股票市价总值}}{\text{基期股票市价总值}}\times 100$$

其中，

$$\text{本日股票市价总值} = \sum \text{本日收盘价} \times \text{发行股数}$$

$$\text{基期股票市价总值} = \sum \text{基期收盘价} \times \text{发行股数}$$

遇新增（删除）上市股票或上市公司增资扩股时，须作相应修正。修正时计算公式为：

$$\text{新基期市价总值}=\text{修正前基期市价总值}\times\frac{\text{修正前市价总值}+\text{市价总值变动额}}{\text{修正前市价总值}}$$

$$\text{修正后本日股价指数}=\frac{\text{本日股票市价总值}}{\text{新基期股票市价总值}}\times 100$$

（七）深证综合指数

深圳证券交易所编制的，以深圳证券交易所挂牌上市的全部股票为计算范围，以发行量为权数的加权综合股价指数。该指数以 1991 年 4 月 3 日为基准日，基准日指数定为 100。深圳 B 股指数以 1992 年 2 月 28 日为基准日，基准日指数定为 100。深圳综合指数综合反映深交所全部 A 股和全部 B 股股价走势。

$$\text{即日指数}=\frac{\text{即日指数股总市值}}{\text{基期日指数股总市值}}\times\text{基期日指数}$$

（八）上证 180 指数

上海证券交易所编制的成分股指数，从所有 A 股股票中抽取最具市场代表性的 180 种股票作为样本股，以样本股的调整股本数为权数，采用派许加权法计算的一种成分股指数。上证 180 指数又称上证成分指数，是在原上证 30 指数的基础上调整优化而成，该指数的编制，旨在建立一个能够反映上海证券市场发展现状、能够为投资者提供重要参考及衍生金融工具投资的基准指数。

上证180指数选取成分股时考虑以下几种因素：一是上市时间；二是经营状况和财务状况；三是股价的波动和市场表现；四是行业、区域代表性；五是市值和流动性。

以下情况须从样本空间中剔除：一是刚上市不足3个月或暂停上市的股票；二是经营状况恶化或财务报告异常的股票；三是股价波动较大、被操控的股票；四是因其他原因应该剔除的股票。

在确定样本空间的基础上，先根据股本总额、流通股总额、成交金额和换手率对股票进行综合排名，然后抽取各行业内综合排名居前的股票，最终按各行业的样本指标分配额进行调整，使成分股总数为180家。

上证180指数的样本股将根据市场情况，由专家委员会按照样本稳定性和动态跟踪相结合的原则，每半年调整一次，且每次调整比例不超过10%。

出现以下情况，须采用"除数修正法"对原固定除数进行修正，以维护指数的连续性。一是样本股名单变化；二是样本股的股本结构变化；三是股价出现非交易因素变动。

（九）成分股指数

深圳证券交易所编制的一种成分股指数，是从上市的所有股票中抽取具有市场代表性的40家上市公司的股票作为计算对象，并以流通股为权数计算得出的加权股价指数，综合反映深交所上市A、B股的股价走势。该指数取1994年7月20日为基期，基期指定指数为1000，1995年5月5日正式启用。40家上市公司的A股用于计算成分A股指数及行业分类指数；40家上市公司中有B股的公司，其B股用于计算成分B股指数。深圳成分股指数还就A股编制分类指数，包括工业分类指数、商业分类指数、金融分类指数、地产分类指数、公用事业分类指数、综合企业分类指数。

深证成分股指数选取样本时考虑以下因素：一是上市交易日期的长短；二是上市规模，按每家公司一段时期内的平均总市值和平均可流通股市值计算；三是交易活跃程度，按每家公司一段时期总成交金额计算。

确定初步名单后，再结合以下各因素评选出40家上市公司作为成分股：一是公司股票在一段时期内的平均市盈率；二是公司的行业代表性及所属行业的发展前景；三是公司近年的财务状况、盈利记录、发展前景及管理素质；四是公司的地区、板块代表性等。

为保证指数的代表性，必须视上市公司的变动更换成分股。深圳证券交易所定于每年1、5、9月对成分股的代表性进行考察，讨论是否需要更换。

（十）纳斯达克指数

纳斯达克综合指数是代表各工业门类的市场价值变化的晴雨表。这是由于在纳斯达克上市的公司是包括微软、英特尔、美国在线、雅虎等数百家美国发展最快的先进技术、电信和生物公司。该指数是反映纳斯达克证券市场行情变化的股票价格平均指数，基本指数为100，因此，比标准普尔500指数、道·琼斯工业指数（它仅包括30个大公司）更具有综合性。目前，纳斯达克综合指数包括5000多家公司，超过其他任何单一证券市场。

（十一）新加坡海峡时报指数

新加坡海峡时报指数（Straits Times Index，又名"海峡时报指数"，简称"海峡指数"）是由新加坡海峡时报所整理的上市证券指数，市场上也称其为星股指数，是全球投资新加坡股市观察的最佳指标。该指数是由海峡时报于1998年8月28日公布，而其所选的标的是以权值高、流动性高的优质公司为主，指数以市值加权平均编制，而指数基期为885.26，包含45只在新加坡证券交易所挂牌上市的最活跃及重要的个别股，市值约占整个股市总值的六成。

（十二）德国DAX指数

DAX指数（又称“Xetra DAX”，一般也称之为“法兰克福DAX指数”）是由德意志交易所集团（Deutsche Börse Group）推出的一个蓝筹股指数。该指数中包含30家主要的德国公司，是德国最受重视的股价指数，在欧洲与英国伦敦金融时报指数齐名，也是世界证券市场中的重要指数之一。DAX指数于1987年推出，以取代当时的Börsen－Zeitung指数和法兰克福汇报指数（Frankfurter Allgemeinen Zeitung Aktienindex）。1988年7月1日起开始正式交易，基准点为1000点，是以市值加权的股价平均指数，而不是简单平均的股价平均指数，与其他指数有所不同的是，该指数以“整体回报法”进行计算，即在考虑公司股价的同时，考虑预期的股息回报，名义上将所有股息收入（按成分股的比重）再投资在股票上，如此，即便德国股票价格没有变动，DAX30指数仍可能因股息收入而上涨。此外，该指数通过Xetra交易系统采用电子交易方式进行交易。

（十三）法国CAC－40指数

法国CAC－40指数是法国股价指数，由巴黎证券交易所（PSE）以其前40大上市公司的股价来编制，基期为1987年底。该指数从1988年6月5日开始发布，反映法国证券市场的价格波动。按照计算方式的不同，CAC－40可分为仅以个别成分股的价格计算的价格加权指数（Price－weighted Index）和以公司规模为基础编制的市值加权（Market－value Weighted）或资本加权（Capitalization－weighted）指数。较新的CAC－General指数由100只法国股票构成，使用更广泛，但CAC－40指数仍被视为基准指数。两种指数均以市值加权计算。CAC－40是法国国际期货交易所（MATIF）和巴黎期权交易所（MONEP）指数期权和期货的标的。

（十四）沪深300指数

沪深300指数是沪深证券交易所于2005年4月8日联合发布的反映A股市场整体走势的指数，由中证指数有限公司（China Securities Index Co.，Ltd）编制。沪深300指数编制目标是反映中国证券市场股票价格变动的概貌和运行状况，并能够作为投资业绩的评价标准，为指数化投资和指数衍生产品创新提供基础条件。中证指数有限公司成立后，沪深证券交易所将沪深300指数的经营管理及相关权益转移至中证指数有限公司。中证指数有限公司同时计算并发布沪深300的价格指数和全收益指数，其中价格指数实时发布，全收益指数每日收盘后在中证指数公司网站和上海证券交易所网站上发布。

该指数是以2004年12月31日为基期，基点为1000点，其计算是以调整股本权重，采用派许加权综合价格指数公式进行计算。其中，调整股本根据分级靠档方法获得。沪深300指数样本覆盖了沪深市场70%左右的市值，具有良好的市场代表性和可投资性。它的推出，丰富了市场现有的指数体系，增加了一项用于观察市场走势的指标，也进一步为指数投资产品的创新和发展提供了基础条件，十分有利于投资者全面把握我国股票市场总体运行状况。

思考与练习

一、名词

现代企业制度

股份制

股票

股价指数

二、概念比较

股份有限公司与有限责任公司

普通股与优先股

三、辨析

1. 如果我们上街去转，就会发现很多公司，还有小店，都是个人开的，比如一些饭店、小超市、彩扩服务中心等。这些企业是否也具有我们前面所讲的“现代企业制度”？

2. 股票为什么会使人一夜之间成为富翁，也会使人一夜之间沦为乞丐？

3. 股民张冰一天在证券交易所听到股民杨亮书说，根据可靠消息说国家将要再次调低存贷款利率。如果此消息可靠，你预计近期股票市场的价格指数是即将走高还是下跌，为什么？

四、问答

1. 简述现代企业制度的基本内容。

2. 如果你手头有50万元，准备和两个朋友一起办一个公司。你可以选择成立一个什么样的公司？经过什么样的程序，才能使你的公司具备对外营业的条件？若你的公司经营业绩不错，经过7年的积累，资本达到什么程度时，你才有资格考虑上市？

3. 你是招商银行股份有限公司的一名董事，你将怎样参与该公司的管理？

第四章 证券投资基金

学习目标

通过本章的学习，掌握和了解证券投资基金的概念、分类和特征，投资基金的组织结构和运作以及我国证券投资基金的发展状况。

第一节 证券投资基金概述

一、证券投资基金及分类

证券投资基金的发展已有100多年的历史，它起源于英国，兴盛于美国，并在近30年来在全球蓬勃发展。证券投资基金作为一种大众化的投资工具，具有收益共享、风险分散等特点，适应了广大投资者的需求；作为证券市场上的机构投资者，具有规模经济、专业化和标准化运作等优势，促进了证券市场效率的提高，成为稳定和推动市场发展的重要力量。

（一）证券投资基金的产生与发展

1868年，世界上第一只投资基金——“海外和殖民地政府信托”在英国成立，它以投资于国外殖民地公司债为主，为国内过剩资金寻求出路，成立时总额为48万英镑，信托期限为24年。到1924年，世界上第一只开放式基金——“马萨诸塞投资信托基金”在美国成立，当时只有200名投资者，总资产不足40万美元。此后，投资基金在近一个世纪里取得了令人瞩目的发展。从1940～1970年的30年时间里，伴随着股票市场的发展，以股票型基金为主的投资基金迅速发展。20世纪70年代货币市场基金的出现和兴起，又为投资基金带来新的增长动力。以美国为例，1974年美国货币市场基金资产额只有17亿美元，到1981年达到1862亿美元，占当年基金资产总额77%左右，为历史最高峰，其后比例有所下降。20世纪80年代以后，特别是20世纪90年代以来，随着世界经济和金融市场一体化进程的加快，投资基金开始在全球迅速发展。由美国投资公司协会（ICI）发布的数据显示，截至2014年一季度末，全球共同基金共有7.71万只，总规模增至30.84万亿美元。美国基金规模位列全球第一，达15.23万亿美元；中国位列第十，规模为5280.75亿美元。全球共同基金资产规模按地区的分布来看，美洲分布最多占比57%，达17.45万亿美元；其次是欧洲占比31%，规模为9.72万亿美元；非洲和亚太地区占比仅为12%，规模数量为3.52万亿美元。欧美投资基金拥有庞大的资产和最先进的管理系统，其基金资产占全球80%以上。亚太地区作为新兴资本市场，其投资基金发展充分借鉴了欧美成功经验，取得了令人瞩目的成就，尤其是日本、我国香港和台湾地区等发展得尤为迅速。

（二）证券投资基金的概念

证券投资基金（以下简称基金）是指一种利益共享、风险共担的集合证券投资方式，即通过发行基金单位集中投资者的资金，由基金托管人托管，由基金管理人管理和运用资金，从事股票、债券等金融工具投资，并将投资收益按基金投资者的投资比例进行分配的一种间接投资方式。

基金是一种积少成多的整体组合投资方式，即投资者将资金交给专业机构（基金管理人）管理。这些专业机构根据法律、法规、基金契约规定的投资原则和投资组合的原理，进行分散投资，趋利避险，以达到分散投资风险并兼顾资金的流动性和安全性而获利的目的。对于那些资金不多，或没有时间和精力，或缺少证券投资专门知识的投资者而言，是一种很好的投资选择。

不管是发达国家还是发展中国家，当其金融市场发展到一定程度、金融工具的种类和数量达到一定的水平时，基金就会适应市场运行的需要而得到相应的发展。

基金是一种大众化的信托投资工具，各国对其称谓不尽相同，如美国称“共同基金”，英国和我国香港地区称“单位信托基金”，日本和我国台湾地区则称“证券投资信托基金”等。

（三）证券投资基金的特征

1. 集合投资

基金的特点是将零散的资金汇集起来，交给专业机构投资于各种金融工具，以谋取资产的增值。基金通过汇集众多投资者的资金，积少成多，有利于发挥资金的规模优势，降低投资成本。基金对投资的最低限额要求不高，投资者可以根据自己的经济能力决定购买数量，有些基金甚至不限制投资额大小，因此，基金可以最广泛地吸收社会闲散资金，集腋成裘，汇成规模巨大的投资资金。在参与证券投资时，资本越雄厚，优势越明显，而且可能享有大额投资在降低成本上的相对优势，从而获得规模效益的好处。

2. 分散风险

以科学的投资组合降低风险，提高收益，是基金的另一大特点。在投资活动中，风险和收益总是并存的，因此，“不能将所有的鸡蛋都放在一只篮子里”是证券投资的箴言。但是，要实现投资资产的多样化，需要一定的资金实力，对小额投资者而言，由于资金有限，难以做到这一点。基金可以帮助中小投资者解决这个困难。基金可以凭借其雄厚的资金，在法律规定的投资范围内进行科学的组合，分散投资于多种证券，实现资产组合多样化。通过多元化的投资组合，达到分散投资风险的目的。

3. 专业理财

基金实行专业管理制度，这些专业管理人员都经过专门训练，具有丰富的证券投资和其他项目投资经验。他们善于利用基金与金融市场的密切联系，广泛地搜集有关信息资料，并能够运用先进的技术手段分析各种信息资料，对金融市场上各种金融商品的价格变动趋势作出比较正确的预测，最大限度地避免投资决策的失误，提高投资成功率。对于那些没有时间或者对市场不太熟悉、没有能力专门研究投资决策的中小投资者来说，投资于基金，可以借助专家们在市场信息、投资经验、金融知识和操作技术等方面所拥有的优势，尽可能地避免盲目投资所带来的失败。

4. 收益共享

基金投资的收益归基金投资者所有，投资风险也由基金投资者承担。投资者不论出资多少，持有每个基金单位或股份所享受的权益和承担的义务都是平等的。

（四）证券投资基金的分类

按投资标的划分，投资基金可分为股票基金、债券基金、混合基金、货币市场基金等。近年来，部分投资基金专门投资于衍生金融产品，于是出现了认股权证基金、期货基金、期权基金等。

1. 股票基金

股票基金是指以股票为主要投资对象的基金，属于投资基金的一个重要种类，是股票市场上重要的机构投资者。以美国为例，在基金资产中，股票基金所占比例一直在50%以上。根据投资对象的具体特征，股票基金又可细分为成长型基金、价值型基金等（见表4－1）。

表4－1　股票基金分类与比较

基金类型	投资对象	投资目标	投资风险
积极成长型股票基金	成长早期的小公司	资本增值	高
成长型股票基金	有一定规模成长型企业	资本增值	较高
收入型股票基金	成熟的大公司	股票红利	低
成长收入型股票基金	规模较大公司或成长型和收入型公司组合	资本增值与股票红利	中等
价值型股票基金	低P/E值公司	资本增值和收入	低
成长价值型股票基金	成长型和价值型公司	资本增值	较低
指数股票基金	各种指数样本公司	取得与指数相仿收益	低
国际或全球股票基金	1个或多个国家公司股票	资本增值或红利	高
部门股票基金	特定行业，如公用事业、高技术部门、贵金属行业	资本增值或红利	高

2. 债券基金

债券基金以债券为主要投资对象，根据所投资债券品种的不同，又可分为政府债券基金、市政债券基金、抵押债券基金和公司债券基金等（见表4－2）。在我国，根据《证券投资基金运作管理办法》的规定，80%以上的基金资产投资于债券，主要为债券基金。

表4－2　债券基金的分类

债券基金类型	主 要 特 征
政府债券基金	主要投资国债及政府机构债券，重点是短期、中期和长期债券
高等级公司债券基金	通常投资A级或更高级公司债券，有时也投资国债

续表

债券基金类型	主 要 特 征
一般公司债券基金	主要投资信用等级在BBB级或BBB以上级的公司债券，有时也投资国债
高收益公司债券基金	主要投资低信用等级、高收益率的公司债券，即所谓的“垃圾债券”
市政债券基金	投资市政债券，有时要考虑债券的发行人、品质和期限等因素

3. 混合基金

混合基金是指投资于股票、债券以及金融衍生产品等多种金融工具的基金（见表4－3）。混合基金兼具股票基金和债券基金的优势，能够较好地使投资者在获得稳定的红利、利息等收益的同时，又可以获得相应的股票价格上涨带来的资本利得，因而受到越来越多的投资者的欢迎。

表4－3　　混合基金的分类

混合基金类型	投资对象	投资目标	投资风险
平衡型基金	股票和债券	红利或资本增值	低
资产分配型基金	固定比例证券	收入或资本增值	不定
可变组合型基金	可变比例证券	收入或资本增值	不定

4. 货币市场基金

货币市场基金是以货币市场工具为投资对象的一种基金，其投资对象期限在1年以内，包括银行短期存款、国库券、公司短期债券、银行承兑票据及商业票据等货币市场工具。根据《证券投资基金运作管理办法》的规定，仅投资于货币市场工具的，为货币市场基金。货币市场基金的优点是资本安全性高，购买限额低，流动性强，收益较高，管理费用低。货币市场基金通常被视为无风险或低风险投资工具，适合资本短期投资生息以备不时之需，特别是在利率高、通货膨胀率高、证券流动性下降、可信度降低时，可使本金免遭损失。

在美国，货币市场基金是极其重要的储蓄和投资工具。对普通投资者而言，货币市场基金曾被认为是非常安全的投资工具。但在2008年的金融危机中，货币市场基金也暴露出了明显的风险。

对于货币市场基金的投资运用，我国证券监管部门作出了较为严格的规定。按照中国证监会发布的《货币市场基金管理暂行办法》以及其他有关规定，目前我国货币市场基金能够进行投资的金融工具主要包括：①现金；②1年以内（含1年）的银行定期存款、大额存单；③剩余期限在397天以内（含397天）的债券；④期限在1年以内（含1年）的债券回购；⑤期限在1年以内（含1年）的中央银行票据；⑥剩余期限在397天以内（含397天）的资产支持证券；⑦中国证监会、中国人民银行认可的其他具有良好流动性的货币市场工具。货币市场基金不得投资于以下金融工具：①股票；②可转换债券；③剩余期限超过397天的债券；④信用等级在AAA级以下的企业债券；⑤国内信用评级机构评定的A－1级或相当于A－1级的短期信用级别及该标准以下的短期融资券；⑥流通受限的证券；⑦中国证监会、中国人民银行禁止投资的其他金融工具。

5. QDII基金

QDII是Qualified Domestic Institutional Investors（合格的境内机构投资者）的首字母缩

写。QDII 基金是指在一国境内建立，经该国有关部门批准从事境外证券市场的股票、债券等有价证券投资的基金。它为国内投资者与国际投资提供了便利。2007 年我国批准了首批 QDII 基金。

二、证券投资基金的组织结构

（一）证券投资基金当事人

1. 基金份额持有人

基金份额持有人是指持有基金单位或基金股份的自然人和法人，也就是基金的投资者。他们是基金的实际所有者。无论哪一种基金，只要投资者买入某种基金单位，就成为相应基金的持有人。

2. 基金管理人

（1）基金管理人的概念。基金管理人是负责基金的具体投资操作和日常管理的机构。在我国，按照《中华人民共和国证券投资基金法》（以下简称《基金法》）的规定，基金管理人由基金管理公司担任。担任基金管理人，应当经国务院证券监督管理机构核准。

（2）基金管理人的资格。基金管理人的主要业务是发起设立基金和管理基金。由于基金的持有人通常是人数众多的中小投资者，为了保护这些投资者的利益，必须对基金管理人的资格作出严格规定，使基金管理人更好地负起管理基金的责任。

对基金管理人需具备的条件，各个国家和地区有不同的规定。依照我国《基金法》的规定，基金管理人须符合的条件是：①有符合本法和《公司法》规定的章程；②注册资本不低于 1 亿元人民币，且必须为实缴货币资本；③主要股东具有从事证券经营、证券投资咨询、信托资产管理或者其他金融资产管理的较好的经营业绩和良好的社会信誉，最近 3 年没有违法记录，注册资本不低于 3 亿元人民币；④取得基金从业资格的人员达到法定人数；⑤有符合要求的营业场所、安全防范设施和与基金管理业务有关的其他设施；⑥有完善的内部稽核监控制度和风险控制制度；⑦法律、行政法规规定的和经国务院批准的国务院证券监督管理机构规定的其他条件。

（3）基金管理人的职责。依据《基金法》的规定，基金管理人的职责主要有：①依法募集基金，办理或者委托经国务院证券监督管理机构认定的其他机构代为办理基金份额的发售、申购、赎回和登记事宜；②办理基金备案手续；③对所管理的不同基金财产分别管理、分别记账，进行证券投资；④按照基金合同的约定确定基金收益分配方案，及时向基金份额持有人分配收益；⑤进行基金会计核算并编制基金财务会计报告；⑥编制中期和年度基金报告；⑦计算并公告基金资产净值，确定基金份额申购、赎回价格；⑧办理与基金财产管理业务活动有关的信息披露事项；⑨召集基金份额持有人大会；⑩保存基金财产管理业务活动的记录、账册、报表和其他相关资料；⑪以基金管理人名义，代表基金份额持有人利益行使诉讼权利或者实施其他法律行为；⑫国务院证券监督管理机构规定的其他职责。

3. 基金托管人

为了充分保障基金投资者的权益，防止基金资产被挪作他用，各国的证券投资信托法规都规定：基金都要由某一托管机构，即基金托管人来对基金管理机构的投资操作进行监督和保管基金资产。如美国 1940 年《投资公司法》规定，投资公司（即基金公司）应将基金的证券、资产及现金存放于托管公司，托管公司应为基金设立独立账户，分别管理，定期检查。

（1）基金托管人的概念。基金托管人是依据基金运行中“管理与保管分开”的原则对基金管理人进行监督和保管基金资产的机构，是基金持有人权益的代表，通常由有实力的商业银行或信托投资公司担任。基金托管人与基金管理人签订托管协议，在托管协议规定的范围内履行自己的职责并收取一定的报酬。基金托管人在基金的运行过程中起着不可或缺的作用。

（2）基金托管人的资格。基金托管人的作用决定了它对所托管的基金承担着重要的法律及行政责任，因此，有必要对托管人的资格作出明确规定。概括地说，基金托管人应该是完全独立于基金管理机构、具有一定的经济实力、实收资本达到相当规模、具有行业信誉的金融机构。《基金法》规定，基金托管人由依法设立并取得基金托管资格的商业银行担任。申请取得基金托管资格，应当具备下列条件，并经国务院证券监督管理机构和国务院银行业监督管理机构核准：①净资产和资本充足率符合有关规定；②设有专门的基金托管部门；③取得基金从业资格的专职人员达到法定人数；④有安全保管基金财产的条件；⑤有安全高效的清算、交割系统；⑥有符合要求的营业场所、安全防范设施和与基金托管业务有关的其他设施；⑦有完善的内部稽核监控制度和风险控制制度；⑧法律、行政法规规定的和经国务院批准的国务院证券监督管理机构、国务院银行业监督管理机构规定的其他条件。

（3）基金托管人的职责。依照《基金法》的规定，基金托管人的主要职责如下：①安全保管基金财产；②按照规定开设基金财产的资金账户和证券账户；③对所托管的不同基金财产分别设置账户，确保基金财产的完整与独立；④保存基金托管业务活动的记录、账册、报表和其他相关资料；⑤按照基金合同的约定，根据基金管理人的投资指令，及时办理清算、交割事宜；⑥办理与基金托管业务活动有关的信息披露事项；⑦对基金财务会计报告、中期和年度基金报告出具意见；⑧复核、审查基金管理人计算的基金资产净值和基金份额申购、赎回价格；⑨按照规定召集基金份额持有人大会；⑩按照规定监督基金管理人的投资运作；⑪国务院证券监督管理机构规定的其他职责。

除以上三个主要基金当事人外，基金在设立、运行过程中还涉及许多其他服务机构，包括基金销售机构、过户代理机构、注册会计师和律师等。

（二）当事人之间的关系

1. 持有人与管理人之间的关系

基金持有人是基金的实际所有者，而基金管理人则是凭借专门的知识与经验，运用所管理基金的资产，根据法律、法规及基金章程或基金契约的规定，按照科学的投资组合原理进行投资决策，谋求所管理基金资产的不断增值，使基金持有人获取尽可能多收益的机构。所以，基金持有人与基金管理人的关系实质上是所有者与经营者之间的关系。前者是基金资产的所有者，后者是基金资产的经营者。前者是一般的社会投资人，既可以是自然人，也可以是法人或其他社会团体；后者则是由职业投资专家组成的专门经营者，是依法成立的法人。

2. 管理人与托管人之间的关系

管理人与托管人的关系是经营与监管的关系。基金管理人由投资专家组成，负责基金资产的经营，本身决不实际接触和拥有基金资产；托管人由主管机关认可的金融机构担任，负责基金资产的保管，依据基金管理机构的指令处置基金资产，并监督管理人的投资运作是否合法合规。对基金管理人而言，处理有关证券、现金收付的具体事务交由基金托管人办理，自己就可以专心从事资产的运用和投资决策。基金管理人和基金托管人均对基金持有人负责。他们的权利和义务在基金契约或基金公司章程中预先界定清楚，任何一方有违规之处，对方都应当监督并及时制止，直至请求更换违规方。这种相互制衡的运行机制，极大地保证了基金信托财产的安全和基金运用的高效。但是，这种机制的作用得以有效发挥的前提是基金托管人与基金管理人必须严格分开，由不具有任何关联的不同机构或公司担任，两者在财务、人事、法律地位上应该完全独立。

3. 持有人与托管人之间的关系

持有人与托管人的关系是委托与受托的关系，也就是说，基金持有人把基金资产委托给基金托管人保管。对持有人而言，把基金资产委托专门的机构保管，可以确保基金资产的安全。对基金托管人而言，必须对基金持有人负责，监管基金管理人的行为，使其经营行为符合法律法规的要求，保证资产的安全，提高资产的使用效益。

（三）投资基金的组织形式

在目前世界各国的投资基金产业中，由于制度、习惯和文化的差异，在投资基金的运行中，各当事人之间的权利和责任安排并不完全相同，从而形成了不同的投资基金组织形式。

1. 契约型基金

契约型基金又称为单位信托基金，是指把投资者、管理人、托管人三者作为基金的当事人，通过签订基金契约的形式发行受益凭证而设立的一种基金。契约型基金起源于英国，后在新加坡、印度尼西亚、我国香港等国家和地区十分流行。契约型基金是基于契约原理而组织起来的代理投资行为，没有基金章程，也没有公司董事会，而是通过基金契约来规范三方当事人的行为。基金管理人负责基金的管理操作。基金托管人作为基金资产的名义持有人，负责基金资产的保管和处置，对基金管理人的运作实行监督。

2. 公司型基金

公司型基金以公司形态组建，以发行股份的方式募集资金，一般投资者购买该公司的股份，也就成为该公司的股东，凭其持有的股份依法享有投资收益。

公司型基金的特点是：

（1）基金公司的设立程序类似于一般股份公司，基金公司本身依法注册为法人。但不同于一般股份公司的是，它是委托专业的财务顾问或管理公司来经营与管理。

（2）基金公司的组织结构与一般股份公司类似，设有董事会和持有人大会，基金资产为公司所有；投资者是这家公司的股东，承担风险，并通过股东大会行使权利。

3. 契约型基金与公司型基金的主要区别

（1）资金的性质不同。契约型基金的资金是信托财产，公司型基金的资金为公司法人的资本。

（2）投资者的地位不同。契约型基金的投资者购买受益凭证后，成为基金契约的当事人之一，即受益人；公司型基金的投资者购买基金公司的股票后，成为该公司的股东。因此，契约型基金的投资者没有管理基金资产的权力，而公司型基金的股东通过股东大会享有管理基金公司的权力。

（3）基金的营运依据不同。契约型基金依据基金契约营运基金，公司型基金依据基金公司章程营运基金。

由此可见，契约型基金和公司型基金在法律依据上、组织形态上以及有关当事人扮演的角色上是不同的。但对投资者来说，投资于公司型基金和契约型基金并无多大区别。它们的投资方式都是把投资者的资金集中起来，按照基金设立时所规定的投资目标和策略，将基金资产分散投资于众多的金融产品上，获取收益后，再分配给投资者。

三、投资基金的运作方式

投资基金按运作方式分为封闭式基金和开放式基金。

（一）封闭式基金

封闭式基金是指基金的发起人在设立基金时，限定了基金单位的发行总额，筹集到这个总额后，基金即宣告成立并进行封闭，在一定时期内不再接受新的投资。基金单位的流通采取在证券交易所上市的办法，投资者日后买卖基金单位，都必须通过证券经纪商在二级市场上进行竞价交易。

封闭式基金的期限是指基金的存续期，即基金从成立到终止之间的时间。基金期限届满，即为基金终止，管理人应组织清算小组对基金资产进行清产核资，并将清产核资后的基金净资产按照投资者的出资比例进行公正、合理的分配。

如果基金在运行过程中因为某些特殊的情况，使得基金的运作无法进行，报经主管部门批准，可以提前终止。提前终止的一般情况如下：①国家法律和政策的改变使得该基金的继续存在为非法或者不适宜；②管理人因故退任或被撤换，无新的管理人承继的；③托管人因故退任或被撤换，无新的托管人承继的；④在基金持有人大会上通过提前终止基金的决议。

（二）开放式基金

开放式基金是指基金发起人在设立基金时，基金单位的总数是不固定的，可视投资者的需求追加发行。投资者也可根据市场状况和各自的投资决策，或者要求发行机构按现期净资产值扣除手续费后赎回股份或受益凭证，或者再买入股份或受益凭证，增持基金单位份额。为了满足投资者中途抽回资金、实现变现的要求，开放式基金一般在基金资产中保持一定比例的现金。这虽然会影响基金的盈利水平，但作为开放式基金来说，这是必需的。

（三）封闭式基金与开放式基金的区别

1. 期限不同

封闭式基金有固定的封闭期，通常在5年以上，一般为10年或15年，经受益人大会通过并报经主管机关同意，可以适当延长期限。而开放式基金没有固定期限，投资者可随时向基金管理人赎回基金单位。

2. 发行规模限制不同

封闭式基金在招募说明书中列明其基金规模，在封闭期限内，未经法定程序认可，不能再增加发行。开放式基金没有规模限制，投资者可随时提出认购或赎回申请，基金规模就随之增加或减少。

3. 基金单位的交易方式不同

封闭式基金的基金单位在封闭期限内不能赎回，持有人只能寻求在证券交易场所出售给第三者。开放式基金的投资者则可以在首次发行结束一段时间（多为3个月）后，随时向基金管理人或中介机构提出购买或赎回申请，买卖方式灵活，除极少数开放式基金在交易所作名义上市外，通常不上市交易。

4. 基金单位交易价格的计算标准不同

封闭式基金与开放式基金的基金单位除了首次发行价都是按面值加一定百分比的销售费计算外，以后的交易计价方式就不同了。封闭式基金的买卖价格受市场供求关系的影响，常出现溢价或折价现象，并不必然反映基金的净资产值。开放式基金的交易价格则取决于基金每单位净资产值的大小，其申购价一般是基金单位净资产值加一定的申购费，赎回价是基金单位净资产值减一定的赎回费，不直接受市场供求的影响。

5. 投资策略不同

封闭式基金的基金单位数不变，资本不会减少，因此，基金可进行长期投资，基金资产的投资组合能有效地在预定计划内进行。开放式基金因基金单位可随时赎回，为应付投资者随时赎回兑现，基金资产不能全部用来投资，更不能把全部资本用来进行长期投资，必须保持基金资产的流动性，在投资组合上需保留一部分现金和高流动性的金融产品。

四、投资基金的功能

（一）基金为中小投资者拓宽了投资渠道

对中小投资者来说，存款或购买债券较为稳妥，但收益率较低；投资于股票有可能获得较高收益，但对于手中资金有限、投资经验不足的中小投资者来说，投资股市有很多障碍。一方面，购买股票需要一定的资金量，小额资金入市较难；另一方面，在资金量有限的情况下，很难做到组合投资、分散风险。此外，股市变幻莫测，中小投资者缺乏投资经验，加上资讯条件的限制，难以在股市中获得很好的投资收益。

证券投资基金作为一种新型的投资工具，把众多投资者的小额资金汇集起来进行组合投资，由专家来管理和运作，经营稳定，收益可观，可以说是专门为中小投资者设计的间接投资工具，大大拓宽了中小投资者的投资渠道。在美国，目前有50%的家庭投资于基金，基金占所有家庭资产的40%左右。因此，可以说，基金已进入了寻常百姓家，成为大众化的投资工具。

（二）基金通过把储蓄转化为投资，有力地促进了产业发展和经济增长

基金吸收了社会上的闲散资金，为企业在证券市场上筹集资金创造了良好的融资环境，实际上起到了把储蓄资金转化为生产资金的作用。这种把储蓄转化为投资的机制，为产业发展和经济增长提供了重要的资金来源，而且，随着基金的发展壮大，这种作用将越来越大。

（三）基金对证券市场的发展具有重要意义

第一，基金的发展有利于证券市场的稳定。证券市场的稳定与否，同市场的投资者结构密切相关。作为机构投资者，基金的出现和发展能有效地改善证券市场的投资者结构。基金由专家来经营管理，他们精通专业知识，投资经验丰富，信息资料齐备，分析手段先进，投资行为相对理性，客观上能起到稳定市场的作用。同时，基金一般注重资本的长期增长，不会在证券市场上频繁进出，能减少证券市场的波动。

第二，基金作为一种主要投资于证券的金融工具，它的出现和发展增加了证券市场的投资品种，扩大了证券市场的交易规模，起到了丰富和活跃证券市场的作用。随着基金的发展壮大，它已成为推动证券市场发展的重要动力。

（四）基金促进了证券市场的国际化

很多发展中国家对开放本国证券市场持谨慎态度，在这种情况下，和外国合作组建基金，逐步、有序地引进外国资本投资于本国证券市场，不失为一个明智的选择。与直接向投资者开放证券市场相比，这种方式使监管当局能控制好利用外资的规模和市场开放程度。

第二节　投资基金的组建与运作

一、投资基金的设立

投资基金是一种特殊的制度安排，在这种制度下，由于各当事人之间的委托/代理关系的存在，使信息不对称问题显得比较突出。为保护投资者利益，各国家和地区的法律都要求在投资基金发行之前，需先获得监管部门认可，由此形成不同的投资基金设立许可制度，即审批制和注册制。

注册制，是指投资基金发起人在设立基金前，只需要根据有关法规向监管部门提交注册备案文件，监管部门在规定时间内如没有对基金设立提出异议，基金即可公开发行。在这种制度下，监管部门对基金申报材料审核仅限于基金设立法律程序是否完备、人员是否具备从业资格等，而不涉及基金市场需求是否足够、基金推出是否对证券市场产生不利影响等，基金的规模、品种、发行时机等由发起人自行决定。

审批制是一种完全不同的制度安排。在这种制度下，基金监管部门事先对基金设立申请文件进行审核，投资基金只有在得到批准后，方可向投资者发行。在这里，监管部门对基金申报材料的审核不仅限于基金法律程序的完备性、人员是否具备从业资格等方面，还包括基金品种、规模和推出时间是否合适等。

目前，发达国家大都采用注册制度。2014 年 7 月 11 日证监会发布了重新修订后的《公开募集证券投资基金运作管理办法》及其实施规定，自 2014 年 8 月 8 日起施行，标志着我国公募基金产品审查由核准制度为注册制。

（一）基金品种设计

投资基金品种设计是投资基金运作中的关键环节。基金品种设计是根据投资者的需求和风险偏好，设计具有不同风险和收益组合特点的基金产品的过程。基金产品的设计是一项高度专业化的工作，对于基金管理公司来说，基金产品开发成功与否，关系到公司的发展。

（二）基金销售

在完成对基金产品的设计之后，接下来就是基金销售前的准备和销售方式选择。销售前的准备包括招募说明书的编写和制作。销售方式的选择，就是如何构筑基金产品的销售渠道，使投资者能够更便利地购买到自己需要的基金产品。

在基金销售中，有两个重要的发展趋势：一是向“金融超市”方向发展。在“金融超市”中同时出售许多基金“综合体”的基金股份；二是利用因特网向投资者销售基金股份。近几年，通过因特网销售基金在一些西方国家得到较快的发展。

二、投资目标与投资政策

投资目标和投资政策是投资基金运作与投资管理的核心问题。投资目标是指基金所追求的收益类型，投资政策是基金实现投资目标的手段。不同类型的基金有不同的投资目标和投资政策。投资目标和投资政策通常在基金招募说明书中予以阐述。

（一）投资目标

一般来讲，任何基金的主要投资目标都是下列三个目标之一：一是当期收入。这一目标强调稳定的股息、利息支付，如债券基金、股票收入基金、货币市场基金等。二是资本利得。这一目标侧重于通过基金所持有股票的增值而增加基金的总资产，例如积极成长型基金、成长型基金等。三是当期收入和资本利得。该目标是上述两个目标的综合，如成长收入基金、平衡基金等。

不同投资基金有不同的投资目标。例如，股票基金的投资目标通常是长期资本增长和红利收入，债券基金的投资目标则是获得稳定的现期收入，而货币市场基金的投资目标是在保持本金价值的同时获得收入，积极成长型基金的投资目标是通过投资普通股股票寻求资本增值。基金投资目标一般在基金招募说明书中阐述，投资目标一旦确定，如果得不到投资者同意，就不能轻易改变。

（二）投资政策

投资政策是指为了实现基金投资目标，基金所选择的投资资产类型和所采取的投资策略。每一只基金都需要在招募说明书中陈述它的投资政策，以使现有的和潜在的投资者了解基金投资资产类型和投资策略。投资限制从广义讲也属于投资政策范围，投资限制通常说明基金不能做什么以及基金投资组合分散化程度。

三、证券投资基金的费用

基金是以委托的方式请专家进行投资管理和操作的，因此，它从设立到终止都要支付一定的费用。通常情况下，基金所支付的费用主要有以下几个方面。

（一）管理费

管理费是指支付给实际运用基金资产、为基金提供专业化服务的基金管理人的费用，也就是管理人为管理和操作基金而收取的费用。这笔费用用于基金管理公司在该年度的各种必要的开支，包括有关登记及秘书工作的费用。基金管理费通常按照每个估值日基金净资产的一定比例（年率），逐日计算，按月支付。费率的大小通常与基金规模成反比，与风险成正比。基金规模越大，风险越小，管理费率就越低；反之，则越高。不同的国家及不同种类的基金，管理费率不完全相同。在美国，各种基金的年管理费通常在基金资产净值的1%左右。在日本，基金的年管理费率约为基金资产净值的1.5%，随着基金规模的扩大，将适时调低。而在多种基金中，货币基金的年管理费率最低，为基金资产净值的0.25%～1%；其次为债券基金，为0.5%～1.5%；股票基金居中，为1%～1.5%；认股权证基金为1.5%～2.5%。管理费通常从基金的股息、利息收益中或从基金资产中扣除，不另向投资者收取。有的基金也准许预提一部分管理费。

（二）托管费

托管费是指基金托管人为基金提供服务而向基金收取的费用。托管费通常按照基金资产净值的一定比例提取，逐日计算并累计，按月支付给托管人。托管费率也会因基金种类不同而异，如香港怡富东方小型企业信托基金的托管费率为0.20%；而香港渣打世界投资基金支付的托管年费分得更细，股票基金为基金资产净值的0.25%，债券基金为基金资产净值的0.125%；我国封闭式基金的年托管费按基金资产净值的0.25%计提，开放式基金则根据合同规定的比例计提托管费，费率通常低于0.25%。

（三）运作费

运作费包括支付注册会计师费、律师费、召开年会费用、中期和年度报告的印刷制作费以及买卖有价证券的手续费等。这些开销和费用是作为基金的营运成本支出的。运作费占资产净值的比率较小，通常要在基金契约中事先确定，并按有关规定支付。

一个基金运作是否有效率，主要看其运作费用是否偏高。如果运作费用较高，投资者的投资成本就高；反之，则较低。运作费用比率高低与基金规模有关，一般情况下，基金规模越大，运作费用比率越低。另外，表现不好的基金，运作费用比率就比较高。所以，运作费用高低是投资者衡量基金效率及表现的一个依据。

运作费用比率的高低也与基金规定的最低投资额的高低有关，如果最低投资额定得太低，运作费用比率就会相应提高。此外，新设立的基金和投资于多国证券市场的国际基金，其运作费用比率也较高。

（四）宣传费用

宣传费用是指基金支付的广告费、宣传品支出、公开说明书和年报等的印刷制作费、销售人员佣金、股票经纪人及财务顾问的佣金等营销费用。

（五）清算费用

清算费用是指基金终止时进行清算所需的费用，按清算时的实际支出从基金资产中提取。

四、基金资产的估值与基金资产净值的计算

投资者投资于基金的目的是为了获取比较稳定的收益。基金管理人作为基金的受托人，必须采取一定的方式向投资者表明基金的运作情况，其主要方法是对基金资产进行估值，并定期公布基金的资产净值。

（一）基金资产的估值

基金资产的估值是指对基金的资产净值按照一定的价格进行估算。

1. 估值的目的

无论哪一种基金，在初次发行时即将基金总额分成若干个等额的整数份，每一份即为一基金单位。在基金的运作过程中，基金单位价格会随着基金资产值和收益的变化而变化。为了比较准确地对基金进行计价和报价，使基金价格能较准确地反映基金的真实价值，就必须对某个时点上每基金单位实际代表的价值予以估算，并将估值结果以资产净值公布。

2. 估值日的确定

综观世界各国的各种基金，因其管理制度不同，对基金资产净值估值日的具体规定也不尽相同。不过，通常都规定，基金管理人必须在每一个交易日当天对基金资产进行估值，每周一次或至少每月一次公布基金的资产净值。

3. 估值暂停

基金管理人虽然必须按规定对基金净资产进行估值，但遇到下列特殊情况时，有权暂停估值：(1) 基金投资所涉及的证券交易场所遇法定节假日或因故暂停营业时；(2) 出现巨额赎回的情形；(3) 出现其他无法抗拒的原因，致使管理人无法准确评估基金的资产净值。

（二）基金资产净值的计算

基金资产净值，英文缩写为 NAV（Net Assets Value），是指某一时点上某一投资基金每份基金单位所实际代表的价值，是基金单位价格的内在价值。基金资产净值是衡量一个基金经营好坏的主要指标，也是基金单位交易价格的计算依据。一般情况下，基金单位价格与资产净值趋于一致，即资产净值增长，基金价格也随之提高。尤其是开放式基金，其基金单位的申购或赎回价格都是直接按资产净值来计价。但是，封闭式基金在证券交易所上市，其价格除取决于资产净值外，还受到市场供求状况、经济形势、政治环境等多种因素的影响，所以，其价格与资产净值常发生偏离。

基金资产净值的计算包括基金资产净值的计算和基金单位资产净值的计算。

1. 基金资产净值的计算

按一般公认的会计原则，基金资产净值 = 基金资产总值 - 基金负债总额。

基金资产总值包括基金投资资产组合的所有内容，具体如下：

(1) 基金拥有的上市股票、认股权证，以计算日集中交易市场的收盘价格为准；未上市的股票、认股权证则由指定的有资格的会计师事务所或资产评估机构测算。

(2) 基金拥有的国债、公司债券、金融债券等债券，已上市者，以计算日的收盘价格为准；未上市者，一般以其面值加上至计算日时的应收利息为准。

(3) 基金所拥有的短期票据，以买进成本加上自买进日起至计算日的应收利息为准。

(4) 若第 (1) 条、第 (2) 条中规定的计算日没有收盘价格或参考价格，则以最近的收盘价格或参考价格代替。

(5) 现金与相当于现金的资产，包括存放在其他金融机构的存款。

(6) 有可能无法全部收回的资产及或有负债所提留的准备金。

(7) 已订立契约但尚未履行的资产，应视同已履行资产，计入资产总额。

基金负债总额包括：

(1) 依基金契约规定至计算日止对托管人或管理人应付未付的报酬。

(2) 其他应付款，包括应付购买证券款项等。

基金债务应以逐日提列方式计算。

需要说明的是，如果遇到特殊情况而无法或不宜按上述要求计算资产净值总额时，管理人应依照主管机关的规定办理。

2. 基金单位资产净值的计算

基金单位资产净值的计算主要有已知价计算法和未知价计算法。

(1) 已知价计算法。已知价又叫历史价，是指上一个交易日的收盘价。已知价计算法就是基金管理人根据上一个交易日的收盘价来计算基金所拥有的金融资产，包括股票、债券、期货合约、认股权证等的总值，加上现金资产，然后除以已售出的基金单位总额，得出每个基金单位的资产净值。采用已知价计算法，投资者当天就可以知道单位基金的买卖价格，可以及时办理交割手续。基金单位资产净值的计算公式如下：

$$\text{基金单位资产净值}=\frac{\text{根据上一个交易日收盘价计算的基金所拥有的金融资产总值}}{\text{已售出的基金单位总数}}$$

（2）未知价计算法。未知价又称期货价，是指当日证券市场上各种金融资产的收盘价，即基金管理人根据当日收盘价来计算基金单位资产净值。运用这种计算方法时，投资者当天并不知道其买卖的基金价格是多少，要在第二天才知道单位基金的价格。

第三节　我国的证券投资基金

证券投资基金在我国发展的时间还比较短，但在证券监管机构的大力扶持下，基金数量和规模迅速增长，市场地位日趋重要。然而，相对于成熟的发达国家的金融市场，仍然存在着较大的差距。随着中国加入世界贸易组织，我国的金融业面临着更为严峻的市场考验，基金业也同样如此。

一、我国证券投资基金的起步

我国的证券投资基金行业最早开始于20世纪90年代初期，经过一段时间的探索和发展，于90年代末期得到规范。1992年11月，中国人民银行批准成立了我国国内第一家比较规范的投资基金——山东淄博乡镇企业基金；1992—1997年，由中国人民银行及其各地分行批准设立的“老基金”，不同程度地存在资产收益率低、资产质量不高、流动性差等问题，目前中国证券监督管理委员会已经完成对老基金的规范和清理；1997年11月，国务院颁布《证券投资基金管理暂行办法》，为我国证券投资基金试点工作的启动提供了法规依据；2003年，我国《证券投资基金法》出台，由此我国基金业进入了一个依法治业的新时代；2012年12月28日，十一届全国人大常务委员第三十次会议通过了修订后的《证券投资基金法》，该法的修订与实施标志着中国证券投资基金行业进入了创新发展的历史新阶段；2013年2月17日，证监会通过了《证券投资基金销售管理办法（修订）》，以此规范我国的基金销售活动，促进我国基金业的健康发展。

二、我国证券投资基金的发展背景

历经二十几年的发展，我国证券投资基金发展迅速，规模不断扩大，逐渐在我国证券市场乃至整个金融领域上发挥着举足轻重的作用。在我国现代证券市场框架和金融体系结构日趋完善的形势下，基金行业正肩负着引导形成我国证券市场的理性投资文化、促进我国金融结构的调整以及完善我国社会化养老保险制度的历史使命。

截至2015年4月底，沪深两市总市值已达63万亿元，而2014年中国GDP首破60万亿元，达到636463亿元，沪深市值已等于去年全年GDP。另外，2014年A股市场市值总规模达到37.11万亿元，超越2007年创出的历史最高纪录。以市值规模计，A股市场已超过日本，成为仅次于美国的全球第二大证券市场。中国A股证券化率达到58.3%，处于大多数发展中国家和地区的平均证券化率水平。

证券市场的高速增长给证券投资基金发展创造了条件。与此同时，随着经济的高速增长和居民收入水平的稳步提高，人们支配家庭金融资产的需求和余地大大增加。但广大中小投资者在踊跃参与证券市场投资的同时，却发现投资与股票虽然有可能获得较高的收益，但风险也较高，于是，投资者开始寻找更好的投资渠道和理财方式。此时，将资金交给专业人士管理并投资于证券市场的投资基金逐渐进入人们的视野。

三、我国证券投资基金的发展概况

1997 年 11 月 14 日，经国务院批准，国务院证券委员会颁布了《证券投资基金管理暂行办法》，是我国首次颁布的规范证券投资基金运作的行政法规，为我国基金业的规范发展奠定了法律基础。基金金泰和基金开元两只封闭型基金于 1998 年 3 月 23 日成功发行，为我国证券投资基金的规范发展拉开了序幕。2001 年 9 月国内第一支开放式基金“华安创新证券投资基金”正式面向社会公开发行，这标志着我国的证券投资基金业迈出创新性的一步。

按募集方式分，我国证券投资基金可分为开放式基金和封闭式基金。开放式基金中，又可以分为权益类基金和固定收益类基金两大类，权益类基金是最主要的开放式基金类型。此外，QDII 基金是投资境外市场的基金，对于降低我国 A 股市场的系统性风险、提高资产配置效率有着重要的作用。截至 2015 年 9 月底，我国境内共有基金管理公司 100 家，其中合资公司 46 家，内资公司 54 家；取得公募基金管理资格的证券公司 9 家，保险资管公司 1 家。以上机构管理的公募基金资产合计 6.69 万亿元。具体见表 4－4。

表 4－4　　2015 年我国证券投资基金情况

类别		基金数量（只）	份额（亿份）	净值（亿元）
封闭式基金		155	1439.27	1621.06
开放式基金		2384	62818.98	65310.82
	股票型基金	573	5814.33	6331.30
	混合型基金	1082	15362.17	16703.77
	债券型基金	199	36585.93	36695.45
	货币市场基金	432	4335.95	5011.81
	QDII 基金	98	720.60	568.49
合计		2539	64258.25	66931.88

目前我国基金管理公司的股东以内资的证券公司、信托公司、其他金融机构、非金融企业和外资股东为主。注册资本分布在 1 亿～3 亿元之间。

截至 2015 年 2 月底，我国证券市场公募基金托管人增至 38 家，较去年新增 16 家，是自我国证券市场有基金托管人以来，年度新增基金托管人最多的一年。其中，去年新增的基金托管人中有一半是券商，占据 8 席；另外，非银行金融机构中，中国证券登记结算有限责任公司和中国证券金融股份有限公司也在去年获得基金托管资格。虽然券商托管基金热情高涨，但目前银行依旧是基金托管的主力。

我国证券投资基金的销售渠道可分为代销和直销两类。基金管理公司既可从事基金直销，也可委托具有基金销售资格的机构代理销售基金。截至2015年5月底，具有公募基金销售资格的传统机构已近300家，其中包括118家商业银行、98家证券公司、7家期货公司、4家保险公司、6家证券投资咨询公司和53家独立销售机构。2013年10月，淘宝网成为首家为基金销售机构提供服务的第三方电子商务平台，截至2015年5月，我国基金第三方电子商务平台服务的机构已达4家，为基金销售机构提供支付结算服务的第三方支付机构已达38家。2015年9月18日，中证金牛（北京）投资咨询有限公司经监管部门核准，获证券投资基金销售业务资格，作为中国证券报和新华网合作打造的金融产品评价和理财服务平台，是中央新闻媒体下属互联网金融平台中首家获得基金销售业务资格，也是现有第三方基金销售机构中的首家国资背景机构。

2010年1月，中国证监会颁布《证券投资基金评价业务管理暂行办法》，随后中国证券业协会发布了《证券投资基金评价业务自律管理规则（试行）》，明确了基金评价机构入会和备案的程序、自律管理要求、信息披露标准等。2010年5月17日，中国证券业协会根据专家评估结果和监管部门的意见，正式公布第一批具备协会会员资格的10家基金评价机构名单，其中包括晨星、天相、北京济安金信三家证券投资咨询机构及独立基金评价机构，招商证券、海通证券、银河证券、上海证券四家证券公司和中国证券报社、上海证券报社和深圳证券时报社三家评奖媒体。自此，基金评价机构开始纳入基金自律管理体系。

小资料

按照指数化投资的基金称为指数基金。指数基金是按照某种证券价格指数样本名单购买全部样本的证券，每一种证券购买的数量与该证券在指数中所占的比重一致，以此构建投资组合，进行证券投资的基金。其收益水平目标就是达到与该指数同样的收益水平。指数基金的产生可追溯到1974年诺贝尔经济学奖得主保罗·萨缪尔森发表的论文《对判断的质疑》。他通过建立一种跟踪标准·普尔500指数的投资组合向投资业提出挑战，从而播下了指数基金的种子。我国的180ETF、深100ETF就属于指数型基金。ETF（Exchange Traded Fund）的全称是“交易型开放式指数证券投资基金”。

思考与练习

一、名词解释

证券投资基金

股票基金

估值

债券基金

二、概念比较

封闭式基金与开放式基金

公司型基金与契约型基金

三、问答

1. 简述证券投资基金的特征。
2. 简述证券投资基金的当事人。
3. 简述投资基金的功能。
4. 我国为什么要大力发展证券投资基金？

第五章

证券投资市场

学习目标

通过本章的学习，了解和掌握证券市场的形成与发展、功能、基本构成和运作模式等知识。

第一节　证券市场的形成与发展

一、证券市场的产生与发展

证券市场是各种股票、债券、投资基金及其他有价证券发行、流通和交易场所的总称。它包括证券投资活动全过程在内的证券供求交易的网络和体系，有着广泛的外部联系和复杂的内部结构，是金融市场的一个重要组成部分。

（一）证券市场的产生

证券市场形成于自由资本主义时期。股份公司的出现、信用制度的发展和虚拟资本证券的形成是证券市场产生的基础。

1. 股份公司是商品经济发展和生产社会化的产物

在商品经济发展初期，生产力水平和社会分工处于较低的层次，与此相适应，企业的组织形态表现为个体独资和封建家族形式。随着资本主义生产关系的出现和生产力的发展，生产组织不断扩充，个体独资和封建家族形式的经营不能胜任大规模生产对资本的需求，代之的是以 2 人以上共同出资、共负盈亏的合伙经营组织形式，并逐步演变为股份公司。17 世纪初，股份公司作为企业组织的新形式开始出现在英国和荷兰。1600 年，英国设立了股份制的英国东印度公司；1602 年，荷兰也设立另一家股份公司——荷兰东印度公司。之后，法国、普鲁士、瑞典、丹麦等欧洲国家纷纷设立了股份公司，继而普及到美国和日本等国。17 世纪后期，股份公司显著发展，它通过发行股票向社会公众募集资金，建立起规模庞大的企业。股票在社会上的发行和流通，为证券市场的诞生、发育和发展奠定了基础。

小资料

东印度公司是股份经济成功的首例。1600年，英国女王特许成立了新企业的组织形式——合股集资的东印度公司。次年，该股份公司的船队首航印度，即到达了利润的彼岸。航行的利润高达500%~1500%，公司按股份比例分配利润。高利润宣告了新组织形式的成功，股份公司开始家喻户晓，欧洲大陆各国纷纷仿效。

2. 证券市场的产生还有赖于信用制度的深化

信用是商品经营活动中的延期付款和货币的借贷行为。在简单商品经济条件下，由于社会分工不发达，生产力水平低下，信用制度也比较落后，它的基本形式是高利贷。随着资本主义生产关系的建立和生产力的发展，社会分工日益复杂，商品经济日益社会化，信用形式有了进一步的发展。首先，是以商业票据为工具的商业信用规模的扩大。商业信用关系是在商品形态上提供的信用，局限于产业资本之间，无法满足社会化大生产的发展对资金需求量大、灵活性强、社会化程度高的要求。于是，在商业信用发展的基础上，产生了银行信用。银行信用是在货币形态上提供的信用，是将从社会各方面筹集的资金提供给职能资本家充当企业资本的行为。银行信用是一种在投资者和筹资者之间由银行作中介人的间接信用。商业信用制度和银行信用制度与股份公司相结合，出现了筹资者直接面向社会公众筹集资金而无需银行中介的直接资本信用形式。股份公司不但发行股票，也发行公司债券；国家也大规模发行国家债券。公司债券和政府债券的大量出现，为证券市场的形成进一步奠定了重要的物质基础。

3. 证券市场产生

随着股票、公司债券、政府债券等虚拟资本证券的出现和发展，自然产生了证券买卖，证券市场也就应运而生。最初的证券发行和交易活动并没有公开和专门化的市场。中间人和买卖证券的商人聚集在一定的场所，相互交换信息，进行买卖活动。这些中间人即是早期的证券经纪人，而中间人和买卖证券的商人时常聚集的场所即是证券交易所的前身。证券经纪商的出现和证券交易所的出现，标志着证券市场的形成。据有关文献记载，早在1611年，已有一些商人在荷兰进行东印度公司股票交易。1680年，荷兰的阿姆斯特丹出现了世界上第一家正式的证券交易所，这标志着证券市场的产生。

1773年，英国第一家证券交易所（即现在伦敦证券交易所的前身）在新乔纳森咖啡馆成立，1802年获得英国政府的正式批准。到19世纪中叶，一些非正式的地方性证券市场在英国也逐步走向规范化，伦敦证券交易所已成为世界证券市场的中心。

1790年，美国诞生了第一个证券交易所——费城证券交易所。1792年5月17日，纽约24名经纪人在华尔街的一棵梧桐树下签定了著名的"梧桐树协定"，规定了委托交易手续费的最低标准和经纪人之间进行交易的规则等。1817年，这些经纪人共同组织了纽约证券交易会，1863年改为现名：纽约证券交易所。

日本的证券市场始于明治维新时期。1878年5月，日本颁布了新的《股票交易所条例》。同年5月，东京股票交易所成立；大阪、横滨交易所也在8月相继成立。

（二）证券市场的发展

产生于17世纪晚期的证券市场，到19世纪末，在一些主要资本主义国家已初具规模。20世纪初，资本主义由自由竞争阶段开始过渡到垄断阶段，证券市场由大银行垄断。20世纪前30年，证券市场处于高度发展阶段，不但证券发行量剧增，而且证券结构也发生了重大变化，股票和公司债券逐步替代了政府公债而占主导地位。1929～1933年，资本主义世界爆发了最严重的经济危机，股市狂跌。之后，整个资本主义经济又经历了近9年的大萧条，严重影响了证券市场的发展，证券市场一直处于萧条中。在第二次世界大战后的恢复时期，随着欧美、日本及其他各国经济的恢复和发展，证券市场也获得了复苏和发展的机会。特别是20世纪70年代以后，证券市场在西方主要工业国家高速发展，出现了高度繁荣的局面。股份公司和金融持股公司急剧增加，在融资体系中，证券融资所占比例大幅上升，发行证券已成为企业筹措长期资金的主要渠道，银行信用资金也大量投入证券市场，证券流通交易呈现出高度活跃和繁荣的景象。在这一时期，证券市场的发展不仅表现在规模的迅速扩大，而且其运行机理和运作技术都发生了显著的变化。

1. 证券市场交易内容多样化

首先，表现为证券交易品种多元化。证券发行者不断推出证券新品种，以期望顺利地筹集资金，如推出了浮动利率债券、可转换公司债券、欧洲美元债券等。其次，表现为证券交易方式多元化。除了现货交易外，还产生了信用交易、期权交易、期货交易和股指期货交易等新的方式。最后，表现为证券投资主体多元化。认购证券的投资者已不仅限于社会公众投资者，法人机构投资者越来越活跃，所占比重日益趋升。投资主体机构化，对于稳定证券市场发挥了重要作用。

2. 证券市场交易手段现代化

突出体现为电子计算机在证券业务处理中的普及应用。目前，世界上主要的金融中心都已用电脑、卫星通讯和电讯网络为交易设施，手工操作已被现代化手段所代替。证券交易现代化大大提高了证券交易数量、范围、速度和准确性。

3. 证券市场活动自由化

20世纪以后，在世界范围掀起了金融自由化浪潮，各国政府纷纷取消对证券市场的一些限制性措施，如银行业与证券业合业经营、证券交易佣金自由化等，更多地强调证券组织的自律管理而弱化行政干预。

4. 证券市场国际化

现代科学技术的应用加速了证券市场国际化的趋势。证券市场国际化主要表现如下：

（1）筹资的国际化。发行者既可在国内市场也可在国外市场上发行证券，筹集资金。

（2）证券投资和交易国际化。公司股票既可在国内也可在国外证券交易所挂牌上市，投资者在本国可买卖外国公司的股票。

（3）各国证券制度的国际化。各国证券市场的制度、原则、交易方式、惯例等逐步同质化，具有相似性。

（4）国际证券市场中心的出现。伦敦、纽约和东京已成为全球性的三大证券市场中心，把世界各大金融中心的证券市场连成一体，构成了一个全球性的昼夜不间断、连续交易的世界证券市场体系。

二、我国证券市场的形成及现状

（一）我国证券市场的形成

1. 新中国成立前的中国证券市场

我国的证券业最初出现于清代晚期。19 世纪中叶，两次鸦片战争失败后，中国的国门被西方列强打开，资本主义的经营方式进入了中国，股份制企业形态和发行股票融资的方法也逐渐根植于中国。1872 年，轮船招商局在上海开业，成为中国最早的股份公司，中国历史上最初的企业股票发行了。此后不少的洋务派官员办的公司效仿轮船招商局发行股票，股份制企业逐渐增多。1894 年，清政府为了应付甲午战争军费，发行了中国最初的政府公债。不断增多的股票和政府公债形成了证券交易的需求。证券买卖由最初茶馆聚会的不规则交易方式，逐步发展到有组织的证券交易所。1918 年，北洋政府开设了北京证券交易所，这是中国最早创立的专门经营证券业务的交易所。随后在上海、哈尔滨和大连都出现了证券交易所。1929 年，中国证券市场有了第一部法律——《交易所法》公布生效。

2. 新中国成立后的中国证券市场

新中国成立后的 1952 年，我国开始进行社会主义改造，首先停止了证券交易所的股票交易，同时，对股票的发行加以严格的限制，不久之后，关闭了证券交易所。1957 年年底，资本主义经济成分的社会主义改造在全国范围内已基本完成，股份制企业随着私营企业的消灭而消灭。在此之前的 1950 年和 1954 年，我国政府曾两次发行公债，但都明文规定不得向银行抵押，不得进行转让买卖，因而也未能形成证券市场。就这样，中国第一代证券市场终结了。

1981 年，证券市场的重新出现，首先表现为国家信用的恢复、国家政府债券的发行。从 1981 年 7 月财政部向企事业单位发行了 49 亿元国库券起，国家连年发行国库券。国库券的发行，标志着中国证券发行市场开始出现。此后，国家重点建设债券、国家建设债券、特种国债等相继问世。但在 1988 年前，财政部在发行国债时，均明文规定国库券不得转让交易。

1984 年开始发行企业债券。最初，多数的企业债券是在本企业内部职工中发售，后逐步过渡到由金融机构代理发售。

1984 年，股票也开始在我国出现。最初阶段的股票大多与债券性质相似，既保息又分红，到期偿还，且不能流通。1984 年 7 月，被认为中国第一号股份制企业——北京天桥百货股份有限公司成立，同时面向公司员工和有关人员发行了 300 万元的三年期定期型股票。1984 年 11 月，上海飞乐音响有限公司率先向社会发行不还本的股票，这是我国建国后首次正规的股票发行。紧接着，上海延中实业股份有限公司、沈阳金杯汽车股份有限公司、上海真空电子器件股份有限公司等也向社会公开发行普通股股票，股份制向正规化方向推进了一大步。

证券发行市场的出现和发展必然要求相应的证券流通市场。1986 年 8 月，沈阳市信托投资公司率先办理有价证券的柜台转让业务。同年 9 月，中国工商银行上海市信托投资公司办理了“小飞乐”和“延中实业”两只股票挂牌上市，这是现在公认的首次股票交易。1988 年 4 月，国库券开始在上海等 7 个城市进行了转让试点，之后迅速扩展到全国各个城市。自此，证券经营机构纷纷出现，证券流通市场全面发展起来。1990 年 12 月，我国建国以来的第一家证券交易所——上海证券交易所正式开张营业；次年，深圳证券交易所也正式成立。证券交易所是证券流通市场的高级形式，它为交易双方提供了一个公开、公正、公平、稳定、高效的集中竞价交易场所。上海和深圳两地证券交易所的成立，标志着我国证券流通市场的发展进入了一个新阶段，证券市场逐步走向规范化和现代化。

（二）我国证券市场的发展现状

在改革浪潮的推动下，进入20世纪90年代后，我国证券市场迅速地发展壮大起来，呈现出繁荣兴旺的发展势头。

从债券发行市场看，我国证券品种从单一走向多样化，发行规模急剧增大，发行方式由过去的派购转为证券市场中介机构代销。我国国债的发行规模从1981年初发时的49亿元到2014年的16247.35亿元，增加了近330倍；在证券名称种类上，由单一的国库券，逐步增设了国家重点建设债券、财政债券、特种国债等；在期限种类上，也由单一的10年期，逐步增设了20年期、15年期、10年期、5年期和3年期等；发行种类以记账式和凭证式为主。目前，我国公司债券主要有重点企业债券、一般企业债券、浮动利率债券、可转换债券等。

2009年10月23日，创业板正式启动，成为中国多层资本市场建设的又一重要里程碑。2009年年末，中国证监会又适时启动了以沪深300股指期货和融资融券制度为代表的重大创新，对中国证券市场的完善和发展具有深远影响。截至2015年上半年，共有464家创业板公司上市交易，成交金额2077.34亿元，总市值66893.49亿元。

1990年12月19日上海证券交易所的开市交易标志着中国资本市场的大幕开启。进入2015年，中国资本市场光荣地走过了20余年。

总体上看，资本市场为国民经济各行业提供了巨大的资金支持。根据上海证券交易所市场数据统计，20年来，通过上海股市募集的资金达42391.38亿元。其中，首发募集资金15354.56亿元；配股募集资金3857.40亿元；增发募集资金23179.42亿元。

2015年10月27日，上海证券交易所共有上市股票1115只，其中A股股票数为1062只，B股股票数为53只，总股本36533.9亿元，是开业时不足10元的总股本的3600多倍。深圳证券交易所上市公司数达1729家，总股本12321.9亿元，更是开业时1亿多元总股本的10000多倍。

截止到2015年10月28日，除了股票，沪深交易所还拥有基金560只（其中包括118只ETF产品），各类债券4549只，形成了较为完整的产品系列和产品结构。ETF是近年来全球范围内证券市场创新的重头戏，在中国市场上更是大受欢迎。2014年上海证券交易所ETF成交金额高达10142.68亿元。深圳证券交易所ETF成交金额为14.98亿元。

从市值来看，据世界交易所联合会（WFE）的统计，2015年5月底上海证券交易所股票市值为5.904万亿美元，仅次于纽约证券交易所，在全球主要交易所中排名第二，超过东京证券交易所，在亚洲名列第一。深圳证券交易所股票市值达4.368万亿美元，位列全球第四位。同期沪深两市股票总市值占全球股市总市值的14.6%。

2010年3月31日，融资融券业务启动，其特有的价格发现功能得到初步体现。4月16日，沪深300股指期货合约在中国金融期货交易所上市交易。至此，中国证券市场基本具备了完整的结构和功能，站在了一个全新的起点上。

三、我国证券市场的发展趋势

证券市场在我国还是一个新兴市场。随着经济市场化改革的深化，我国证券市场将迈入更高的发展阶段。

（一）证券市场规模将继续扩大

从市价总值、市价总值与GDP的比和上市公司数量等几个方面进行国际比较，我国证券发展水平还很低，显然还需要进一步有效地扩大市场容量，扩大市场的覆盖面和影响力，以充分地发挥证券市场在国民经济发展中的作用。在一级市场发展方面，要正确处理好国债、企业债券和股票的关系，稳步、适度地扩大发行规模。在发展国债和股票市场扩容的同时，应更加重视各品种间的均衡发展，适度扩大企业债券筹资的规模，不断完善证券市场结构。在二级市场发展方面，二级市场的发展要与一级市场的发展相配套，不断完善二级市场的地域层次结构。

（二）证券市场的交易品种将不断创新

随着证券市场规模的不断扩大，交易品种也将推陈出新。可以预见，除了目前的债券、股票的现货交易外，各种证券期货、期权、指数期货与期权等金融衍生产品将不断出现。

（三）证券市场监管力度将不断加强

目前，我国证券监管的基本框架虽已初步形成，但其发展处于初级阶段。加强监管是维护市场秩序的必要条件。另外，行业自律是证券市场监管的重要环节，而目前我国证券市场的行业自律还缺乏力度，证券商的自律意识不强。因此，强化证券业的自律机制也是证券市场发展的内在要求。

（四）证券市场国际化

随着全球经济一体化，证券市场国际化是我国证券市场发展的一个重要趋势。我国的股票、公司债券和政府债券等有价证券的发行和销售将跨越本国的国界，更多地在国际市场上交易；外国企业的股票、债券也将在我国境内发行和销售。

（五）推动多层次资本市场的发展

多层次的资本市场是指能够为满足不同投融资市场主体的资本要求而建立起来的有层次性的配置资本性资源的市场，能够满足投资者与筹资者多样化的资金需求。一般来说，多层次资本市场包含场内市场和场外市场。场内市场就是上海证券交易所和深圳证券交易所，有主板、中小板、创业板；场外市场就是全国中小企业股份转让系统，也就是新三板以及全国各地的股权交易中心。目前多层次资本市场在我国还属于初级发展阶段，其发展将对我国市场经济的发展起到显著的推动作用，可以满足多层次企业上市融资的需求，对中小企业提供融资帮助。例如新三板的快速发展就让以主板、中小板、创业板和新三板为主体和以京沪深三地格局构成的中国多层次资本市场进入新阶段，并且大幅缓解了中小企业融资难、社会资本投资难的难题。

小资料

QFII是Qualified Foreign Institutional Investors的英文缩写，即“合格境外机构投资者”。QFII制度是指允许经核准的合格境外机构投资者，在一定规定和限制下汇入一定额度的外汇资金，并转换为当地货币，通过严格监管的专门账户投资当地证券市场，其资本利得、股息等经审核后可转为外汇汇出的一种市场开放模式。这是一种有限度地引进外资、开放资本市场的过渡性制度。通过QFII制度，管理层可以对外资进入进行必要的限制和引导，使之与本国的经济发展和证券市场发展相适应，控制外来资本对本国经济独立性的影响，抑制境外投机性游资对本国经济的冲击，推动资本市场国际化，促进资本市场健康发展。截至2015年7月29日，中国累计批准276家机构共765.76亿美元QFII（合格境外机构投资者）额度，其中，香港金融管理局QFII获批额度为25亿美元，挪威中央银行QFII获批额度为25亿美元，新加坡政府投资公司、淡马锡富敦投资有限公司、马来西亚国家银行和科威特政府投资局QFII获批额度均为15亿美元。

第二节　证券市场的功能

一、证券市场的参与者

在证券市场运行的全过程中，证券市场直接参与者由证券发行筹资者、证券投资者、市场中介者和市场管理者四部分构成，每一部分从事着不同的行为，发挥着各自的作用和职能。

（一）筹资者

证券市场的筹资者是指通过发行证券而筹集资金的部门或企业，是原始证券的供应者。筹资者主要有政府、企业和金融机构。为了弥补政府财政收支上的赤字，或筹措大型公共工程建设所需的资金，或扩大政府支出以刺激经济增长，政府往往利用其良好的信誉发行国家债券来筹集资金。政府的筹资活动通常由财政部门来承担。企业通过发行企业债券或股票，为创业或扩大再生产筹集长期性资金，或改变其资产负债结构。金融机构筹资的目的是为了提供资金，即通过发行金融债券筹集资金，然后通过贷款、投资等形式把这部分资金运用出去，以获取收益。

（二）投资者

证券投资者是指在证券市场上购买证券以获取收益的个人或机构。个人投资者是证券广泛的需求者和购买人，其最显著的特点是分散性和流动性。个人投资者包括国内和国外以个人身份购买证券的参加者。机构投资者包括各种企业、证券公司、投资银行、保险公司和各种社会基金组织等。机构投资者日益成为证券市场最重要的投资者，在证券市场上占有越来越大的份额。机构投资者的进入，极大地促进了证券市场的发展。证券投资者是证券市场上的资金供给者。只有众多的投资者积极参与，证券市场才会繁荣发展。

（三）中介人

证券中介人是介于筹资者和投资者之间的“介绍人”或“代理人”，指在证券市场上代理证券发行或充当证券交易中介，获取手续费、佣金收入的个人和机构。在我国，证券中介机构主要是证券公司、信托投资公司、证券交易所和商业银行。

证券中介人是通过行使承销商和经纪人的职能而形成的。证券承销商是经营代理证券发行业务的证券经营机构，担负着证券发行市场上发行者与投资者之间的媒介职能，是资金供求双方的桥梁。证券经纪人是指专门从事证券买卖业务的个人或机构，以赚取佣金为目的。证券经纪人活跃在二级市场即证券交易市场上，其活动是证券得以流通的基础。

（四）管理者

证券市场的管理者是证券市场的另一个重要参与者，其职能是对证券的发行、买卖等交易行为以及与这些行为有关的人员和组织机构进行管理，本身并不参与证券的发行和交易。各国证券管理机构的设置因各国证券管理体制和类型的差异而不同，大致可分为两种：一种是专门性证券管理机构，指国家政府设有专业性证券市场管理机构，独立行使管理职能，对证券发行、证券交易、证券商、投资公司等依法进行全面的监督与管理。如中国证监会、美国的证券管理委员会、日本的大藏省证券局，都是专职的证券管理机构；另一种是无专门性证券管理机构，由证券交易所和行业自律机构行使证券监管的职能。英国是这一模式的典型代表。证券交易所一方面是证券集中竞价的交易场所，同时又执行证券管理职能。行业自律机构不是政府部门，也不是政府的派出机构，而是从事证券行业的公司或机构自发形成的行业性公会或公约组织。

二、证券市场的功能

证券市场通过证券的信用融通资金，形成金融资产和金融负债，并且通过证券的买卖交易活动，支撑和推动着经济的发展。证券市场的功能主要表现在以下几方面：

（一）融通资金功能

在现实经济生活中，无论是政府、企业还是居民，都会出现货币的收入与支出不平衡的情况。一方面，企业和政府部门经常作为资金的需求者，需要筹集资金来满足其经济发展的需要；另一方面，居民和家庭及另一部分企业经常作为资金的供给者，来寻求资金的投资渠道。证券市场是一种多渠道、多形式筹资与融资的场所，通过各种有价证券的买卖，为资金的供求双方提供了多种多样的选择机会，以适应不同的投资与融资的需要。在证券市场上，资金的需求者和资金的供给者运用证券信用，通过卖出和买进有价证券，进行资金的相互融通，实现了储蓄与投资的转化活动。因此，证券市场通过其特有的证券融资方式，解决了资金供求的矛盾，实现了资金融通的功能。

（二）资源配置功能

证券市场能够通过资金价格引导货币的流动，实现资源的有效合理配置。在证券市场的运作过程中，投资者通过各种证券在证券市场上收益率的差别，来了解资金筹集者的经济效益、技术水平和管理经验，从而选择和改变投资方向，把资金投向经济效益更好的地方。投资者往往购买收益率高和具有增长性的证券，而抛售收益率低、缺乏增长潜力的证券。投资者的这种趋利行为，使效益高的、有发展前景的企业能获得充裕的资金，而那些效益差的、没有发展前景的企业就得不到资金，这就推动了生产要素的重新配置与组织，使社会资源得到合理而有效的利用，提高了国民经济的整体效益。

（三）宏观调控功能

证券市场通过证券融资方式，以其特有的聚资、融资和导向功能，像一条无形的纽带，成为连结宏观经济运行中各部分之间的桥梁。中央银行作为国家宏观经济调控的实施部门，其实施货币政策的重要手段之一是公开市场业务，即中央银行依据国家总体经济发展的政策需要，灵活地运用公开市场业务操作，在证券市场上适量地买进或卖出有价证券，借以调节货币供应量，影响各金融机构的经营行为，刺激证券市场上的业务活动，进而牵动整个经济的运行，实施经济的宏观调控。在中央银行的货币政策工具中，公开业务是管制信用、调节金融的灵活而有效的办法。如当生产萧条、资金短缺之时，中央银行可以通过在证券市场上购买有价证券来投放货币，增加市场货币供应量，以刺激经济的发展。当经济过热、发生通货膨胀时，中央银行则在证券市场上抛出证券，回笼货币，以减少市场货币量，抑制经济过热的状况。

（四）产权复合功能

证券市场为货币转化为资本、为货币的所有者转化为资本的所有者即生产资料的所有者，提供了种种渠道，同时也为产权的分割、组合和重组创造了条件。在没有证券市场的情况下，人们积累的货币资产不能直接参与投资活动，只能被迫地转化为单一的存款形式，也就无法直接成为生产资料的产权所有者。而证券市场则为货币所有提供了各种直接进行投资的手段和渠道。投资者通过购买有价证券，首先占有或取得金融资产，借以间接占有物质资产或取得股息、红利等收益分享权。如股票的购买者作为股东，可以享有与其投资数额相应的所有权，这样就会改变原来单一的产权结构，按照股票投资股份重新分配产权，从而形成股票所有者的共同的复合产权结构，从而引起产权制度方面的深刻变革。

（五）资本定价功能

证券市场的另一个功能是为资本决定价格。证券是资本的存在形式，所以证券的价格实际上是证券所代表的资本的价格。证券的价格是证券市场上证券供求双方共同作用的结果。证券市场的运行，形成了证券需求者竞争和证券供给者竞争的关系。这种竞争的结果是：能够产生高投资回报的资本，市场的需求就大，其相应的证券价格就高；反之，证券的价格就低。因此，证券市场是资本的合理定价机制。

第三节　证券一级市场

一、证券一级市场概述

证券市场是各种证券发行和交易的网络和体系，从市场的职能角度考察，其内部结构包括两大部分，即证券一级市场和证券二级市场。

证券一级市场又称初级市场或发行市场，是指政府、企业和金融机构等发行出售证券、筹集资金的场所。证券发行市场具有两方面的职能：一是为资金需求者提供筹集资金的场所；二是为资金的供给者提供投资的机会。

按照发行的证券种类划分，证券发行大体可分为债券发行和股票发行两种。当一个国家的证券市场发展到成熟阶段的时候，在一级市场中占据支配地位的通常是债券的发行；因为股票不存在偿还期限，企业不可能无休止地发行股票来筹集资金。

构成证券一级市场的组织要素有三个：一是证券发行者；二是证券投资者；三是证券承

销者。三者按各自不同的职能，扮演着不同的角色：发行者是一级市场的主体，投资者是一级市场的客体，承销者是一级市场的中介人。

二、证券发行方式

证券发行是指政府、企业为了筹集资金的需要，在一级市场上按照法律规定的条件和程序，通过证券中介机构，向投资者发行证券的行为。政府债券和企业债券的发行，一般委托银行或证券公司依法办理，过程较为简单，且一般只有公募与私募之分，而公司股票的发行则较为复杂。证券的发行方式通常可按如下的标准分类：

（一）按发行对象的范围划分，证券发行有公募发行与私募发行两种形式

公募发行，又称公开发行，是指证券的发行对象为不确定的社会大众的发行方式。公募发行涉及众多的投资者，其社会责任和影响大，为了保证投资者的合法权益，政府对证券的公募发行控制较严，要求具备有较高的条件。募集公司必须向社会提供各种财务报表和相关资料。公募发行一般可以上市公开交易，具有较高的流动性。公募发行提高了发行者在证券市场上的知名度，扩大了社会影响，同时也使债务或股权分散，但手续比较复杂，发行成本较高。

私募发行，又称内部发行，是指证券的发行不是面向社会大众，而是面向与发行者有特定关系的有限投资者的发行方式。私募发行不必像公募发行那样向社会公开信息，手续比较简单，发行费用较低，但私募证券一般不允许上市流通转让。

（二）按有无中介机构参与发行，证券发行有直接发行和间接发行两种形式

直接发行，是指发行者不通过证券承销商，而是自己办理证券发行推销事宜，由自己承担发行风险。其特点是手续简单，发行费用低，但发行范围狭窄，筹资时间较长，发行主体还要有专职人员和较高的知名度与信誉，以及承担卖不完的风险。

间接发行，是指发行主体不直接参与证券发行，而是委托给一家或几家证券承销商代理发行。其特点是发行时间短，能较快地获得所需的资金，发行主体承担的风险小，但发行费用较高。公开发行一般都采取间接发行的方式。

根据承销商对发行证券所承担责任的不同，在间接发行时，有代销和包销两种方式。证券代销是指证券公司代发行人发售证券，在承销期结束时，将未售出的证券全部退还给发行人的承销方式。证券包销是指证券公司将发行人的证券按照协议全部购入，或者在承销期结束时将售后剩余证券全部自行购入的方式。我国《证券法》规定，向社会公开发行的证券，票面总值超过人民币 5000 万元的，应当由承销团承销。承销团应由主承销和参与承销的证券公司组成。

（三）按发行目的的不同，股票发行有设立发行和增资发行两种方式

设立发行，是指在创立新公司时，为了筹集一定规模的营运资本而发行股票。我国《公司法》规定，股份有限公司的设立可以采取发起设立或募集设立的方式。发起设立，是指由发起人认购公司应发行的全部股份而设立公司，无需向社会公开筹资。募集设立，是指发起人认购公司发行股份的一部分，其余向社会公开募集而设立公司。募集设立方式比发起设立方式复杂。

增资发行，是指已设立的股份公司为追加投资、扩大经营而发行股票。增资发行因目的和具体方式的不同，又可分为有偿增资、无偿增资和有偿无偿混合增资三种形式。

有偿增资，是指股份公司增资发行股票时，投资者必须支付相应价款购买股票的增资方式，具体有股东配股、第三者配股和公开招股三种方式。股东配股，是指股份公司按比例向股东分配新股认购权，准其优先购买新股票的增资方式。股东配股方式，一般以对认购者有利的价格发行。第三者配股，是指股份公司向与公司有特定关系的第三者分配新股认购权的增资方式，其新股发行价格应以不损害原有的股东权益为前提。公开招股，是指以不特定的多数投资者为发行对象的股票增资方式，多采用市场发行。

无偿增资是指股份公司增资发行股票时，投资者无需支付价款而取得公司新发行的股票的一种方式。其目的往往并非直接投资，而是为了调整资本结构或把积累资本化。具体有两种情况：一是积累增资，即将公司未分配利润或当年应分派给股东的红利以新发行股票代替；二是公积增资，即将公司的资本公积金或盈余公积金转增股本，按比例赠送给股东。

有偿无偿混合增资又称搭配增资，是指股份公司发行新股配予股东时，股东只需缴纳一部分购股款，其余部分由公司公积金或利润来补足的一种增资发行方式。

三、我国新股发行申购方式沿革

股票刚在我国出现时，公众不熟悉股票这一新兴事物，不敢轻易进入股票市场，那时我国新股发行与认购是采用行政动员的方式。随着我国证券市场的逐步发展，股票投资越来越受欢迎，股票发行与认购方式出现了新的变化。在新股发行的实践过程中，出现了一系列适用于不同需要的发行方式，主要有认购证方式、与储蓄存款挂钩方式、全额预缴款方式、网上发行方式四种。

（一）认购证方式

认购证方式是我国新股发行初期所采用的，分为限量发售认购申请表和无限量发售认购申请表两种方式。开始是实行限量发售认购申请表方式，但自深圳“8·10”事件以后，新股认购摒弃了限量发售认购申请表，推行了无限量发售认购申请表和与储蓄存款挂钩的新方式。无限量发售认购申请表方式虽然增加了发行工作中的透明度，并相对缓和了股票的供求矛盾，但也存在很多不足，如中签率低，大部分认购申请表都成废纸，浪费严重；发行人力、物力消耗大；认购成本高等。因此这种方式很快就被淘汰了。

小资料

1991年，深圳市政府通过新股认购抽签方式发行股票11只。这些新股上市后适逢市场上涨活跃，于是普遍获利，形成了强烈的示范效应。1992年8月9日，深圳市再次发售500万张新股认购抽签表时，全国各地投资者闻讯蜂拥而至，疯狂抢购。认购表很快就发售一空，加之组织工作的缺陷和发售人员存在舞弊行为，数十万排队群众未能买到认购表，群情激愤，8月10日出现上街游行及打、砸、抢、烧等现象。受此影响，11日深市停市半天。这就是深圳“8·10”事件。

（二）与储蓄存款挂钩方式

与储蓄存款挂钩的发行方式，是指在规定期限内无限量发售专项定期定额存单，根据存单发售数量和批准发行股票数量及每张中签存单可认购股份数量的多少确定中签率，然后通过抽签确定中签者的一种新股发行方式。采用此种发行方式，其存款期不得超过3个月，每股费用成本不得超过0.10元，发行收费总额不得超过500万元，发行时间不超过8天。

（三）全额预缴款方式

全额预缴款方式包括“全额预缴款、比例配售、余款即退”方式和“全额预缴款、比例配售、余款转存”方式。“全额预缴款、比例配售、余款即退”发行方式，是指投资者在规定的申购时间内，将全额申购款存入主承销商在收款银行设立的专户中，申购结束后，冻结银行专户，在对到账资金进行验资和确定有效申购后，根据股票发行量和申购总量计算配售比例，进行股票配售，余额返还投资者的股票发行方式。“全额预缴款、比例配售、余款转存”发行方式是“全额预缴款、比例配售、余款即退”方式和“与储蓄存款挂钩方式”的结合，但申购余款转化为存款，不得提前支取。

（四）网上发行方式

网上发行，是指利用沪、深证券交易所的电脑交易网络，新股发行主承销商在证券交易所挂牌销售，投资者通过证券营业部交易系统申购的发行方式。新股网上发行主要有网上竞价发行、网上定价发行和网上定价市值配售等三种方式。

1. 网上竞价发行

它是指主承销商利用证券交易所的交易系统，以自己作为唯一的“卖方”，按照发行人确定的底价，将公开发行股票的数量输入其在交易所的股票发行专户，投资者则作为“买方”，在指定时间里，通过交易所会员交易柜台，以不低于发行底价的价格及限购数量，进行竞价认购的一种发行方式。1994年6月25日“哈岁宝”和“琼金盘”两只新股分别在沪、深两交易所竞价发行成功，从而开始了一种新的发行方式。网上竞价发行的优点主要有：

（1）市场性。竞价发行将市场原则引入了发行环节，通过市场竞争，最终决定较为合理的发行价格。

（2）连续性。竞价产生的发行价格与二级市场交易价格相差不多，保证了一、二级市场价格的连续性，实现了一级市场与二级市场的平稳对接。

（3）经济性。竞价发行大大减轻了发行组织的工作压力，减少了许多不必要的环节，节约了大量的人力、物力和财力。

（4）高效性。竞价发行借助了交易所遍布于全国各地的交易网络，因此整个发行过程高效安全。

竞价发行的缺点是股价容易被大机构的资金操纵，从而增大了中小投资者的投资风险。特别是发行规模较小的股票，价格被大机构的资金操纵的可能性较大。

2. 网上定价发行

它是指发行价格固定，采用证券交易所的交易系统来发行股票的发行方式，即主承销商利用证券交易所的交易系统，按已确定的发行价格向投资者发售股票。我国目前广泛采用此种方式。它具有网上竞价发行的优点，不同之处有两点：一是发行价格的确定方式不同。定价发行方式事先确定价格；而竞价发行方式是事先确定发行底价，由发行时的竞价决定发行价格。二是认购成功者的确认方式不同。定价发行按抽签决定，竞价发行按价格优先、同等价位时间优先的原则决定。1994年7月20日至22日，深圳证券交易所采用网上定价方式发行“粤宏远”社会公众股。“粤宏远”是国内利用交易系统首次定价发行的股票。自此，新股上网定价发行方式成为发行市场一种新模式，并迅速推广成为主流发行方式。

3. 网上定价市值配售

就是在新股网上发行时，将发行总量中的一定比例（目前规定为网上发行总量的50%）的新股向二级市场投资者配售。投资者根据其持有的上市流通股票的市值和折算的申购限量，自愿申购新股。目前，我国规定市值配售只是新股网上定价发行的一部分，因而市值配售与网上定价发行应同时进行。

2014 年新股申购发行重启，伴随着新一轮投资发行制度的改革。2015 年年初，沪深两大交易所下文修改 IPO 网上按市值申购实施办法，投资者持有市值的计算口径改为按 T－2 日前 20 个交易日的日均持有市值来计算，取代了之前"T－2 日（T 日为发行公告确定的网上申购日）日终持有的市值"的计算口径。而申购额度的改变主要有：

（1）深交所：根据投资者持有的市值确定其网上可申购额度，持有市值 1 万元以上（含 1 万元）的投资者才能参与新股申购，每 5000 元市值可申购一个申购单位，不足 5000 元的部分不计入申购额度。每一个申购单位为 500 股，申购数量应当为 500 股或其整数倍，但最高不得超过当次网上初始发行股数的千分之一，且不得超过 999999500 股。

（2）上交所：根据投资者持有的市值确定其网上可申购额度，每 1 万元市值可申购一个申购单位，不足 1 万元的部分不计入申购额度。每一个申购单位为 1000 股，申购数量应当为 1000 股或其整数倍，但最高不得超过当次网上初始发行股数的千分之一，且不得超过 9999.9 万股。

四、证券发行的程序

（一）国内发行上市的程序

国内发行上市的程序如图 5－1 所示。

（二）股票发行价格的确定

如何确定股票发行价格是股票发行中一个重要的问题。股票发行价格是否合理，将直接关系到发行人筹资计划的完成情况以及该股票在二级市场上的表现。按照定价的依据不同，股票发行价格的定价方式主要分为议价法和竞价法。

1. 议价法

它是指由股票发行公司与承销机构协商，参照市场上同行业企业股票的价格，加上企业发展前景与风险指标的衡量以及宏观经济环境等因素的综合考虑，确定发行市盈率并推出发行价格。议价法的定价基础是市盈率。市盈率是指股票价格与每股盈利之间的比率。我国现行的发行价格主要是采用这种方法。

2. 竞价法

它指的是由股票发行公司将其股票发行计划和招标文件向一定范围的所有股票承销商公告，各股票承销商根据对发行公司状况及筹资计划的了解拟定各自的标书，以投标的方式相互竞争股票的承销业务，中标书中的价格作为股票的发行价格。竞价法的基础是市场需求，中标价格即为市场的发行价格。

（三）企业申请发行债券的程序

我国《公司法》规定，股份有限公司、国有独资公司和两个以上的国有企业或者其他两个以上的国有投资主体投资设立的有限责任公司，为筹集生产经营资金，可以依照《公

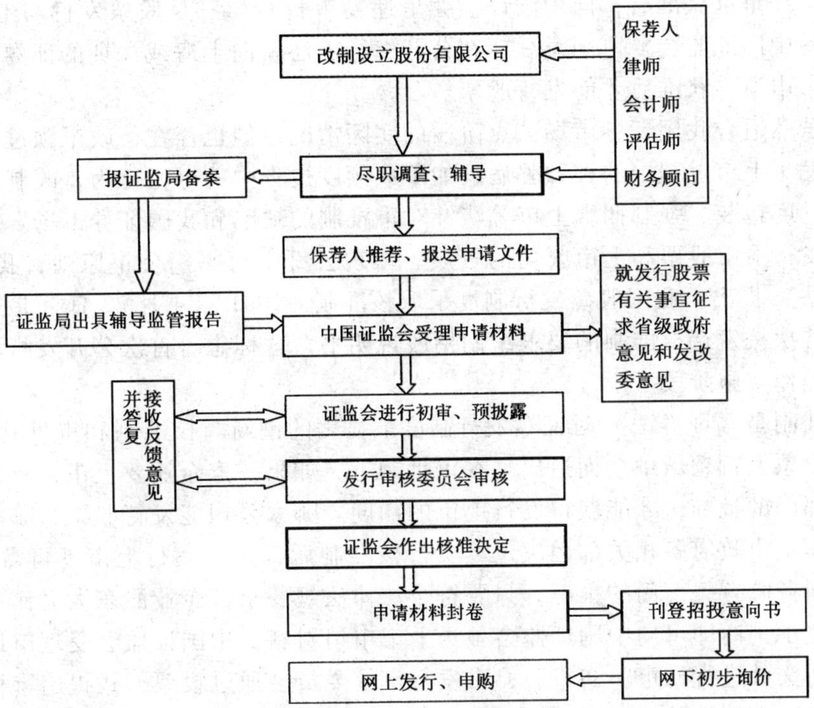

图 5－1　发行流程图

司法》发行债券。

公司债券是指公司依照法定程序发行的，约定在一定期限还本付息的有价证券。公司发行债券的程序主要有三点：一是由股东大会决议；国有独资企业发行公司债券，由国家授权投资的部门或机构决定；二是向有关主管机关申请并经批准；三是发出债券筹集办法公告。

五、我国股票发行制度的演变

在国际上，股票发行制度基本上可以分为核准制和注册制两种类型。核准制较为严格，主要依靠监管机构的监管、审查来保证上市公司的质量，较为适合于发展早期、自律能力较差的证券市场。注册制较为宽松，主要依靠申请公司自律来保证上市公司的质量，发展较为成熟的证券市场大多采用注册制。

我国股票发行制度的选择首先要考虑我国证券市场的发展情况，然后逐渐向国际惯例接轨。我国证券市场先后实行审批制和核准制，基本上都切合我国国情和证券市场发展的实践。

在《证券法》出台和实施以前，我国证券市场管理机构对证券发行上市主要依据 1993 年制定的《股票发行与交易管理暂行条例》的规定，采取审批制。我国证券市场虽然是一个受世人瞩目的新兴市场，但其发展历史短，市场运作尚未规范，投资者的观念也还不成熟。为了保护中小投资者的利益，必须依靠政府对证券市场的严格把关管理。我国过去对股票发行一直采取严格的审批制，发行人所发行的股票不仅要符合有关法规的规定，还必须经主管机构审查批准。审批制具有如下特点：一是发行额度实行计划管理，采用“总量控制，限定家数”的原则。二是实行两级审批体制。申请公司先按隶属关系向所在地方政府或部委提出申请，经审批获准后，向中国证监会呈递复审材料。三是股票发行与上市连续进行。申请公司取得中国证监会复审同意后，在公开发行前还要向上海或深圳的证券交易所上市委员会提出上市申请，获准后才能发行股票。

审批制虽然适合我国证券市场试点阶段的实际情况，但也存在行政干预过多、过细等问题，因此引发了上市过程中的种种弊病，如争取额度过程中的寻租行为，改制发行过程中的虚假包装、过度包装、强制捆绑上市等。针对审批制的缺陷和我国证券市场发展的现状，为了真正保证发行上市股票和上市公司的资质，体现公开、公平、公正原则，我国1998年颁布的《证券法》提出：我国股票发行制度采取核准制。2001年4月23日，北京用友软件股份有限公司首次按发行核准制的要求编制招股说明书，这标志着首次公开发行股票的核准制已经步入了操作实施阶段。

实行核准制是《证券法》对证券发行制度最显著的创新。核准制和审批制最大的区别，就是政府从股票发行领域中全面退出。在审批制下，如果一家企业要上市，首先要通过地方政府或主管部门的批准，才能获得发行上市的额度。哪家公司能发行股票，哪家公司不能发行股票，基本上由政府各相关部门决定。实行核准制后，企业发行上市不再需要发行指标、地方政府或国务院有关部门的推荐，只要符合法律法规要求，企业股东大会作出公开发行股票的决定，主承销商即可向中国证监会报送上市申请材料。中国证监会受理申请后，首先对发行人的申请文件进行初审。初审后，由发行审核委员会通过投票方式提出审核意见。发行审核委员会是一个独立的非官方机构，由各方专家、学者和监管部门的有关人员组成。一家公司如果能获得发行审核委员会2/3以上票数，就能获得股票发行上市资格。

核准制的主要特点是：一是在选择和推荐企业方面，由主承销商负责任；二是在企业发行股票的规模上，由企业自行选择；三是在发行审核上，将逐步转向强制性信息披露和合规性审核，发挥股票发行审核委员会的独立审核功能；四是在股票发行定价上，由发行人与主承销商协商，并充分反映投资者的需求，使发行定价能真正反映公司股票的内在价值和投资风险。从严格的审批制到核准制，我国股票发行制度又朝着市场化、法制化、自律化的方向迈进了一步。

2013年11月16日，《中央关于全面深化改革若干重大问题的决定》发布，决定中提出要推进股票发行注册制改革。2015年7月31日，证监会新闻发言人张晓军表示，推进股票发行注册制改革是资本市场的重大改革举措，有利于进一步夯实市场基础、健全机制、稳定预期。与此同时，注册制改革也是个系统工程，需要循序渐进、稳步实施。

第四节　证券二级市场

一、证券二级市场概述

证券二级市场又称证券交易市场或流通市场，是进行证券交易的场所。由于证券二级市场的存在，使证券持有人可以随时出售其持有的证券，获得所需的资金；而拥有资金的人可以随时购入证券，以充分利用手中的货币资金。证券一级市场和二级市场共同构成证券市场，两者相辅相成、相互联系、相互依赖。证券一级市场是证券发行流通全过程中的基础环节。如果没有一级市场，资金需求者无法筹集资金，投资者也无处购买证券。从这个意义上讲，一级市场是二级市场的前提，没有一级市场就没有二级市场。从另一方面看，二级市场是一级市场的重要保证。如果没有二级市场，证券不能随时卖出回收资金或随意改变投资目标，投资者就无法灵活地运用资金，人们就不会愿意持有证券，最终将阻碍证券的发行，一级市场就难于生存和发展。因此，健全的二级市场是一级市场得以发展的保证。

证券二级市场可分为四种类型：证券交易所、场外交易市场、第三市场和第四市场。前两种类型是最基本的，后两种是近十几年来出现的。在我国现阶段，只有证券交易所和场外交易市场。

证券经过一级市场发行后，即进入二级市场交易。证券二级市场具有如下特点：

（一）证券二级市场的参与者具有广泛性

证券二级市场上的参与者主体称为投资者。这些投资者包括政府部门、商业银行、证券公司、财务公司、信托公司、投资基金和广大的普通公民等。与一级市场的发行主体要经过严格的资格审查不同，二级市场的投资者无需经过严格的资格审查就可参与二级市场的交易活动。

（二）证券交易方式的规范化和手段的现代化

证券的买卖交易可以在证券二级市场的各个子市场中进行，其交易方式的运用在不同的子市场基本上是相同的，特别是在某一种交易方式下的交易行为都是规范的。同时，为了迅速促成交易，证券交易市场都采用计算机网络系统辅助交易，利用现代化的通讯设施及时发布证券交易信息、价格变动行情和储存证券交易资料等。这些都从非经济方面促进了证券市场的发展。

（三）交易时间的确定性和交易价格的不确定性

证券二级市场的交易时间是市场交易机构严格规定的。一般来说，除了节假日以外，证券交易所每天都营业，交易时间以开市时间表示，分为两部分：第一部分是上午开市，在午前停止营业，称为早市；第二部分是午后开市，称为晚市。当然，有的证券交易所每日只开市一次，而不把交易时间分为早晚两市。

证券二级市场的交易价格难以确定，不像一级市场的证券发行价格那样事先确定好并按规定的价格发行。买进方和卖出方的报价是根据多种因素决定的，并在双方报价一致时才可成交，这是交易双方和中介经纪人都难以预料的。因此，证券二级市场的交易价格具有不确定性。

（四）证券二级市场的交易含有投机性

证券二级市场的证券同其他的商品一样存在买卖价格的差额。因此在证券二级市场上，只要有交易就会有价差，有价差就会有投机产生。另外，对证券交易价格涨跌的期望不同，也使证券交易的投机具有可能性。证券二级市场的投机是不可避免的，但不可放任自流，随其泛滥。

二、证券交易所

（一）证券交易所

证券交易所是证券买卖双方公开交易的场所，是一个有组织、有固定地点、集中进行证券竞价交易的有形场所。在我国，证券交易所是经国务院批准设立的，提供证券集中竞价交易场所的，不以盈利为目的的法人。证券交易所的组织形式分为两类，即公司制和会员制。

证券交易所是有组织的市场，是整个证券市场的核心，主要具有如下特点：

1. 职能的独立性

证券交易所作为进行证券交易的场所，其本身不持有证券，也不进行证券的买卖，当然更不能决定证券交易的价格。证券交易所为交易双方成交创造或提供条件，并监督双方的交易活动。

2. 组织的严密性

证券交易所的组织形式有会员制和公司制两种。不管是会员制还是公司制，证券交易所都具有严密的组织和规章制度，凡参加者均须具备一定的条件，有一定的审批手续。

3. 交易的公开性

证券交易所中的交易是完全公开的。证券交易所要求上市证券的发行者按时、真实地公布其经营情况和财务报表，并及时和定期公布证券交易行情和行情统计，以便投资者选择投资对象。

（二）证券交易方式

证券交易方式是指在证券市场上买卖有价证券的方法和形式，是证券交易制度的一个重要环节。随着证券交易市场的发展，特别是股票市场的发展，证券交易方式也在不断发展变化。证券交易方式主要有现货交易、信用交易、期货交易和期权交易四种。

1. 现货交易

现货交易是指证券交易达成后，按当时的价格进行实物交割的交易方式。买卖双方的资金和证券发生了转移，购买者以直接持有证券为目标。现货交易是最基础的交易，是我国证券市场的基本交易方式。其显著的特点在于：一是成交与交割基本上是同时进行、同步完成；二是完全属实物性交易，即卖方必须向买方转移证券，而不进行对冲；三是在交割时，买方必须支付现款。

2. 信用交易

信用交易又称保证金交易或垫头交易，是指证券交易者凭借其信誉，在买卖证券时，通过交付一定比例的保证金来获得经纪人的信用支持的交易方式。这种交易分为两种：融资交易和融券交易。融资交易即融进资金从事更大规模的买进，以期在股价上涨时获利；融券交易即融进证券卖出，待证券价格下跌后再补回的交易方式。2006 年 8 月 21 日沪深证券交易所发布施行《融资融券交易试点实施细则》，从业务流程、标的证券、保证金和担保物、信息披露和报告以及风险控制等五个方面对融资融券交易进行了规范。这标志着我国证券的信用交易方式开始规范发展。

3. 期货交易

期货交易是指证券买卖双方在交易所买卖一定数量的标准化期货合约，买卖双方成交后，按合同中的规定价格在远期交割的交易方式。期货合约是指买卖双方在交易所达成的，由交易所担保履行的标准化期货合同。我国证券市场在 1995 年 5 月以前有国债期货交易，后因出现“327”国债期货事件而被关闭。2013 年 9 月 3 日，中国金融交易所于 9 月 6 日上市国债期货，标志着中断已久的国债期货重启。2012 年 12 月 1 日，新修订的《期货交易管理条例》进一步明确了履约担保职责，修改后的条例将期货交易所“保证合约的履行”的职责修改为“为期货交易提供集中履约担保”，进一步加强对期货交易活动的监管，同时明确地方政府查处取缔非法期货交易活动的职责。

小资料

“327”是1992年发行的3年期国库券的衍生券种，其交收日期为1995年6月。“327”事件发生的起因是多空双方就影响1992年发行的3年期国库券价格因素的预期产生了严重的分歧，互相持有相反的观点，于是多空双方不断加重仓位，重兵对峙。在1995年2月23日，多空双方爆发大战。当日，“327”国债期货价格出现异常波动，整个国债期货市场一片混乱。当晚，上海证券交易所紧急宣布该日16点22分13秒以后的“327”品种所有成交无效。这就是震惊中外的“327”事件。3个月后，国债期货市场被关闭。

4. 期权交易

期权交易又称选择权交易，是给予期权合约买方在约定时间内买进或卖出一定标准量证券的权利的交易方式。它是买卖双方按照约定的价格，在约定的时间内，对是否购买或出售某种证券而预先达成的契约交易。2015年1月，证监会批准上交所开展股票期权交易试点，批复品种为上证50ETF期权，上市时间为2015年2月9日。

三、场外交易市场

（一）场外交易市场的概述

除了交易所外，还有一些其他交易市场。这些市场因为没有集中的统一交易制度和场所，因而把它们统称为场外交易市场。场外交易市场是在证券交易所以外的证券交易市场的总称。在证券市场发展初期，许多有价证券的买卖都是在柜台上进行的，因此称之为柜台或店头市场。随着通信技术的发展，目前许多场外交易市场并不直接在证券经营机构的柜台前进行，而是由客户与证券经营机构通过电话、电传、计算机网络等进行交易，故又称为电话市场。

场外交易市场是历史上最早出现的证券交易市场，场外交易市场也曾经是证券交易的唯一方式。世界上最早成立的证券交易所是1680年的荷兰阿姆斯特丹证券交易所。在该证券交易所产生以前，股票和债券就被当特殊商品而加以转让，并形成一个无形的证券交易市场。

场外交易市场虽然是从一种古老的形式流传下来的，但在证券交易所日趋完善的今天，它仍是一种非常活跃的二级市场，并逐步得到发展和完善。其原因主要在于：

1. 证券交易所的证券交易容量有限

因为对在证券交易所上市证券要求的条件与标准十分严格，许多证券不能进入交易所内买卖，但这些证券本身也有流通性的要求，客观上需要可供买卖的交易场所，这就使场外交易市场作为证券交易所的补充形式保存了下来，以满足非上市证券的流通要求。

2. 场外交易程序简便，交易成本较低

证券在场外交易不需像交易所那样经过复杂繁琐的上市程序，投资者也不需要填写复杂的委托书，而且可以随时在众多的证券交易柜台上进行证券买卖，这就在很大程度上弥补了证券交易所交易方式的不足，满足了投资者的需要。

3. 场外交易的交易效率很高

现代高科技的发展，特别是电子计算机的应用和普及，使得场外交易市场的交易方式、交易设备和交易程序不断完善，现代场外交易市场的效率也在逐步提高。

（二）场外交易市场的特点

场外交易市场与证券交易所市场相比，具有以下特征：

1. 场外交易市场是一个分散的无形市场

场外交易市场没有固定的、集中的交易场所，而是由许多各自独立经营的证券经营机构分别进行交易的，并且主要是依靠电话、电报、电传和计算机网络联系成交。

2. 场外交易市场的组织形式采取做市商制

场外交易市场与证券交易所的区别在于不采取经纪制，投资者直接与证券商进行交易。场外证券交易通常在证券经营机构之间或是在证券经营机构与投资者之间直接进行，不需要中介人。在场外交易中，证券经营机构先行垫资买进若干证券，然后开始挂牌对外进行交易。证券经营机构既是交易的直接参与者，又是市场的组织者，他们创造出证券交易机会并组织市场活动，因此被称为“做市商”。

3. 场外交易市场以未能在证券交易所批准上市的股票和债券为主

场外交易市场是一个拥有众多证券种类和证券经营机构的市场。由于证券种类繁多，每家证券经营机构只固定地经营若干种证券。

4. 场外交易市场是一个以议价方式进行证券交易的市场

在场外交易市场上，证券买卖采取一对一的交易方式，对同一种证券的买卖不可能同时出现众多的买方和卖方，也就不可能存在公开的竞价机制。场外交易市场的价格决定机制不是公开竞价，而是买卖双方协商议价。

5. 场外交易市场的管理比证券交易所宽松

由于场外交易市场分散，缺乏统一的组织和章程，不易管理和监督，其交易效率也不及证券交易所。

（三）场外交易市场的功能

场外交易市场与证券交易所共同组成证券交易市场，它主要具备以下功能：

1. 场外交易市场是证券发行的主要场所

新证券的发行时间集中，数量大，需要众多的销售网点和灵活的交易时间。场外交易市场是一个广泛的无形市场，能满足证券发行的要求。

2. 场外交易市场为投资者提供了更多的投资机会

场外交易市场为政府债券、金融债券以及按照有关法规公开发行而又不能或一时不能到证券交易所上市交易的股票提供了流通转让的场所，为这些证券提供了流动的必要条件，为投资者提供了兑现及投资的机会。

3. 场外交易市场是证券交易所的必要补充

场外交易市场是一个开放的市场，投资者可以与证券商当面直接成交，不仅交易时间灵活分散，而且交易手续简单方便，价格又可协商。这种交易方式可以满足部分投资者的需要，因而成为证券交易所的卫星市场。

四、证券二级市场的发展

20 世纪以来，金融创新的浪潮席卷整个资本主义世界，作为金融领域的一个活跃的子系统，证券市场也不例外。在美国，证券市场的新发展主要表现为第三市场和第四市场的建立和发展。

（一）第三市场

第三市场是指交易已上市证券的场外市场，不通过证券交易所而在投资者之间直接进行证券买卖。第三市场是场外交易市场的重要组成部分。在第三市场上，经纪商或自营商不计地点和时间进行交易，与证券交易所里的专业股票商进行直接的竞争。近年来，第三市场发展迅速，交易量日益增加，地位也相应提高。

第三市场最早产生于 20 世纪 60 年代的美国。它的出现是与证券交易所采取的固定佣金制度相联系的，是金融创新的一个典型。按纽约证券交易所的规定，凡交易所会员都要对每一笔交易支付佣金。通过交易所会员来买卖证券，即使不在交易所进行，也要负担佣金。大笔交易的佣金为数很多，为了进行上市证券的交易而又能逃避支付佣金的管制，一部分上市证券就流入场外交易市场，通过非交易所会员进行交易，从而形成了独立的市场，即第三市场。

第三市场的客户主要是各类机构投资者，每笔交易额一般都比较大。第三市场的经纪人所收取的佣金一般都低于交易所，而且能迅速成交，因此受到投资者的欢迎。

（二）第四市场

第四市场是投资者通过计算机网络进行联络并绕开经纪人直接进行证券交易的市场。第四市场也是场外交易市场的组成部分，它具有完全不同于其他类型市场的特点：一是证券交易活动完全脱离证券商的参与，由证券投资双方直接进行，交易活动借助于计算机网络直接完成；二是证券交易数额巨大，交易主体为一些大公司和大企业，因为他们有大宗的证券交易；三是最大限度地保持了证券交易的秘密性，满足了那些不愿公开自己的投资行为和目的的投资者的需要；四是交易活动的隐蔽性可以使大量买进卖出的证券不立即对证券价格产生强烈震荡，从而保持了证券市场的相对稳定。

我国现阶段不存在第三市场和第四市场。

（三）二板市场

二板市场是相对于主板市场而言的概念，但“主板市场”与“二板市场”都并非是法律上的名称，而是人们根据不同市场的地位所作的划分。主板市场意为主流的市场、主要的市场，二板市场意为次一级的市场。通常人们把传统的交易所市场称为主板市场，而将近二三十年来设立的、上市条件相对较低的市场称为二板市场。二板市场有的是场外交易市场，存在独立的自动报价系统，如美国的 NASDAQ（纳斯达克）市场。但二板市场并不等同于一般意义上的场外交易市场，因为大多数国家的二板市场不是独立于证券交易所市场之外的，而是在上市条件、交易规则和监管制度等方面执行不同于主板市场的交易板块，它没有独立的交易系统，而是直接利用交易所的设施进行交易，如香港的创业板市场。即使是纳斯达克市场，由于建立了电子自动报价系统，其交易方式已日渐接近于交易所市场。

二板市场不是一个法律上的名称，而是相对于主流市场而言的概念，其名称多种多样：美国称之为纳斯达克市场等，日本称之为第二部市场，德国称之为非正式市场，我国台湾称之为第二类市场，我国香港则称之为创业板市场。

小资料

美国的纳斯达克（NASDAQ）市场是世界最著名的证券场外交易市场，纳斯达克是美国全国证券交易商协会自动报价系统（The National Association of Securities Dealers Automated Quotation System）的简称。

纳斯达克证券市场创立于1971年。它利用现代最新的计算机和电子通讯技术，连接全国所有的市场参与者，并使各家证券公司在计算机的无形化市场上相互竞争，其功能包括行情查询、委托及交易、结算、信息传播和市场监控等。纳斯达克市场与纽约证券市场所相比，具有服务时间长、交易精度高、速度快、收费低等优点，因而成为全美发展最快的证券市场。目前，该系统在美国境内共有50万个终端工作站，在海外有20多万个销售终端，向美国及世界各个角落的交易商传递5000多种证券的全面报价和最新交易信息，已成为世界上最成功的证券市场。纳斯达克证券市场包括全国市场和小额资本市场两个相互独立的市场，其中纳斯达克小额资本市场是纳斯达克专门为成长期的公司提供的市场，其上市标准没有全国市场上市标准那样严格，人们通常所说的中小型高科技企业能在纳斯达克上市融资，就是指这个市场。小额资本市场特别青睐中小高科技企业，为这些急需资金却又苦无资金来源的中小高科技企业提供了大量资金，有力地推动了高新技术产业的发展。

思考与练习

一、名词解释

证券市场

期货交易

二板市场

第三市场

二、概念比较

一级市场与二级市场

审批制与核准制

三、问答

1. 简述证券市场的功能。
2. 简述证券二级市场的特点。
3. 简述证券交易所的两种组织形式。
4. 简述我国证券发行制度的演变。
5. 简述我国大力发展“新三板”市场的意义。

第六章

证券交易实务

学习目标

通过本章的学习，掌握有关证券交易所的机构组成、证券交易的操作程序以及阅读证券行情的一般常识和操作技能。

第一节　证券交易所与证券经营机构

一、证券交易所

凡符合规定的各类有价证券都能在证券交易所挂牌上市，由证券经纪商进场买卖。证券交易所为证券投资者提供了一个稳定、公开交易的高效率市场。

证券交易所是法人，本身并不参与证券买卖，只提供交易场所和服务，同时也兼有管理证券交易的职能。

（一）结构与管理

1. 证券交易所的组织结构

证券交易所是证券市场的核心。证券交易所以何种形式设立，对于它的功能作用的发挥是非常重要的。从西方各国证券交易所创建以来的历史和演进过程观察，有两种基本组织结构。

（1）公司制证券交易所。这是指以营利为目的，为证券商提供证券交易所需要的交易场地、交易设备和服务人员，以便利证券商独立进行证券买卖的证券交易所形式。

公司制证券交易所一般是按照公司法和证券交易法的规定设立的，具有如下特点：一是证券交易所是独立的法律主体，虽然证券交易所可以由证券商投资兴办，但在法律上与证券商的地位相互独立；二是证券交易所是独立的经济实体，它只为证券商从事证券交易活动提供所需的物质条件和服务，证券交易所的职员不参与具体的证券交易活动；三是证券交易所有权向证券发行公司索取证券上市费，并向证券商收取证券成交的其他费用，具体收费比例按照证券交易所的规定执行，亦可以采取合同方式约定。

公司制证券交易所的组织结构，如图6－1所示。

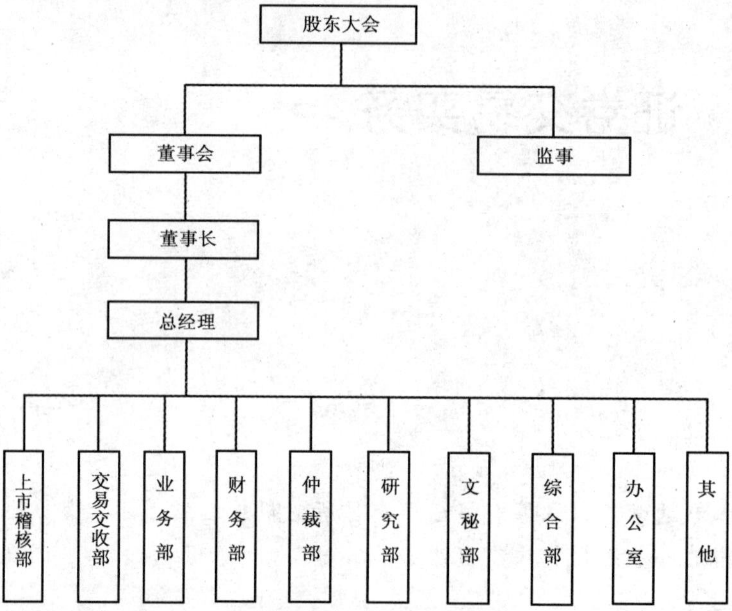

图6－1　公司制证券交易所组织结构图

（2）会员制证券交易所。这是指由若干证券商自愿组成的非营利证券交易所形式。目前，世界上许多著名的证券交易所都采取会员制证券交易所形式。

会员制证券交易所不同于公司制证券交易所，具有如下特点：一是会员制证券交易所是非营利的事业法人。二是会员制证券交易所由证券商组成。证券商实际上就是各种依法成立的证券公司。三是会员制证券交易所强调自律性原则的管理方式。所谓“自律”，是指证券交易所通过自行确定规则的方式实现对证券交易所的管理，立法机关和政府多不加干预。

会员制证券交易所因其在组织形式上不同于公司制证券交易所，故在组织结构上也有别于公司制证券交易所。由于会员制证券交易所的成员并非投资者或股东，其最高权力机关通常被称为会员大会而非股东大会，证券交易所的执行机构则称为理事会而非董事会。除此之外，会员制证券交易所和公司制证券交易所的组织结构基本相同，如图6－2所示。

2. 证券交易所的管理

证券交易所产生的历史悠久，各国早期成立的证券交易所因受到不同法律和文化传统的影响，其管理制度呈现不同的特点。据此，证券交易所的管理模式主要划分为以下三种：

（1）自律型管理模式。自律型管理模式的证券交易所特别强调证券商和证券交易所的自我管制。自律型管理模式的代表者是英国早期成立的伦敦证券交易所，这种管理模式曾经极大地影响到原英联邦国家的证券交易所，并成为世界上一种重要的证券交易所管理模式。

（2）行政型管理模式。行政型管理模式的最大特点是强调政府权力对证券交易所的外部管理。目前，欧洲大陆多数国家采取此种管理模式，故也被称为“欧陆模式”。实际上，拉丁美洲和一些亚洲国家也属于此种模式。

（3）结合型管理模式。结合型管理模式是结合自律型管理模式和行政型管理模式的特点而表现出来的管理模式，它既重视政府权力对证券交易所的监督管理，也充分考虑证券交

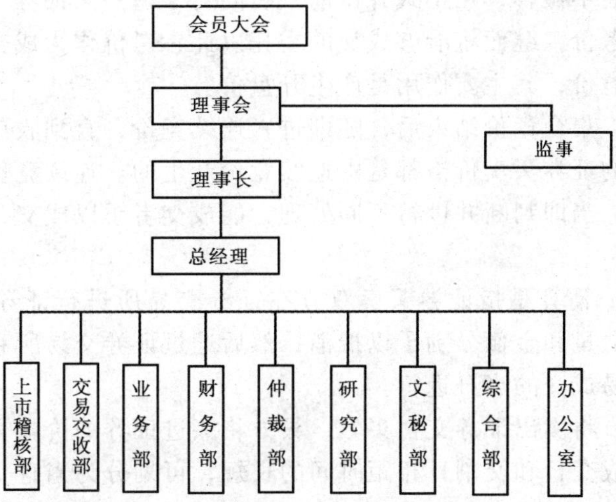

图 6-2　会员制证券交易所组织结构图

易所的自我管理。美国、加拿大、日本、韩国与我国台湾地区等主要采取这种管理模式，其代表是美国，故也称为“美国体制”。

与欧洲大陆法国家多采取实质性管理的模式不同，美国政府在加强国家对证券交易所行政监督管理的同时，也为各种自律组织如证券商同业公会等保留了相当大的自治权；与英国采取的自律型模式不同，美国的证券交易市场一直受到统一的行政权力的管制。

上述关于证券交易所管理模式的划分，具有相对意义。实际上，任何国家都不可能对证券交易所完全放任，也不可能只强调国家监督管理而放弃证券交易所的自我管理。特别是近年来，以自我管理为主要特征的英国证券业逐步吸收了欧洲大陆法国家的管理经验；以强调行政管理为主要特征的欧洲大陆法国家如德国，也开始重视证券交易所的自我管理；美国则在实现公正性上作出很大努力。

（二）交易程序与竞价原则

1. 证券交易程序

证券交易程序是指投资者在二级市场买进或卖出已上市证券的过程。投资者买卖证券，必须按照一定的程序操作，同时出于保障自己合法权益的目的，也极有必要了解证券交易的程序及其运作机理。总体来说，证券交易的主要步骤有开户、委托、竞价成交、交割清算、过户。

（1）开户。为了实现无纸化交易和提高交易效率，投资者欲进入股市必须先开立证券账户。证券账户是投资者进入市场的通行证，只有拥有证券账户，才能进入市场，买卖证券。开立证券账户以后要进行证券交易还须开设资金账户。参考国外的情况，开户的类型主要有五种：保证金账户、现金账户、联合账户、授权账户和信托账户。

投资者选定了一家合适的证券经纪商后，接下来就要在该证券商处开立资金账户。

（2）委托。委托是客户向证券经纪商发出的，表明以某种价格买入或卖出一定数量的某种证券的请求。

（3）竞价成交。按照竞价的机理和作用的不同，将竞价方式分为集合竞价和连续竞价。

第一，集合竞价。该竞价方式在每一营业日正式开市前半小时内采用，此期间电脑自动撮合系统只贮存指令而不撮合，在正式开市前一瞬间对于每一只证券，系统根据输入的所有买卖盘产生一开盘参考价，继而将能够成交的委托以此参考价作为成交价全部撮合成交。这一处理过程称作集合竞价，其主要作用是产生开盘价。

第二，连续竞价。集合竞价结束后，随即进入连续竞价，直到收市。在股市开盘后的正常交易时间内，所有的证券买卖价格都是由连续竞价产生的。连续竞价阶段的特点是每一笔买卖委托输入系统后，当即判断并进行不同处理，能成交者予以成交，不能成交者等待机会成交。

（4）清算与交割。清算是指证券买卖双方在证券交易所进行证券买卖成交后，将各证券商之间证券买卖的数量和金额分别予以抵消，然后通过证券交易所和结算公司交收净额的一种程序。清算在交易成交的当日进行。

交割是指证券卖方将卖出证券交付买方，买方将买进证券的价款交付给卖方的行为。证券的交割方式，根据成交日和交割日相距时间的长短，可划分为当日交割、次日交割、例行日交割、特约日交割和发行日交割五种。

（5）过户。过户是指买入股票的投资者到股票发行公司或其指定的代理金融机构去办理变更股东名簿记载的手续。

上述过户程序，实际上是过去手工交易的一套过户办法，现在代之以电脑自动过户，但过户的原理基本未变。当投资者买入股票后，在交易所当天闭市以后，由电脑自动完成过户手续，在投资者的股东数据库和股票账户上自动增加这种股票，卖方则自动减少，无须再另外办理过户手续。当发行公司需要有关股东详细信息时，证券交易所的电脑会打印出股东名册提供给股票发行公司，作为股东的受益凭证。

2. 竞价原则

证券交易所内的证券交易按价格优先、时间优先原则竞价成交。

（1）价格优先原则。主要表现为：价格较高的买进申报优先于价格较低的买进申报，价格较低的卖出申报优先于价格较高的卖出申报；市价买卖申报优先于限价买卖申报。

（2）时间优先原则。主要表现为：同价位申报，依照申报时序决定优先顺序。电脑申报竞价时，按证券经纪商接到书面凭证的顺序排列。

（三）我国的证券交易所

1. 上海证券交易所

上海证券交易所于1990年11月26日经中国人民银行批准正式宣告成立，并在同年12月19日正式营业。

（1）上海证券交易所的组织结构。上海证券交易所按照国际通行的会员制方式组成，不以盈利为目的，是实行自律性管理的事业法人。其宗旨是促进社会主义市场经济的发展，创建公平、稳定、高效的证券市场，维护投资者的合法权益。上海证券交易所的职能是：提供证券集中交易的场所和设施；组织、管理上市证券的交易活动；依法对上市公司和会员的业务经营活动进行监督；国家证券主管机关许可或委托的其他职能。目前，上海证券交易所由会员、会员大会、理事会和总经理组成。

该所实行理事会领导下的总经理负责制。总经理具有下列职责：组织实施会员大会和理事会决议，并向其报告工作；主持本所的日常工作；提名副总经理和聘任部门负责人；代表本所对外处理有关事务；理事会授予的其他职责。总经理因故不能履行职责时，由总经理指定的副总经理代其履行职责。

（2）上海证券交易所的运作包括以下几个方面：第一，证券上市。上海证券交易所目前上市的证券主要是国家发行的各类国债、省一级地方政府发行的建设债券、金融机构发行的金融债券、全国各地公开发行的公司债券和股票。第二，场内交易。第三，结算与交割。

2. 深圳证券交易所

深圳证券交易所于1989年11月15日开始筹建，经中国人民银行批准于1991年7月正式营业。

（1）深圳证券交易所的组织结构。深圳证券交易所按照国际惯例，以会员制方式组成，为非盈利性的事业法人。其宗旨是提供证券集中交易场所，创造公开、公平、公正的市场环境，保护投资者的合法权益，促进我国证券事业的发展。该所注册资金为1000万元人民币，其业务范围为：提供证券交易的场所和设施；制定有关证券交易的规则；审核批准证券的上市申请；对证券交易市场进行监管；对上市公司及会员进行监管；办理或委托办理上市证券交易的清算交割、上市证券的过户及集中保管；提供证券市场的信息服务；国家证券管理部门许可或委托的其他业务。深圳证券交易所由会员、会员大会、理事会、总经理、上市委员会和监察委员会组成。其职责内容与上海证券交易所类似。

（2）深圳证券交易所的运作包括：一是证券上市；二是场内交易；三是结算与交割。

二、证券经营机构

从业务划分来看，证券商可分为三类：证券承销商、证券经纪商和证券自营商，这三类证券商并非互相完全隔离，随着金融自由化趋势的出现和发展，许多证券商往往身兼两职或三职，可以称为综合证券商。

（一）证券承销商

证券承销商是经营代理证券发行业务的证券经营机构，是证券一级市场上发行者与投资者之间的媒介，其作用是受发行者的委托，寻找潜在的投资公众，并通过广泛的公关活动，将潜在的投资人引导成为真正的投资者，从而使发行者募集到所需要的资金。

我国的证券发行机构有两类：一类是证券专营机构，即专门从事与证券经营有关的各项业务的证券公司；另一类是证券兼营机构，指那些除了经营其他金融业务之外还兼营证券业务的机构，主要是信托投资公司、信托咨询公司、综合性商业银行等，它们通过下设的证券业务部、证券营业部（均为非独立法人）从事证券发行业务。

（二）证券经纪商

证券承销商在一级市场上代理企业发行证券，证券经纪商则活跃在二级市场即有价证券的交易市场上，他们的活动是证券得以流通的重要基础，对促进交易和发行，进而促进整个市场的发展，都起着不可忽视的作用。

证券经纪商依法接受投资者的委托，代理客户买卖有价证券，其利润来源为向委托买卖证券的投资人收取的手续费，称为佣金。

在美国，作为证券市场的中介人，证券经纪商一般有三种类型：

第一，佣金经纪商。这是直接代理买卖双方进入交易所参加交易、交收取佣金的经纪人，他们一般代表某一家证券经纪商。

第二，场上经纪商。它是指交易所大厅内为佣金经纪商所雇佣，在佣金经纪商业务繁忙或其业务代理发生困难时，代其进行证券买卖并收取佣金的经纪人，因最初每成交 100 股固定收取 2 元佣金，故又称为“两元经纪人”，以后佣金标准多次变动。

第三，债券经纪商。纽约证券交易所的上市股票与债券分设在两个交易厅，债券交易厅进行公司债券和政府公债的交易，债券经纪商就是在债券交易厅中代理客户买卖债券从中收取佣金的经纪商。它是纯粹的代理，不得为自己买卖债券。

（三）证券自营商

它是指自行买卖证券，独立承担风险，从自行买卖的证券中得到差价收益的证券商。我国的证券经营机构一般都有自营业务。在美国，纽约证券交易所中的自营商有以下两种：

1. 自营交易商

他们不与投资者发生联系，直接为自己买卖证券。自营交易商一般经验丰富，对市场有深刻的研究，通过预测市场行情的变动趋势，低价购入，高价售出，以赚取价差。他们往往在一般客户大量低价抛售时乘机购入，又在一般客户哄抬抢购时伺机抛出，因此自营交易商的存在客观上有利于促进证券供求平衡。但由于他们所处的有利地位，其交易活动对整个市场影响很大，有关管理部门一直对其活动有所限制，规定他们必须公开自己的所有交易。

2. 零股交易商

零股交易是指每笔交易额不足 100 股的小额交易，或大宗交易中不足 100 股部分的交易。零股交易商就是专做这类买卖的交易所会员，其交易对象为佣金经纪人。佣金经纪人接到不足一个成交单位的零星买卖委托后，大多数委托给零股交易商，后者可以将零星股票凑成整数后再卖给佣金经纪商，在需要时，也可以将买进的整股单位化整为零卖给其他经纪人。买卖零股与买卖整股的价格不同，这一差价称为零股价差，作为零股交易商代理零股交易支付的额外补偿。

三、主要市场中介机构

证券中介机构，从广义上讲，就是除证券经营机构外，在证券市场上为参与各方提供服务的机构，包括从事证券业务的会计事务所、律师事务所、资产评估机构、登记机构、清算机构、证券评级机构、证券投资咨询公司、证券金融公司等。这里主要介绍后三种中介机构。

（一）证券评级机构

证券评级机构就是专门从事有价证券评级业务的机构，一般为独立的、非官方的机构。它的出现与证券这一商品的特性有关。证券的特性就是收益与风险紧密相联，追求高收益必然要承担高风险；反之，承担的风险较小。因此，一方面，投资者要作出最佳投资组合，必然要对各种证券进行比较、分析；另一方面，就是证券发行后能否被批准上市、已上市证券的继续发行对投资者是否有吸引力等，都与证券的等级评定结果有着千丝万缕的联系。

对证券的评级由对债券的评级和对股票的评级两部分构成。

1. 债券评级

除了信誉特别高的国债外，公司债券发行者、外国政府债券发行者等都自愿向专门从事证券评级业务的评级机构申请级别评定。评级公司在评级过程中主要考虑四个原则：一是证券发行公司的偿债能力；二是证券发行公司的资信；三是投资者承担的风险；四是公司债务的法律性质。各国对债券评级的方法与债券级别的划分大致相同。

2. 股票评级

严格讲，股票的评级是对股票进行编类排列，即按照各种股票的股息和股东分红的不同水平、股票的盈利与风险、股票的涨跌前景等，对股票进行分类排列，作为股东调整经营决策的参考性信息和依据，因此它与债券评级是不同的。

（二）证券投资咨询公司

证券投资咨询公司在西方国家中被称为投资顾问，是证券投资的职业性指导者，包括机构和个人。他们主要是向顾客提供参考性的证券市场统计分析资料，对证券买卖提出建议，代拟某种形式的证券投资计划等，并收取相应的咨询费。我国的证券投资咨询事业刚刚开始发展。

证券投资咨询公司最大的特点，就是根据客户的要求，把咨询分析建立在科学的基础分析和现代技术分析基础之上，通过捕捉大量信息资料予以加工，向客户提供分析报告，帮助客户建立有效的投资策略及确定投资方向。

（三）证券金融公司

证券金融公司也称为证券融资公司，是指依法设立的在证券市场上专门从事证券融资业务的法人机构。证券金融公司的产生源于信用交易的发展。信用交易从其积极方面而言，由于融资融券的结果，市场上资金或证券的供给增加，可以使证券市场更趋活跃，投资者也有机会获取更大的利润，激发他们参与交易的愿望；但从其消极方面而言，常会发生涨时助涨、跌时助跌的效果，妨碍证券市场的稳定运行。

证券金融公司的主要业务是：一是吸收证券公司、证券交易所及其他证券机构的货币存款；二是向证券机构提供信用交易结算所需的资金和出借证券；三是经营与证券有关的贷款业务，如向证券商提供证券包销贷款等；四是经营证券保管业务等。

第二节　证券结算与登记

一、证券结算涵义与模式

（一）证券结算

清算与交收是整个证券交易过程中必不可少的两个重要环节。清算一般有三种解释：一是指一定经济行为引起的货币资金关系的应收、应付的计算；二是指公司、企业结束经营活动，收回债务，处置分配财产等行为的总和；三是指银行同业往来中应收或应付差额的轧计及资金汇划。

证券清算业务，主要是指在每一营业日中，每个证券经营机构成交的证券数量与价款分别予以轧抵，对证券和资金的应收或应付净额进行计算的处理过程。

在证券交易过程中，当买卖双方达成交易后，应根据证券清算的结果，在事先约定的时间内履行合约，买方需交付一定款项获得所购证券，卖方需交付一定证券获得相应价款，这一钱货两清的过程称为交收。

证券清算和交收两个过程统称为证券结算。

（二）证券结算模式

我国证券市场建立以来所使用的结算模式主要是三级清算模式和法人结算模式。

1. 三级清算模式（深圳证券交易所称为“就地清算”）

这是指证券登记结算机构同异地资金集中清算中心（异地清算代理机构）办理一级清算，再由各地资金集中清算中心（异地清算代理机构）同本地证券经营机构办理二级清算，最后由证券经营机构同其客户办理三级清算。

2. 法人结算模式

这是指由证券经营机构以法人名义集中在证券登记结算机构开立资金清算交收账户，其所属证券营业部的证券交易的清算交收均通过此账户办理。

二、上海、深圳证券交易所结算

（一）上海证券交易所结算体系

上海证券交易所法人结算是指证券经营机构以法人名义直接在该所登记结算公司开立资金结算账户，专门用于办理其所有下属机构证券交易的清算和交收。实行法人结算后，登记结算公司对各会员公司的资金清算产生一个轧差净额并直接在其结算备付金账户上进行交收。各会员公司与其所属证券营业部之间的资金清算由各会员公司自行负责。上海证券交易所法人结算业务流程如图6-3所示。

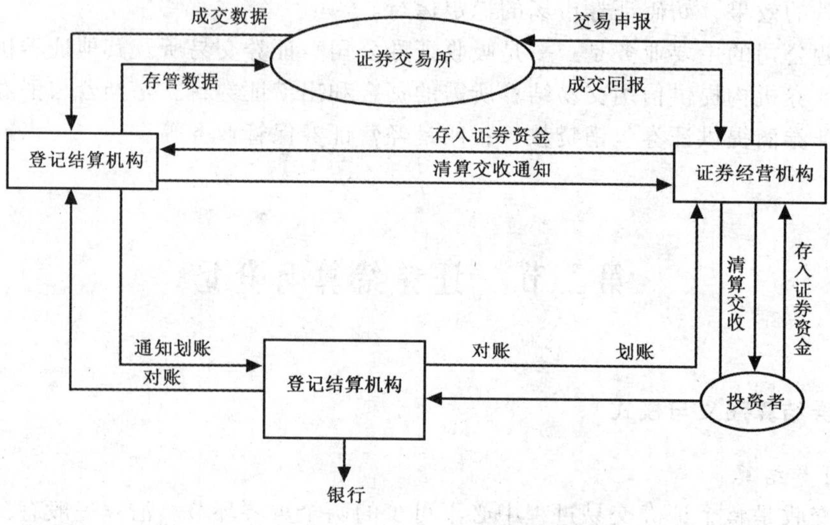

图6-3　上海证券交易所法人结算业务流程图

上海证券交易所资金的清算交收以会员公司在该所取得的交易席位为明细核算单位。因此，会员公司在开立结算备付金账户时应确认该账户核算的席位名单。这是法人结算确认书的主要内容，是登记结算公司办理法人结算清算路径变更的具体依据。所谓“清算路径”，就是指某一个席位的所有证券买卖并入哪一个证券营业部进而并入哪一个结算会员进行清算。在席位加入清算前或席位的清算路径发生变化时，各会员单位都需在登记结算公司办理席位清算路径变更手续。

上海证券登记结算机构同证券经营机构之间的资金清算交收如下：

1. 资金清算流程

（1）交易日闭市后，交易所将当日交易成交数据通过交易系统发送登记结算系统。

（2）登记结算系统按照净额清算原则对所有参与人当日的证券买卖进行轧差清算，产生清算金额（清算金额 = 净卖金额 - 净买金额）。

（3）登记结算机构在进行中央清算时还需计算有关费用，产生各证券公司的实际收付金额（实际收付金额 = 清算金额 - 证券交易经手费 - 证券交易印花税 - 证管费 - 其他应付费用）。

（4）登记结算机构在清算完成后，通过远程数据通讯方式向各证券经营机构提供当日清算数据汇总表与清算明细表。其中，清算汇总表列出该证券经营机构当日对登记结算机构的应收（付）情况，明细表列出该证券经营机构所有交易席位及证券账户的应收（付）情况。它们是证券经营机构与投资者的清算依据。

2. 资金交收

登记结算机构根据各证券经营机构 T 日的清算数据文件中的实际收付金额，在 T+1 日规定的时间进行 T 日交易的资金交收，计算机系统自动将证券经营机构 T 日应收净额计入该公司资金交收账户，将应付金额从证券公司资金交收账户中扣除。证券经营机构需及时接收清算文件，核查资金交收账户余额情况，如出现资金账户透支，可通过法人结算资金划拨银行在规定的 T+1 日交收时点前补足头寸，完成交收。

3. 资金划拨

在法人结算中，证券登记结算机构和证券经营机构之间的划款方式非常重要，直接关系到资金能否在规定时间内及时到账，按时完成资金交收。上海证券中央登记结算公司目前的资金划拨方式如图 6-4 所示。

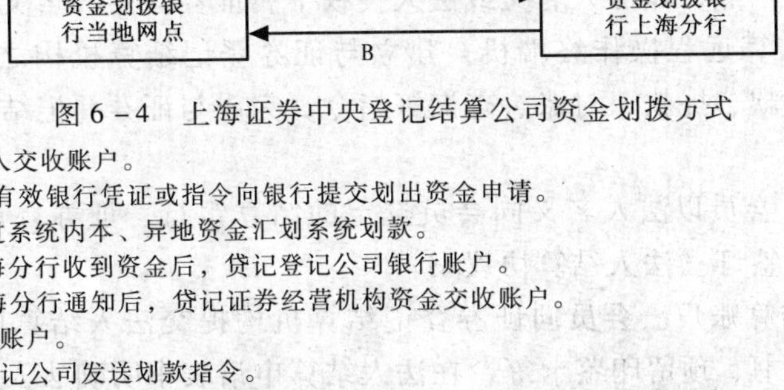

图 6-4 上海证券中央登记结算公司资金划拨方式

说明：A~D 资金划入交收账户。

A. T+1 日上午通过有效银行凭证或指令向银行提交划出资金申请。

B. 资金划拨银行通过系统内本、异地资金汇划系统划款。

C. 资金划拨银行上海分行收到资金后，贷记登记公司银行账户。

D. 登记公司收到上海分行通知后，贷记证券经营机构资金交收账户。

①~④资金划出交收账户。

①证券经营机构向登记公司发送划款指令。

②登记公司核实指令无误，借记证券经营机构交收账户，向开户银行发送划款指令。

③资金划拨银行上海分行根据登记公司划款指令，通过系统内本、异地资金汇划系统划款。

④资金划拨银行收到资金后，向证券经营机构发送入账通知。这种划款方式实现了快速结算，确保了证券资金划拨的高效率。

（二）深圳证券交易所结算体系

深圳证券交易所法人结算是指会员以法人名义在证券登记结算机构指定法人结算席位，开设结算头寸账户和结算保证金账户，并建立起会员与证券登记结算机构之间的电子结算网络，通过该结算头寸账户同证券登记结算机构完成其下属所有营业部参与交易所证券交易的资金电子结算。深圳证券交易所法人结算业务流程如图6－5所示。

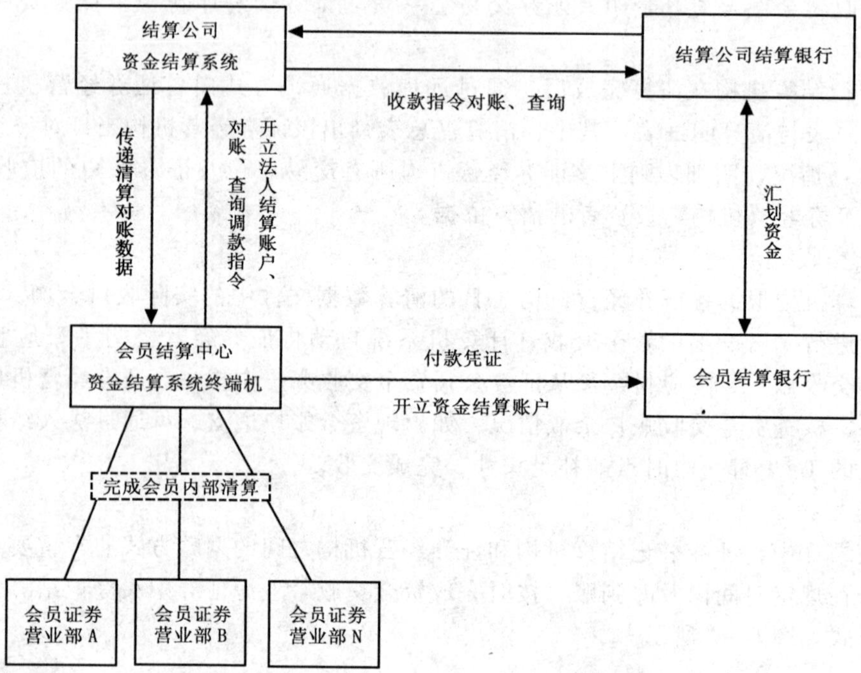

图6－5 深圳证券交易所法人结算业务流程图

1. 深圳证券交易所会员法人结算办理流程

（1）选定结算银行，开立资金往来账户。会员法人选择结算银行负责会员法人各营业部之间的资金汇划，该银行与证券登记结算机构选择的结算银行应属同一银行系统。会员在选定的结算银行营业网点，以法人名义或法人授权下属证券营业部名义开立资金往来账户。

（2）配置资金结算远程操作终端机，建立与证券登记结算机构之间的电子结算网络，通过该终端机发送存款、提款、对账、查询等指令，完成与证券登记结算机构之间的资金结算交收业务。

（3）签订协议。会员以法人名义同会员选定的结算银行、证券登记结算机构及证券登记结算机构结算银行签订《法人结算协议书》。

（4）开立法人结算账户。会员向证券登记结算机构提交法人结算协议书、法人结算申请表、法人授权委托书、预留印鉴卡等，在法人结算申请表中明确法人结算席位，指定收款账户（如法人结算席位和指定收款账户需要变更应及时向证券登记结算机构申请）。证券登记结算机构为会员法人开立法人资金结算账户，通过该账户记录，反映会员每日结算头寸变化情况。

（5）会员在证券登记结算机构开立法人资金结算账户时，需按证券登记结算机构的规定缴纳结算保证金和结算头寸。结算保证金主要用于防范资金交收风险，利息不计付给会员。结算头寸用于应付日常结算，其利息按中国人民银行规定的金融同业往来利率计付给会员，每季度结息一次。

2. 深圳证券登记结算机构同会员之间的资金结算流程

(1) T日收市后，结算公司对各会员进行资金净额结算，根据会员T日的存取款数据计算出各会员在T日的头寸余额；再根据T日的交易数据、新股申购、解冻数据及其他资金数据（包括派息、配股认购款、保证金调整、利息、罚息等），计算出各会员在T+1日的应收、应付净额，生成资金结算数据，资金结算数据明细到分支席位。

(2) T+1日开市前，结算公司向各会员发送资金结算明细数据。第一，T+1日上午开市前，通过资金结算系统远程操作终端机将T日及T+1日上午的头寸余额数据及结算头寸明细变动数据传送给各会员法人结算席位。第二，会员法人单位根据结算公司传送的明细数据进行内部各营业部之间的资金结算和对账，掌握其资金到账、红利派发、配股缴款、新股冻结、解冻、清算头寸余额等相关的资金情况，并根据结算头寸余额情况进行资金划拨。第三，每月的第一个交易日传送上月汇总资金明细数据。

(3) T+1日，根据结算公司发送的资金清算交收数据，应付款会员应于当日及时通知其结算银行向本所结算账户划款，保证当日补足头寸；应收款会员在确保完成结算的前提下，可通过资金结算系统终端机向结算公司发出划款申请，结算公司审核后，将相应资金通过结算银行划拨到会员指定的结算银行账户。

三、分红派息业务规则

（一）一般程序

分红派息是上市公司向其股东派发红利和股息的过程，亦是股东实现自己权益的过程。其形式一般包括现金股利、财产股利、股票股利和负债股利等形式。现金股利以货币形式支付给股东；财产股利以现金以外的其他资产向股东分派，它可以是上市公司持有的有价证券或其他实物；股票股利则是以本公司股票形式分派的股利；负债股利是通过建立债务关系，上市公司将某种债券或应付票据作为股利分派给股东。目前，我国股票市场的分红派息仅有现金股利和股票股利两种形式。

上市公司的分红派息工作须在结算之后进行。它的一般程序为：

第一，董事会根据公司的盈利水平和股息政策，确定股利分派方案，提交股东大会和主管机关审议。

第二，董事会根据审议的结果，向社会公告分红派息方案，并规定股权登记日。

第三，发行公司所在地的股权登记机构按分红派息方案向上市公司收取红股和现金股息。

（二）派息程序

以深圳证券交易所上市股票为例，派息具体程序如下：

第一，对于没有进入清算系统的股份，由股权登记机构直接向股东派发。

第二，对于已进入清算系统的股份，由股权登记机构按该种股份的红股过户到深圳登记公司名下，并签发股份证明书。

第三，深圳登记公司按截止过户日各证券商股份清算账户余额，计加各证券商股份清算账户余额，并签发红股登记通知书，计算截止过户日各股东应收红股，确认无误后，直接将红股记入该股东的证券账户，同时向各证券商签发红股登记确认书。

第四，证券商收到股份记账通知书及所在地登记处签发的红股登记确认书后，向股东打印证券存折。

（三）投资者应注意事项

第一，上市公司分红派息方案大多通过各种报刊公布，内容包括股利的形式、股息率、截止过户日、领取股利方法及其他事宜。截止过户日即股权登记日，此日结束前登记在册的股份可享有红利，其股东名册由发行公司所在地的股权登记机构提供。分红派息形式以现金股利和股票股利（又称红股）为主。股东应当留意上市公司的派息公告。

第二，各地股权登记机构收到证券交易所所在地的证券登记机构的股息后，直接将其派入股东开户时预留的银行账户，由股东持银行存折到银行领取。若由于股东在开户时填错了银行账户号、银行账号被冻结等原因不能领取股息时，则股东应持有效身份证件、证券账户到当地股权登记机构查询，经银行或股权登记机构修改有关错误的资料后，再到银行领取股息。

第三，已作股权登记但未进入清算系统的股份，股权登记机构亦已将其股息直接派入股东开户时预留的派息银行账户，股东亦应到银行领取股息。

第四，未托管的实物股份，已经股权登记机构进行登记的，股东可以凭有效身份证件、实物股票到股权登记机构的对外服务柜台领取；未经股权登记机构登记的，则由股东凭有效身份证件和实物股票到发行公司委托的金融机构领取。

四、证券托管与转托管

证券托管是指各地证券登记机构和证券商为方便证券上市交易，简化交割手续，对实物证券实行代保管。

（一）对实物股票的托管规则

通过证券商对实物股票进行托管的程序和规则如下：

第一，股票持有人凭实物股票、本人有效身份证件、登记机构开立的证券账户卡到证券托管处填写股票托管申请书，在股票申请书上注明托管证券商名称及代码、托管股票的名称及代码。

第二，证券商柜台人员对其资料进行审核，审核无误后，接受其托管申请，并将其托管资料录入电脑。

第三，证券托管商定期打印股票托管清册并附加对应的实物股票，检查清册与实物股票是否一致，无误后装袋封好，并加盖证券商专用公章后，连同清册送（寄）到股权登记机构。

第四，股权登记机构收到实物股票及清册后，进行确认，并将托管确认结果登记入册。

第五，股权登记机构将已确认的股份记录到托管商名下，同时向托管商发出股份确认书。

第六，托管证券商收到股权登记机构的股份股权确认通知书及确认清册后，即可向股东打印证券存折。

登记机构直接进行实物股票托管的规则程序如下：

第一，投资者持身份证、证券账户卡、实物股票到登记机构营业柜台办理托管，并按登记机构要求填写股票申请书。

第二，登记机构柜台人员对股票托管申请书和实物股票进行审查、核对，确认无误后，打印股票托管确认书交托管申请人收执，有误的，予以退回。

第三，登记机构将已托管的实物股票作电脑数据处理，并将数据软盘提供给有关证券商。

第四，托管申请人持股票托管确认书到有关证券商处换取或打印股票存折。

（二）证券转托管规则

证券转托管是在我国深圳证券交易所运作模式下派生出来的一种业务。深圳的证券转托管是从安全、规范管理的目的出发而实行的。在这种模式下，无论实物或非实物证券，一旦托管在某证券商处，就只能在受托证券商处委托卖出已托管股票。股东因为种种原因希望变更托管证券商，可到各证券登记机构办理转托管手续。其办理程序如下：

第一，投资者持身份证、要求转出证券账户卡、股票（证券）存折到转出托管商（即原证券托管商）处提出申请，交验身份证、要求转出证券账户卡，交回股票（证券）存折。

第二，证券商接受申请，冻结投资者的证券账户，收回股票存折，打印投资者的证券结余单。证券商应在此单上加盖转托管专用章，并由经办人签名及注明日期。

第三，投资者持缴款所列结余单到转出证券商所属登记机构办理托管手续，交验身份证、要求转出证券账户卡、转入证券账户卡、领回转托管申请书顾客联。

第四，转出登记机构将处理结果传递到深圳证券登记有限公司做记账处理，并由深圳证券登记有限公司将处理结果通知相应的证券商及登记机构。

第五，转出、转入证券商收到当地登记机构发出的转托管数据和深圳证券登记有限公司的处理结果后，对转出的股份作相应的记减，对转入的股份作相应的记加，并对转出不成功的账户予以解冻。

第六，股民到转入证券商处凭转托管申请书顾客联打印证券存折。

第七，股民如在转入证券商处查不到转托管股份，应到转出证券商处查询股份，也可到相关登记机构查询，进一步查明转托管申请失败的原因。

第三节　证券交易代理业务

一、代理程序

投资者要在证券交易所内买卖股票，必须委托证券商代理进行。其程序一般包括开户、委托、报价、成交、清算交割和过户六个环节。

（一）开户

投资者在买卖股票之前，须先向证券登记公司申请开设股票账户，办理股东代码卡。

客户按登记公司要求填写表格后，操作人员将客户基本资料输入电脑账面交收系统，按系统排序号码建立客户档案，最后将标有此号码的证券账户卡发给客户。

投资者必须向具体的证券公司申请开设资金账号，存入交易资金，其限额由证券公司规定。证券公司提供的是代理、托管、出纳等服务。投资人在资金账户中的存款可随时提取，证券也可按规定提取。

（二）委托买卖

其整个过程是：投资者报单给证券商；证券商通过其场内交易员将委托人的买卖指令输入计算机终端；将各证券商的场内交易员发出的指令一并输入交易所计算机主机，由主机撮合成交；成交后由证券商代理投资人办理清单、交割和过户手续。

（三）场内竞价

证券商在接到投资人的买卖委托后，应立即通知其场内交易员申报竞价，申报竞价方式目前有两种：一种是通过马甲以计算机终端申报竞价交易，此种方式由马甲按输入程序规则确定每笔委托的编号，然后输入交易所主机；另一种方式是专柜书面竞价交易，马甲在接到大宗买卖委托后，依顺序编号填制“证券买卖记录单”，将一联交证交所经纪人，由后者撮合成交，成交后输入交易所主机，并将已成交的数量从原有买卖数量中减除。

（四）清算、交割与过户

1. 清算

清算包括资金清算与股票清算两个方面。不同的交易所采用不同的清算体系，上海证券交易所和深圳证券交易所采用的登记结算体系不同。

上海证券交易所采用的是集中清算与集中登记的模式，也就是成立中央登记清算公司，交易清算一体化。深圳证券交易所自1996年之后开始正式实施股份集中管理—清算制度。股份清单数据直接通过深圳结算公司和各地证券商之间的通讯系统进行传递，不再通过各地证券登记机构这一中间环节，从而使深圳证券结算公司能够直接对证券商股份总账及其名下投资者的明细股份集中进行清算，各地证券商不再需要委托并专门到当地证券登记机构办理股份清算手续。

2. 交割

证券商与委托人之间的交付应在证券商与证券商间交付以前进行。证券买方通常在委托证券经纪商买进证券时，就已将买进证券的价款存入其交易账户；证券卖方同样是在委托经纪商时，已将证券交付给经纪商，以避免不能交割的危险。如果委托人在证券商相互交付时仍不能交付证券和价款，证券商有权将购入证券卖出和将出售证券买回，由此产生的损失由委托人承担。

3. 过户

证券经交易后需要办理过户手续，这是记名证券的基本特征。

二、代理业务费用和税收

投资者在委托买卖证券时应支付各种费用和税收，通常包括委托手续费、佣金、过户费、印花税等。

（一）委托手续费

1. 定义

委托手续费是投资者在委托买卖时向证券经营机构缴纳的手续费。这笔费用主要用于通讯、设备、单证制作等方面的开支，一般按委托的笔数计算。

2. 收费标准

此项收费由证券经营机构根据需要加以收取，故没有统一的标准。以上海地区为例，投资者买卖沪、深证券交易所挂牌的证券时，一般向证券经营机构缴纳1元以下不等的手续费；但也有的证券经营机构出于竞争考虑而不收此项费用。

（二）佣金

1. 定义

投资者在委托买卖证券成交后按成交金额的一定比例支付的费用即为佣金。此项费用一般由证券经营机构经纪佣金、证券交易所交易经手费及管理机构的监管费等组成。

2. 收费标准

佣金的收费标准因交易品种、交易场所的不同而有所差异。

在上海证券交易所，人民币股票（以下简称A股）的佣金不超过成交金额的3‰，起点为5元；人民币特种股票（以下简称B股）的佣金不超过成交金额的3‰，起点为1美元；债券的佣金不超过成交金额的2‰，起点为1元；基金的佣金不超过成交金额的0.3%；3天、7天、14天、28天和28天以上回购品种的佣金，分别以成交金额0.003%、0.005%、0.01%、0.02%、0.03%为上限进行浮动。

在深圳证券交易所，A股的佣金不超过成交金额的3‰；债券的佣金不超过成交金额的2‰；基金的佣金为成交金额的3‰；上述佣金的起点为5元。B股的经纪佣金不超过成交金额的3‰；3天、4天、7天、14天、28天和28天以上回购品种的佣金，分别以成交金额0.003%、0.004%、0.005%、0.01%、0.02%、0.03%为上限进行浮动。

《证券投资基金管理暂行办法》颁布后，发行、上市的证券投资基金在沪、深证券交易所交易的佣金统一不超过成交金额的3‰，起点为5元，且不收过户费。

（三）过户费

1. 定义

过户费是委托买卖的股票、基金成交后，买卖双方为变更股权登记所支付的费用。这笔收入属于证券登记清算机构的收入，由证券经营机构在同投资者清算交割时代为扣收。

2. 收费标准

沪、深证券交易所，A股交易的过户费为成交票面金额的1‰，起点为1元，其中0.5‰由证券经营机构交登记公司。B股没有过户费。

在深圳证券交易所，免收A股、B股、基金的交易过户费。

（四）印花税

1. 定义

印花税是根据国家税法的规定，在人民币股票（A股）和人民币特种股票（B股）成交后，对买卖双方投资者按照规定的税率分别征收的税金。我国的税制规定，股票成交后，国家税务机关应向成交双方分别收取印花税。为保证税源不流失，简化交款手续，现行的做法是证券经营机构在同股票投资者交割中代为扣收，然后在证券经营机构同证券交易所或登记结算机构的清算交割中集中结算，最后由登记结算机构统一向征税机关缴纳。

2. 收费标准

2008年9月19日，证券交易印花税只对出让方按1‰税率征收，对受让方不再征收（包括B股）。

第四节 股市行情解读基础

一、常用行情数据

即时走势图又称分时走势图，它是由一个直角坐标系和位于坐标系内的曲线两部分组成，坐标系的横轴为开市时间，纵轴上半部分为股价或指数、下半部分为成交量，坐标系内的曲线能实时地反映股票市场的即时信息。即时走势图可分为指数即时走势图和个股即时走势图。

（一）指数即时走势图

指数即时走势图由两条不同颜色的曲线组成，一条白色曲线和一条黄色曲线。白色曲线表示证券交易所对外公布的通常意义下的大盘指数，也就是加权指数；黄色曲线是不含加权的大盘指数，也就是不考虑上市股票盘子的大小，而将所有股票对上证指数的影响看作相同的。参考白色、黄色曲线的位置关系，我们可以得到下面的信息：

当上证指数上涨的时候，黄色曲线在白色曲线走势之上时，表示盘小的股票涨幅较大；反之，盘小股票的涨幅小于盘大股票的涨幅。当指数下跌的时候，黄色曲线仍在白色曲线之上，则表示小盘股的跌幅小于大盘股的跌幅。

我们还可以看到，在黄白两条曲线附近，有红、绿柱线，这是用来反映当前大盘所有股票的买盘与卖盘数量的对比情况的。红柱线渐渐增长的时候，表示买盘大于卖盘，此时指数上涨的力量渐渐增强；缩短时，上涨力量减弱。同样，绿柱线增长时下跌力量增强；缩短时，下跌力量减弱。在指数即时走势图的下端还有黄色柱线，它是用来表示每一分钟的成交量，以手为单位（每手100股）。

（二）个股即时走势图

个股即时走势图中，白色曲线表示这种股票的即时成交价，黄色曲线表示这种股票的平均价格，即当天的成交总金额除以成交总股数。下方的黄色柱线表示这种股票每分钟的成交量，盘面右下方为即时成交明细显示，价位的红绿色反映外盘和内盘。成交价为卖出价时叫外盘，成交价为买入价时称内盘。当外盘累计数量比内盘累计数大很多，而股价也在上涨时，表示很多人在抢盘买入股票；当内盘累计数量比外盘累计数大很多，而股价下跌时，表示很多人在抛售。

量比是今日总手数与近期成交平均手数的比值。如果量比数值大于1，表示这个时刻的成交总手量已经放大了。当成交总手量放大的时候，如果价涨则后市看好。若量比数值小于1，表示这个时刻成交总手量萎缩。

二、股票行情阅读

指数走势图是多空双方力量对比的明证，当多方力量强时，向上走；当空头力量强时，向下走，于是在股市中就演化为阻力和支撑。

（一）阻力

1. 前日收盘

若当日指数开盘低于前日收盘，那么，在上涨的过程中会在此遇到阻力。

2. 今日开盘

若当日开盘后走低，因竞价时在开盘价处积累大量卖盘，因而将来在反弹回此处时，会遇到明显阻力。

3. 均线位置

短线运行中5日线、10日线被技术派格外看重，一旦指数上涨至此处，短线客会果断抛售，故而阻力形成十分自然。这里分为：①前次高点；②前次低点；③整数关口。由于人们的心理作用，一些整数位置常常成为上升时的重要阻力，特别是一些个股的整数关口常会积累大量卖单。

（二）支撑

1. 今日开盘

若开盘后走高，则在回落至开盘价处时，因买盘沉淀较多，支撑便较强。

2. 前日收盘

若指数（或股价）从高处回落，则在前日收盘价处的支撑也较强。

3. 均线位置

主要是5日线、10日线等，分为：①前次低点；②前次高点；③整数关口。

由上述分析可以看出，支撑与阻力是一对可以互相转化的矛盾，原先的阻力突破后反过来可以成为支撑，原有的支撑突破后反过来也可以成为阻力。对支撑与阻力的把握也有助于对大市的判断。

思考与练习

一、名词解释

清算

印花税

分红派息

二、概念比较

公司制证券交易所与会员制证券交易所

证券承销商与证券经纪商

三、问答

1. 简述证券交易的程序。

2. 自己尝试去阅读股票行情（可利用各种不同的分析软件）。

第七章

证券投资分析（选学模块）

学习目标

通过本章的学习，基本掌握和能够运用证券投资分析的基本分析与技术分析两大分析方法。

第一节 证券投资分析理论

一、效率市场假说

（一）效率市场的定义

关于效率市场的定义，被采用最多的是法玛（Fama）的定义："价格总是'充分'反映可获得的信息的市场是'有效'的。"后来，马尔基尔（Malkiel）给出了更明确的定义："如果一个资本市场在确定证券价格时充分、正确地反映了所有的相关信息，这个资本市场就是有效的。正式地说，该市场被称为相对于某个信息集是有效的……如果将该信息披露给所有参与者时证券价格不受影响的话。更进一步说，相对于某个信息集有效……意味着根据（该信息集）进行交易不可能赚取经济利润。"

（二）效率市场假说及其类型

效率市场假说认为，证券价格已经充分反映了所有相关的信息，资本市场相对于这个信息集是有效的，任何人根据这个信息集进行交易都无法获得经济利润。根据罗伯茨（Roberts）对上述信息集大小的分类，效率市场假说又可以进一步分为三种：

1. 弱式效率市场假说

其指当前证券价格已经充分反映了全部能从市场交易数据中获得的信息，这些信息包括过去的价格、成交量、未平仓合约等。因为当前市场价格已经反映了过去的交易信息，所以弱式效率市场意味着根据历史交易资料进行交易无法获利，即技术分析无法击败市场。

2. 半强式效率市场假说

其指所有的公开信息都已经反映在证券价格中。这些公开信息包括证券价格、成交量、会计资料、竞争公司的经营情况、整个国民经济资料以及与公司价值有关的所有公开信息等。半强式效率市场意味着根据所有公开信息进行的分析，包括技术分析和基础分析都无法击败市场。因为每天都有成千上万的证券分析师根据公开信息进行分析，发现价值被低估和高估的证券，他们一旦发现机会，就会立即进行买卖，从而使证券价格迅速回到合理水平。

3. 强式效率市场假说

其指所有的信息都反映在股票价格中。这些信息不仅包括公开信息，还包括各种私人信息，即内幕消息。强式效率市场意味着所有的分析都无法击败市场。因为只要有人得知了内幕消息，他就会立即行动，从而使证券价格迅速达到该内幕消息所反映的合理水平。这样，其他再获得该内幕消息的人就无法从中获利。

二、证券内在价值理论

（一）股利贴现模型

贴现现金流模型是运用收入的资本化定价方法来决定变通股票的内在价值的。按照收入的资本化定价方法，任何资产的内在价值是由拥有这种资产的投资者在未来时期中所接受的现金流决定的。由于现金流是未来时期的预期值，因此必须按照一定的贴现率返还成现值，也就是说，一种资产的内在价值等于预期现金流的贴现值。对于股票来说，这种预期的现金流即在未来时期预期支付的股利。因此，贴现现金流模型的公式如下：

$$V = \frac{D_1}{(1+k)^1} + \frac{D_2}{(1+k)^2} + \frac{D_3}{(1+k)^3} + \cdots\cdots + \frac{D_t}{(1+k)^t} = \sum_{t=1}^{\infty} \frac{D_t}{(1+k)^t}$$

公式（7.1）

式中：V 为股票的内在价值；D_t 为在未来时期以现金形式表示的每股股利；k 为在一定风险程度下现金流的合适的贴现率。

在公式（7.1）中，假定在所有时期内贴现率都是一样的，则可以引出净现值这个概念，即净现值等于内在价值与成本之差。

$$NPV = V - P = \sum_{t=1}^{\infty} \frac{D_t}{(1+k)^t} - P$$ 公式（7.2）

式中：P 为在 $t=0$ 时购买股票的成本。

如果 $NPV>0$，意味着所有预期的现金流入的现值之和大于投资成本，即这种股票价格被低估，因此，购买这种股票可行。

如果 $NPV<0$，意味着所有预期的现金流入的现值之和小于投资成本，即这种股票价格被高估，因此，不可购买这种股票。

（二）零增长模型

1. 公式

零增长模型假定股利增长率等于 0，即 $g=0$，也就是说未来的股利按一个固定数量支付。

根据这个假定，我们用 D_0 来改换公式（7.1）中的 D_t，得到：

$$V = \sum_{t=1}^{\infty} \frac{D_0}{(1+k)^t} = D_0 \sum_{t=1}^{\infty} \frac{1}{(1+k)^t}$$ 公式（7.3）

因为 $k>0$，按照数学中无穷级数的性质可知：

$$\sum_{t=1}^{\infty}\frac{1}{(1+k)^{t}}=\frac{1}{k} \qquad \text{公式（7.4）}$$

把公式（7.4）代入公式（7.3）中，得出零增长模型公式如下：

$$V=\frac{D_0}{k} \qquad \text{公式（7.5）}$$

式中：V 为股票的内在价值；D_0 为在未来无限时期支付的每股股利；k 为必要收益率。

假定某公司在未来无限时期支付的每股股利为 8 元，必要收益率为 10%，运用公式，可知 1 股该公司股票的价值等于 8/0.10 = 80（元），而当时 1 股股票价格为 65 元，每股股票净现值等于 80 - 65 = 15（元），说明该股股票被低估 15 元，因此建议可以购买该种股票。

2. 内部收益率

该模型也可用于计算投资于零增长证券的内部收益率。首先，用证券的当前价格 P 代替 V，用 k^*（内部收益率）代表 k，代入公式（7.3）得到：

$$P=\sum_{t=1}^{\infty}\frac{D_0}{(1+k^*)^{t}}=\frac{D_0}{k^*} \qquad \text{公式（7.6）}$$

公式（7.6）经过转换，可知

$$k^*=\frac{D_0}{P} \qquad \text{公式（7.7）}$$

利用公式（7.7），计算上述例子中公司股票的内部收益率，其结果是 $k^*=8/65=12.3\%$。由于该股票的内部收益率大于其必要收益率（12.3% > 10%），表明该公司股票价格被低估了。

3. 应用

零增长模型的应用似乎受到相当的限制，毕竟假定对某一种股票永远支付固定的股利是不合理的，只在特定的情况下，对于决定普通股股票的价值是有用的。而在决定优先股的内在价值时，这种模型相当有用，因为大多数优先股支付的股利是固定的。

（三）不变增长模型

1. 一般形式

如果我们假设股利永远按不变的增长率（g）增长，那么就可建立不变增长模型。T 时点的股利为：

$$D_t=D_{t-1}(1+g)=D_0(1+g)^{t} \qquad \text{公式（7.8）}$$

用 $D_t=D_0(1+g)^t$ 置换公式（7.1）中的分子 D_t，得出：

$$V=\sum_{t=1}^{\infty}\frac{D_0(1+g)^{t}}{(1+k)^{t}}=D_0\sum_{t=1}^{\infty}\frac{(1+g)^{t}}{(1+k)^{t}} \qquad \text{公式（7.9）}$$

运用数学中无穷级数的性质，如果 $k>g$，可知：

$$\sum_{t=1}^{\infty}\frac{(1+g)^{t}}{(1+k)^{t}}=\frac{1+g}{k-g} \qquad \text{公式（7.10）}$$

把公式（7.10）代入公式（7.9）中，得出不变增长模型的价值公式：

$$V=D_0\frac{1+g}{k-g} \qquad \text{公式（7.11）}$$

又因为 $D_1 = D_0(1+g)$，所以有时把公式（7.11）写成如下形式：

$$V = D_1/(k-g) \quad \text{公式（7.12）}$$

假如去年某公司支付每股股利为1.80元，预计在未来日子里该公司股票的股利按每年5%的速率增长。因此，预期下一年股利等于1.80×（1+0.05）=1.89（元）。假定必要收益率是11%，根据公式（7.11）可知，该公司的股票等于1.80×（1+0.05）/（0.11－0.05）=1.89/（0.11－0.05）=31.50（元）。而实际每股股票价格是40元，因此该股票被高估8.50元，建议持有该股票的投资者出售其股票。

2. 内部收益率

该模型可用于计算不变增长证券的内部收益率。首先，用股票的当今价格代替 P；其次，用 k^* 代替 k。其结果是：

$$P = D_0 \frac{1+g}{k^* - g} \quad \text{公式（7.13）}$$

公式（7.13）经过变换，可得：

$$k^* = \frac{D_0(1+g)}{P} + g = \frac{D_1}{P} + g \quad \text{公式（7.14）}$$

用公式（7.14）来计算上例公司股票的内部收益率，得出：

$$k^* = \frac{1.80 \times (1+0.05)}{40} + 0.05 = 9.725\%$$

由于该公司股票的内在收益率小于其必要收益率，显示出该公司股票价格被高估。

3. 与零增长模型的关系

零增长模型实际上是不变增长模型的一个特例。假定增长率 g 等于0，股利将永远按固定数量支付，这时，不变增长模型就是零增长模型。

从这两种模型来看，虽然不变增长的假设比零增长的假设有较小的应用限制，但在许多情况下仍然被认为是不现实的。由于不变增长模型是多元增长模型的基础，因此这种模型极为重要。

（四）考虑未来某期出让股票的模型

无论是零增长模型，还是不变增长模型，它们都是对所有未来的股利进行贴现，即假设投资者接受未来的所有股利流。如果投资者计划在未来某时限出让该种股票，该股票的内在价值会如何变化呢？

如果投资者计划在一年后出售这种股票，他所接受的现金流等于从现在起的一年内预期的股利（假定普通股每年支付一次股利）再加上预期的出售股票价格。因此，该股票的内在价值的决定是用必要收益率对这两种现金流进行贴现。

$$V = \frac{D_1 + P_1}{1+k} = \frac{D_1}{1+k} + \frac{P_1}{1+k} \quad \text{公式（7.15）}$$

式中：D_1 为 $t=1$ 时的预期股利；P_1 为 $t=1$ 时的股票出售价格。

在 $t=1$ 时，股票出售价格的决定是基于出售以后预期支付的股利，即：

$$P_1 = \frac{D_2}{(1+k)^1} + \frac{D_3}{(1+k)^2} + \frac{D_4}{(1+k)^2} + \cdots\cdots$$

$$= \sum_{t=2}^{\infty} \frac{D_t}{(1+k)^{t-1}}$$

把 P_1 代入公式（7.15），得到：

$$V = \frac{D_1}{1+k} + \left[\frac{D_2}{(1+k)^1} + \frac{D_3}{(1+k)^2} + \cdots\cdots\right] \times \frac{1}{1+k}$$

$$= \frac{D_1}{1+k} + \frac{D_2}{(1+k)^2} + \frac{D_3}{(1+k)^3} + \cdots\cdots = \sum_{t=1}^{\infty} \frac{D_t}{(1+k)^t} \qquad \text{公式（7.16）}$$

公式（7.16）说明对未来某一时刻的股利和这一时刻原股票出售价格进行贴现所得到的普通股股票的价值，等于对所有未来预期股利贴现后所得的股票价值，这是因为股票的预期出售价格本身也是基于出售之后股利的贴现。因此，在有限期持有股票的条件下，股票内在价值的决定等同于无限期持有股票条件下股票内在价值的决定。或者说，贴现现金流模型可以在不考虑投资者计划持有股票时间长短的条件下来决定某一普通股股票的内在价值。

三、资本资产定价模型

资本资产定价模型（简称 CAPM）是美国斯坦福大学教授威廉·夏普等人在马柯维茨模型的基础上发展起来的、关于风险资本市场的一般均衡模型，在证券投资的理论界和实务界都产生了重大影响。CAPM 理论的逻辑线索大致为：在假设市场完全有效和存在一种“无风险证券”的前提下，首先推导出表示证券组合的预期收益与总体风险之间关系的“资本市场线”，再推导出反映某种证券的预期收益与其系统性风险之间关系的“证券市场线”，最后根据这种关系推导出证券的“均衡市场价格”。

CAPM 模型做了几个重要的前提假设：

第一，证券市场上的投资者是理性的，他们将基于预期收益和方差来选择最佳投资组合。

第二，证券市场中的信息是完全透明的，因而所有投资者对每种证券的预期收益率、风险都达成了共识，而且各投资者都是在相同的单个时期中计划其投资。

第三，资本市场上不存在任何摩擦成本，即证券买卖不需要交易成本，不对证券投资的经常性收益及资本利得征税，没有证券买空卖空的限制等。

第四，证券市场上存在一种收益率固定的无风险评判。当然，现实生活中的证券是不可能真正做到完全“无风险”的，但可以认为，国债近似满足上述要求。

四、证券投资理论的发展

进入 20 世纪 80 年代，在努力寻找一个形状良好的均衡定价模型进展甚微时，部分学者将兴趣转移到定价理论初建时对微观主体即投资者行为的考察上来了，但不像当初马柯维茨对投资者效用函数之类的规范性研究，而是通过实证分析方法，考察信息与价格变动的关系，然后由此总结出一个关于投资者行为的一般结论，最终给出由信息和投资者行为再到价格的逻辑表达。

从理论上讲，信息影响投资者的决策行动，进而决定资产价格的变动，因此，信息和价格之间存在某种关系。费伦奇和罗尔在 1986 年的一篇论文中对此进行了较为成功的实证分析。他们首先将信息分为公众信息和私人信息，并考察两者对交易价格的不同影响，发现私人信息对价格的变动起主导作用；然后通过比较交易日股价波动与周末和非周末节假日两种情况的非交易日价格波动的差异，证明股价波动幅度与可获得信息量之间具有正相关关系。

勃特和塞勒在1985年首次对股市中所存在的投资者有时对某些消息反应过度的现象给予了实证检验，发现那些在过去3～5年内表现不佳、从而被称为弱势股的股票，往往在未来的几年里能获得较高收益；相反在过去几年表现不错的强势股，在未来的3～5年内往往收益平平。这一发现表明，投资者往往低估了弱势股，而高估了强势股。尔后，捷克德士在1990年、列蒙在1991年均发现了股价短期滞后反应现象：那些过去几周表现良好的股票，在未来几周内还可以获得超常收益。这似乎又表明投资者对信息反应不到位。捷克德士和特曼在1993年综合以上两种情况的基础上，给出了一般性解释：投资者对有关公司长远发展的信息往往反应过度，而对只影响短期收益的信息往往反应不足。当然，此后有关投资者对消息是反应过度还是不及的争论相当激烈。

关于对投资者行为的考察，吸引了大批的心理学家和社会学家。社会学家以及心理学家参与到该领域的研究，也显示出资产定价理论发展的成熟和深入。但他们对微观主体行为的解释，却在很大程度上表现出了主观推断性质，缺乏一致性和标准化，因而受到批评。对此，金融学家们只有考虑到现实经济中的信息不对称、道德风险、管制等因素，在此基础上定义一个更加现实、但又具有标准化形式的“有限理性人”（来取代理想的理性人），然后寻求均衡定价模型的获得，这也是在新古典经济学框架下资产定价理论寻求发展的唯一出路。但是，这种努力却遇到和先前一样的困难：缺乏数学、统计、计量等有效工具。这表明，资产定价理论在获得巨大发展的同时，也遇到了巨大的挑战，而这些挑战不仅是对资产定价理论本身提出的，也是对整个新古典经济学体系乃至统计、计量等诸学科的挑战。正如罗尔教授在美国金融年会的一次主席致辞中指出的那样：“对（股票、债券等）金融资产价格变动缺乏有效的解释手段反映了我们科学体系的不成熟。”

针对这一状况，新一代的经济学家们似乎达成了一个共识：资本资产定价理论要想获得新生，必须突破传统的方法论和思维方式。例如，他们突破传统的注重个体特性、由个体及整体的分析模型，采用整体化的混沌分析思想来理解资本市场的非均衡状态；他们摒弃风险和收益呈线性关系的假定，采用非线性关系的动态定价模型，甚至尝试放弃风险和收益存在正相关关系的基本假设前提，提出了具有黑盒子性质的定价核的概念；此外，非线性方法还用在信息对交易者行为影响的拟合方面，这可以很好地解释不少学者所发现的利空和利多消息对交易者的不对称影响；在传统的CAPM、APT等依赖的主成分分析、因子分析等技术方法缺乏有效解释力的情况下，他们提出了半自回归方法和个别参数估计方法等新方法。需要指出的是，以上所述的并非都是近几年的研究成果，有些观点或方法甚至在20世纪70年代就已提出来了。只是由于他们的“反传统”思想而未受到当时主流学派的重视，但现在正是因为这些反传统的非主流学派思想，才使得资本资产定价理论在未来的发展重现生机。

随着理论研究的发展，行为金融理论提出证券的市场价格并不完全由证券内在价值所决定，更主要受到投资者主体行为的影响。1951年，Burrel和Bauman率先提出行为金融理论，他们认为，金融学家们在衡量投资者的投资收益时，不仅应建立和应用量化的投资模型，还应对投资者传统的行为模式进行研究。1985年，Debondt和Thaler发表了《股票市场过度反应了吗?》一文，引发了行为金融理论研究的复兴，因而被学术界视之为行为金融研究的正式开端。此后，行为金融研究有了突破性的进展，诺贝尔经济学奖获得者Kahneman将来自心理研究领域的综合洞察力应用在了经济学当中，并提出了著名的前景理论，使行为金融研究得以进一步发展。诺贝尔经济学奖获得者Shiller作为当代行为金融学领域的奠基人之一，其编写的《市场波动》对投机市场的价格波动作了行为分析，另一本著作《非理性繁荣》更是行为金融领域的最重要著作之一，详细分析了心理因素是如何影响金融行为的。

第二节　基本分析方法

一、宏观经济分析

（一）宏观经济分析的主要方法

1. 经济指标分析对比

宏观经济分析可以通过一系列的经济指标的计算、分析和对比来进行。

经济指标是反映经济活动结果的一系列数据和比例关系。经济指标有三类：一是先行指标，主要有货币供应量、股票价格指数等。这类指标对将来的经济状况提供预示性的信息。从实践来看，先行指标可以对国民经济的高峰和低谷进行计算和预测。二是同步指标，主要包括失业率、国民生产总值等。这类指标反映的是国民经济正在发生的情况，并不预示将来的变动。三是滞后指标，主要有银行短期商业贷款利率等。此外，在进行宏观经济分析时经常使用国内生产总值、国民生产总值、国民收入、个人收入、个人可支配收入等五个有密切联系的主要综合指标来反映和分析国民经济的主要状况，如经济发展水平及其增长状况、国内生产总值和国民收入在部门与行业间的分配情况等。

2. 计量经济模型

所谓计量经济模型，就是表示经济变量及其主要影响因素之间的函数关系。许多经济现象之间存在着相关或函数关系，建立计量经济模型并进行运算，就可以探寻经济变量间的平衡关系，分析影响平衡关系的各种因素。

计量经济模型主要有经济变量、参数以及随机误差三大要素。

经济变量是反映经济变动情况的，分为自变量和因变量。而计量经济模型中的变量则可分为内生变量和外生变量两种。内生变量是指由模型本身加以说明的变量，它们是模型方程式中的未知数，其数值可由方程式求解获得；外生变量则是指不能由模型本身加以说明的变量，是方程式中的已知数，其数值不是由模型本身的方程式算得，而是由模型以外的因素产生。

计量经济模型的第二大要素是参数。参数是用于求其他变量的常数。参数一般反映出事物之间相对稳定的比例关系。在分析某种自变量的变动引起因变量的数值变化时，通常假定其他自变量保持不变，这种不变的自变量就是所说的参数。

计量经济模型的第三个要素是随机误差。该误差是指那些很难预知的随机产生的误差，以及经济资料在统计、整理和综合过程中所出现的误差。正负误差最终可以抵消。

为证券投资而进行宏观经济分析，主要应用于宏观计量经济模型。所谓宏观计量经济模型，是指在宏观总量水平上把握和反映经济运动的较全面的动态特征，研究主要宏观经济指标间的相互依存关系，描述国民经济各部门和社会再生产过程各环节之间的联系，并可用于宏观经济结构分析、政策模拟、决策研究以及发展预测等功能的计量经济模型。

在运用计量经济模型分析宏观经济形势时，还要注意模型的潜在变量被忽略、变量的滞后长度难确定以及引入非经济方面的变量过多等问题，以充分发挥这一分析方法的优越性。

3. 概率预测

某随机事件发生的可能性大小称为该事件发生的概率。概率论则是一门研究随机现象的数量规律的学科。目前，越来越多的概率论方法被引入经济、金融和管理学科，概率论成为有力的分析工具。

概率预测的重要性是由客观经济环境和该方法自身的功能决定的。要了解经济活动的规律性，必须掌握它的过去，进而预测其未来。过去的经济活动都反映在大量的统计数字和资料上，根据这些数据，运用概率预测方法，就可以推算出以后若干时期各种相关的经济变量状况。

概率预测方法运用得比较多也比较成功的是对宏观经济的短期预测。宏观经济短期预测是指对实际国民生产总值及其增长率、通货膨胀率、失业率、利率、个人收入、个人消费、企业投资、公司利润及对外贸易差额等指标下一时期水平或变动率的预测，其中最重要的是对前三项指标的预测。西方国家从事这一预测的机构很多，它们使用自己制定的预测技术或构造的技术理论经济模型进行预测并定期公布预测数值，预测时限通常为一年或一年半。

概率预测实质上是根据过去和现在推测未来。广泛搜集经济领域的历史和现时的资料是开展经济预测的基本条件，善于处理和运用资料又是概率预测取得效果的必要手段。

（二）评价宏观经济形势的相关变量

1. 国内生产总值与经济增长率

国内生产总值是指一定时期内（一般按年统计）在一国国内新创造的产品和劳务的价值总额。统计时，要将出口计算在内，但不计算进口。区分国内生产和国外生产一般以“常住居民”为标准，只有常住居民在一年内生产的产品和提供劳务所得到的收入才计算在本国的国内生产总值之内。常住居民是指居住在本国的公民、暂居外国的本国公民和长期居住在本国但未加入本国国籍的居民。因此，一国的国内生产总值是指在一国的领土范围内，本国居民和外国居民在一定时期内所生产的、以市场价格表示的产品和劳务的总值。也就是在一国的国民生产总值中减去“国外要素收入净额”后的社会最终产值（或增加值）以及劳务价值的总和。在宏观经济分析中，国内生产总值指标占有非常重要的地位，具有十分广泛的用途。国内生产总值的持续、稳定增长是政府着重追求的目标。

经济增长率也称经济增长速度，是反映一定时期经济发展水平变化程度的动态指标，也是反映一个国家经济是否具有活力的基本指标。对于发达国家来说，其经济发展总水平已经达到相当的高度，经济发展速度的提高就比较困难；对经济尚处于较低水平的发展中国家而言，由于发展潜力大，其经济发展速度可能达到高速甚至超高速增长。这时就要警惕由此可能带来的诸如总需求膨胀、通货膨胀、泡沫经济等问题，以避免造成宏观经济的过热态势。

2. 失业率

高就业率（或低失业率）是社会经济追求的另一个重要目标。失业率上升与下降是以GNP相对于潜在GNP的变动为背景的，而其本身则是现代社会的一个主要问题。当失业率很高时，资源被浪费，人们收入减少，在这种时期，经济的问题还可能影响人们的情绪和家庭生活，进而引发一系列的社会问题。

3. 通货膨胀率

通货膨胀是指用某种价格指数衡量的一般价格水平的持续上涨。通货膨胀常被视为经济发展的头号大敌，各国政府都曾为控制通货膨胀采取过猛烈的行动。通货膨胀会扭曲商品相对价格，降低资源配置效率，引发泡沫经济乃至损害一国的经济基础和政权基础。通货膨胀有被预期和未被预期之分，从程度上则有温和的、严重的和恶性的三种。温和的通货膨胀是指年通胀率低于10%的通货膨胀，严重的通货膨胀是指两位数的通货膨胀，恶性通货膨胀则是指三位数以上的通货膨胀。为抑制通货膨胀而采取的货币政策和财政政策通常会导致高失业率和GNP的低增长。

4. 利率

利率，或称利息率，是指在借贷期内所形成的利息额与所贷资金额的比率。利率直接反映的是信用关系中债务人使用资金的代价，也是债权人出让资金使用权的报酬。

从宏观经济分析的角度看，利率的波动反映出市场资金供求的变动状况。在经济发展的不同阶段，市场利率有不同的表现。在经济持续繁荣增长时期，资金供不应求，利率上升；当经济萧条、市场疲软时，利率会随着资金需求的减少而下降。除了与整体经济状况密切相关之外，利率影响着人们的储蓄、投资和消费行为，利率结构也影响着居民金融资产的选择，影响着证券的持有结构。随着市场经济的不断发展和政府宏观调控能力的不断加强，利率特别是基准利率，已经成为中央银行一项行之有效的货币政策工具。

5. 汇率

汇率是外汇市场上一国货币与他国货币相互交换的比率，即以本国货币表示的外国货币的价格。

一国的汇率会因该国的国际收支状况、通货膨胀率、利率、经济增长率等的变化而波动；反之，汇率波动又会影响一国的进出口额和资本流动，并影响一国的经济发展。特别是在当前国际分工异常发达、各国间经济联系十分密切的情况下，汇率的变动对一国的国内经济、对外经济以及国际间的经济联系都产生着重大影响。

为了不使汇率的过分波动危及一国的经济发展和对外经济关系的协调，各国政府和中央银行都通过外汇市场上抛售或收购外汇的方式干预外汇市场，以影响外汇供求，进而影响汇率。20世纪70年代以来，除了各国金融当局经常对外汇市场进行干预，使政府干预越来越多地成为影响汇率变动的重要因素之外，还出现了几个国家的中央银行联合干预外汇市场的情况。尤其是20世纪90年代以后，随着经济全球一体化趋势的不断强化，联合干预的现象更加频繁。此外，政府的宏观经济政策变化也会直接或间接影响一国对外贸易结构、通货膨胀率以及实际利率水平等，从而对汇率水平产生影响。

6. 财政收支

财政收支包括财政收入和财政支出两个方面。

财政收入是国家为了保证实现政府职能的需要，通过税收等渠道集中的公共性资金收入；财政支出则是为满足政府执行职能需要而使用的财政资金。

核算财政收支总额是为了进行财政收支状况的对比。收大于支是盈余，收不抵支则出现财政赤字。如果财政赤字过大，就会引起社会总需求的失衡。

7. 国际收支

国际收支一般是一国居民在一定时期内与非居民在政治、经济、军事、文化及其他往来中所产生的全部交易的系统记录。这里的“居民”，是指在国内居住一年以上的自然人和法人。

国际收支包括经常项目和资本项目。经常项目主要反映一国的贸易和劳务往来状况；资本项目则集中反映一国同国外资金往来的情况，反映着一国利用外资和偿还本金的执行情况。全面了解和掌握国际收支状况，有利于从宏观上对国家的开放规模和开放速度进行规划、预测和控制。

8. 固定资产投资规模

固定资产投资规模是指一定时期在国民经济各部门、各行业固定资产再生产中投入资金的数量。

投资规模是否适度，是影响经济稳定与增长的一个决定因素。投资规模过小，不利于为经济的进一步发展奠定物质技术基础；投资规模安排过大，超出了一定时期人力、物力和财力的可能，又会造成国民经济比例的失调，导致经济大起大落。

在经济增长上升时期，尤其要注意控制固定资产投资规模，防止投资规模的膨胀。我国曾多次出现固定资产投资领域盲目建设、重复建设现象，各地方盲目扩大投资规模，导致社会总需求的膨胀，物价大幅度上涨，影响经济的协调发展，最终又不得不回过头来压缩投资规模，从而造成资源的巨大浪费。因此，适度安排固定资产投资规模是宏观经济得以合理、高效运行的必要前提。

二、行业发展与预测

（一）行业市场类型分析

行业的经济结构随该行业中企业的数量、产品的性质、价格的制定和其他一些因素的变化而变化。由于经济结构的不同，基本上可分为四种行业市场类型：完全竞争、垄断竞争、寡头垄断、完全垄断。

1. 完全竞争型市场

完全竞争型市场是指许多企业生产同质产品的市场情形。其特点是：①生产者众多，各种生产资料可以完全流动；②产品不论是有形或无形的，都是同质的、无差别的；③没有一个企业能够影响产品的价格；④企业永远是价格的接受者而不是价格的制定者；⑤企业的盈利基本上由市场对产品的需求来决定；⑥生产者和消费者对市场情况非常了解，并可自由进入或退出这个市场。

从上述特点可以看出，完全竞争是一个理论性上的假设，其根本特点在于企业的产品无差异，所有的企业都无法控制产品的市场价格。在现实经济中，完全竞争的市场类型是少见的，初级产品的市场较相似于完全竞争型市场。

2. 垄断竞争型市场

垄断竞争型市场是指许多生产者生产同种但不同质产品的市场情形。其特点是：①生产者众多，各种生产资料可以流动。②生产的产品同种但不同质，即产品之间存在着差异。产品的差异性是指各种产品之间存在着实际或想象上的差异，它是垄断竞争与完全竞争的主要区别。③由于产品差异性的存在，生产者可以树立自己产品的信誉，从而对其产品的价格有一定的控制能力。在国民经济各产业中，制成品的市场类型一般都属于这种类型。

3. 寡头垄断型市场

寡头垄断型市场是指相对少量的生产者在某种产品的生产中占据很大市场份额的情形。

在寡头垄断的市场上，由于这些少数生产者的产量非常大，因此他们对市场的价格和交易具有一定的垄断能力。同时，由于只有少量的生产者生产同一种产品，因而每个生产者的价格政策和经营方式及其变化都会对其他生产者产生重要影响。

因此，在这个市场上，通常存在着一个起领导作用的企业，其他企业随该企业的定价和经营方式的变化而相应地进行某些调整。资本密集型、技术密集型产品，如钢铁、汽车等，以及少数储量集中的矿产品，如石油等的市场，多属这种类型。因为生产这些产品所必需的巨额投资、复杂的技术或产品储量的分布，限制了新企业进入这个市场。

4. 完全垄断型市场

完全垄断型市场是指独家企业生产某种特质产品的情形。特质产品是指那些没有或缺少相近的替代品的产品。完全垄断可分为两种类型：一是政府完全垄断，如国营铁路、邮电等部门；二是私人完全垄断，如根据政府授予的特许专营或根据专利生产的独家经营，以及由于资本雄厚、技术先进而建立的排他性的私人垄断经营。

完全垄断型市场类型的特点是：①由于市场被独家企业所控制，产品又没有或缺少合适的替代品，因此，垄断者能够根据市场的供需情况制定理想的价格和产量，在高价少销和低价多销之间进行选择，以获取最大的利润；②垄断者在制定产品的价格与生产数量方面的自由性是有限度的，要受到反垄断法和政府管制的约束。

在现实生活中，公用事业（如发电厂、煤气公司、自来水公司和邮电通信等）和某些资本、技术高度密集型或稀有金属矿藏的开采等行业属于这种完全垄断的市场类型。

（二）行业的生命周期分析

通常，每个产业都要经历一个由成长到衰退的发展演变过程。这个过程便称为产业的生命周期。

一般地，行业的生命周期可分为四个阶段，即初创阶段（也叫幼稚期）、成长阶段、成熟阶段和衰退阶段。下面分别介绍行业的不同发展阶段的情况。

1. 初创阶段

在这一阶段，由于新行业刚刚建立或初建不久，因而只有为数不多的创业公司投资于这个新兴的产业。由于初创阶段产业的创立投资和产品的研究、开发费用较高，而产品市场需求狭小（因为大众对其尚缺乏了解），销售收入较低。因此，这些创业公司在财务上可能不但没有盈利，反而普遍亏损。同时，较高的产品成本和价格与较小的市场需求还使这些创业公司面临很大的投资风险。

另外，在初创阶段，企业还可能因财务困难而引发破产的风险。因此，这类企业更适合投机者而非投资者。

在初创阶段后期，随着行业生产技术的提高、生产成本的降低和市场需求的扩大，新行业便逐步由高风险、低收益的初创期转向高风险、高收益的成长期。

2. 成长阶段

在这一时期，拥有一定市场营销和财务力量的企业逐渐主导市场。这些企业往往是较大的企业，其资本结构比较稳定，因而它们开始定期支付股利并扩大经营。

在成长阶段，新行业的产品经过广泛宣传和消费者的试用，逐渐以其自身的特点赢得了大众的欢迎或偏好，市场需求开始上升，新行业也随之繁荣起来。与市场需求变化相适应，供给方面相应地出现了一系列的变化。由于市场前景良好，投资于新行业的厂商大量增加，产品也逐步从单一、低质、高价向多样、优质和低价方向发展。因而新行业出现了生产厂商和产品相互竞争的局面。这种状况会持续数年或数十年。由于这一原因，这一阶段有时被称为投资机会时期。这种状况的继续将导致生产厂商随着市场竞争的不断发展和产品产量的不断增加而相应增加，市场的需求日趋饱和。生产厂商不能单纯地依靠扩大生产量、提高市场份额来增加收入，而必须依靠追加生产、提高生产技术、降低成本以及研制和开发新产品的方法来争取竞争优势、战胜竞争对手和维持企业的生存。但这种方法只有资本和技术力量雄厚、经营管理有方的企业才能做到，那些财力与技术较弱、经营不善或新加入的企业（因产品的成本较高或不符合市场的需要）则往往被淘汰或被兼并。因而，这一时期企业的利润虽然增长很快，但所面临的竞争风险也非常大，破产率与被兼并率相当高。在成长阶段的后期，由于行业中生产厂商与产品竞争优胜劣汰规律的作用，市场上生产厂商的数量在大幅度下降之后便开始稳定下来。由于市场需求基本饱和，产品的销售增长率减慢，迅速赚取利润的机会减少，整个行业开始进入稳定期。

在成长阶段，虽然行业仍在增长，但量的增长具有可测性。由于受不确定因素的影响较少，行业的波动也较小。此时，投资者蒙受经营失败而导致投资损失的可能性大大降低，因此，他们分享行业增长带来的收益的可能性大大提高。

3. 成熟阶段

行业的成熟阶段是一个相对较长的时期。在这一时期里，在竞争中生存下来的少数大厂商垄断了整个行业的市场，每个厂商都占有一定比例的市场份额。由于彼此势均力敌，市场份额比例发生变化的程度较小。厂商与产品之间的竞争手段逐渐从价格手段转向各种非价格手段，如提高质量、改善性能和加强售后维修服务等。行业的利润由于一定程度的垄断达到了很高的水平，而风险却因市场比例比较稳定、新企业难以进入而较低，其原因是市场已被原有大企业比例分割，产品的价格比较低。因而，新企业往往会由于创业投资无法很快得到回报或产品的销路不畅，资金周转困难而倒闭或转产。

在行业成熟阶段，行业增长速度降到一个更加适度的水平。在某些情况下，整个行业的增长可能会完全停止，其产出甚至下降。由于其资本增长的更新换代，致使行业的发展很难较好地保持与国民生产总值同步增长，当国民生产总值增长时，行业甚至蒙受更大的损失。但是，由于技术创新的原因，某些行业或许实际上会有新的增长。

4. 衰退阶段

这一时期出现在较长的稳定阶段后。由于新产品和大量替代品的出现，原行业的市场需求开始逐渐减少，产品的销售量也开始下降，某些厂商开始向其他更有利可图的行业转移资金，因而原行业出现了厂商数目减少、利润下降的萧条景象。至此，整个行业便进入了生命周期的最后阶段。在衰退阶段，厂商的数目逐步减少，市场逐渐萎缩，利润率停滞或不断下降。当正常利润无法维持或现有投资折旧完毕后，整个行业便逐渐解体了。

（三）行业稳定性分析

上述行业生命周期四个阶段的说明只是一个总体状况的描述，这并不适用于所有行业的情况。行业的实际生命周期由于受技术进步、政府政策及社会习惯的改变等许多因素的影响而复杂得多。

1. 技术进步

在众多技术因素中，最重要的也是首先需要考虑的是产品的稳定性。通过产品稳定性分析，检验产品的性质及技术复杂性，有助于判断产品的未来需求是保持不变，还是可能出现大幅度变化，而历史资料只能说明过去行业的产品需求。例如，仅以一时风行的产品为基础的行业会很快被淘汰。产品性质较稳定的产业，如钢铁工业和化学工业，其产品需求则有着较长期的稳定性。然而，由于价格构成的变动及其产品需求的减少，这些产品需求较稳定的行业在不同的年份其获利能力仍有波动。

技术进步对行业的影响是巨大的。例如，电灯的出现极大地削减了对煤气灯的需求，蒸汽动力行业则被电力行业逐渐取代。显而易见，投资于衰落的行业是一种错误的选择。投资者还必须不断地考察一个行业产品生产线的前途，分析其被优良产品或消费需求替代的趋势。

行业追求技术进步也是时代的要求。目前人类社会所处的时代正是科学技术日新月异的时代，不仅新兴学科不断涌现，而且理论科学向实用技术的转化过程也被大大缩短，速度大大加快。战后工业发展的一个显著特点是，新技术在不断地推出新行业的同时，也在不断地淘汰旧行业。如在较短的时间里，喷气式飞机就代替了螺旋桨飞机；大规模集成电路计算机代替了一般的电子计算机；通信卫星代替了海底电缆；等等。这些新产品在定型和大批量生产后，市场价格大幅度下降，从而很快就能被消费者所使用。上述这些特点，使得新兴行业能够很快地超过并代替旧行业，或严重地威胁原有行业的生存。因此，充分了解各种行业技术发展的状况和趋势，对投资者来说是至关重要的。

2. 政府政策

（1）政府影响的行业范围。政府的管理措施可以影响行业的经营范围、增长速度、价格政策、利润率和其他许多方面。政府实施管理的主要行业是：公用事业，如煤气、电力、供水、排污、邮电通信、广播电视等；运输部门，如铁路、公路、航空、航运和管道运输等；金融部门，如银行以及保险公司、商品与证券交易市场、经纪商、交易商等非银行金融机构。

政府实施管理体制的主要行业都是直接服务于公共利益，或与公共利益密切联系的。公用事业是社会的基础设施，投资大，建设周期长，收效慢，允许众多厂商投巨资竞相建设是不经济的，因此政府往往通过授予某些厂商在指定地区独家经营某项公用事业特许权的方法来对他们进行管理。被授权的厂商也就因此而成为这些行业的合法垄断者。但这些合法的垄断者和一般的垄断者不一样，他们不能任意规定不合理的价格，其定价要受到政府的调节和管制。政府一般只允许这些厂商获得合理的利润率，而且政府的价格管理并不保证这些企业一定能够盈利，成本的增加、管理的不善和需求的变化同样会使这些企业发生亏损。

交通运输行业与大众生活和经济发展有着密切的联系。这些行业服务的范围广（国内外运输），涉及的问题多（各地不同的法律、税收和安全规则等），因而有必要由政府统一管理。

金融部门，尤其是银行部门，是国民经济的枢纽，也是政府干预经济的主要渠道之一。它们的稳定关系到整个经济的繁荣和发展，因而是政府重点管理的对象。

（2）政府对行业的促进干预和限制干预。政府对行业的促进作用可通过补贴、优惠税、限制外国竞争的关税、保护某一行业的附加法规等措施来实现。因为这些措施有利于降低该行业的成本，并刺激和扩大其投资规模。例如，美国纺织业就受到进口关税这一法律的极大保护。

同时，考虑到生态、安全、企业规模和价格因素，政府会对某些行业实施限制性规定，这会加重该行业的负担，某些法律已经对某些行业的短期业绩产生了副作用。在美国，铁路和天然气便能证明政府的干预是怎样影响私人利润形成的。

总的来说，政府的干预极大地支持了某些行业的稳定性，否则情况会变得十分混乱。例如，航空业有其自己的正常航线，因而不会出现所有的航班仅在可能获利的城市之间飞行；公用事业的规模保证了某地域只能有一家电力公司，从而避免了潜在的混乱，不至于有四五家电力公司在同一条街上竖起自己的电线杆。

3. 社会习惯的改变

随着人们生活水平和受教育水平的提高，消费心理、消费习惯、文明程度和社会责任感会逐渐改变，从而引起对某些商品的需求变化并进一步影响行业的兴衰。在基本温饱解决之后，人们更注意生活的质量，不受污染的天然食品和纺织品备受人们青睐；对健康投资从注重保健品转向健身器材；在物质生活丰富后注重智力投资和丰富的精神生活，旅游、音响成了新的消费热点；快节奏的现代生活使人们更偏好便捷的交通和通信工具；高度工业化和生活现代化又使人们认识到保护生存环境免受污染的重要性，发达国家的工业部门每年都要花费几十亿美元的经费来研制和生产与环境保护有关的各种设备，以便使工业排放的废渣、废水和废气能够符合规定的标准。所有这些社会观念、社会习惯、社会趋势的变化对企业的经营活动、生产成本和利润收益等方面都会产生一定的影响，足以使一些不再适应社会需要的行业衰退而又激发新兴行业的发展。

（四）行业发展预测与投资决策

1. 行业发展预测

如何对众多行业发展进行预测呢？通常可以用两种方法来衡量：一是将行业的增长情况与国民经济的增长进行比较，从中发现增长速度快于国民经济的行业；二是利用行业历年的销售额、盈利额等历史资料分析过去的增长情况，并预测行业的未来发展趋势。

（1）行业增长比较分析。分析某行业是否属于增长型行业，可利用该行业的历年统计资料与国民经济综合指标进行对比。其具体做法是：取得某行业历年的销售额或营业收入的可靠数据并计算出年变动率，与国民生产总值增长率、国内生产总值增长率进行比较。通过比较，可以作出如下判断：

第一，确定该行业是否属于周期性行业。如果国民生产总值或国内生产总值连续几年逐年上升，说明国民经济正处于繁荣阶段；反之，则说明国民经济正处于衰退阶段。观察同一时期该行业销售额是否与国民生产总值或国内生产总值同向变化，如果在国民经济繁荣阶段行业的销售额也逐年同步增长，或是在国民经济处于衰退阶段时行业的销售额也同步下降，说明这一行业很可能是周期性行业。

第二，比较该行业的年增长率与国民生产总值、国内生产总值的年增长率。如果在大多数年份中该行业的年增长率都高于国民经济综合指标的年增长率，说明这一行业是增长型行业；如果该行业年增长率与国民生产总值、国内生产总值的年增长率持平甚至相对较低，则说明这一行业与国民经济增长保持同步或增长过缓。

第三，计算各观察年份该行业销售额在国民生产总值中所占比重。如果这一比重逐年上升，说明该行业增长比国民经济平均水平快；反之，则较慢。

通过以上分析，基本上可以发现和判断增长型行业，但要注意，观察数不可过少，如过少可能会引起判断失误（见表7－1）。

表7－1　　某行业销售额与国民生产总值比较

年　次	某行业		国民生产总值		某行业销售额占国民生产总值的百分比（%）
	销售额（10亿元）	年增长率（%）	销售额（10亿元）	年增长率（%）	
1	8.12		105		7.73
2	8.78	8.13	112	6.67	7.84
3	9.64	8.56	120	7.14	8.03
4	10.50	8.92	129	7.50	8.14
5	11.48	9.33	139	7.75	8.26
6	12.65	10.19	150	7.91	8.43
7	14.12	10.40	162	8.00	8.72
8	15.80	11.90	176	8.64	8.98

（2）行业未来增长率的预测。利用行业历年销售额与国民生产总值、国内生产总值的周期资料进行对比，只是说明过去的情况，投资者还需要了解和分析行业未来的增长变化，因此还需要对行业未来的发展趋势作出预测。预测的方法有多种，使用较多的方法有以下两种：一种方法是将行业历年销售额与国民生产总值标在坐标图上，用最小二乘法找出两者的关系曲线，也绘在坐标图上，这一关系曲线即为行业增长的趋势线。根据国民生产总值的计划指标或预计值可以预测行业的未来销售额。另一种方法是利用行业历年的增长率计算历史的平均增长率和标准差，预计未来增长率。使用这一方法要使用行业在过去10年或10年以上的历史数据，预计的结果才较有说服力。如果某一行业是与居民基本生活资料相关的，也可利用历史资料计算人均消费量及人均消费增长率，再利用人口增长预测资料预计行业的未来增长。

2. 行业投资决策

综上所述，通过行业分析，投资者可以选择处于成长期或稳定期、竞争实力雄厚、有较大发展潜力的行业作为投资对象。同时，即期的价格/收益比率也在某种程度上可以反映投资者出于对未来总收入考虑所产生的信心和期望。

例如，某行业也许显示出未来增长和潜力很大，但是该行业证券的价格相对来说太高，以至于不能充分证明这些证券是可以购买的。相反，一些有着适度收入的某些行业的证券，如果其价格很低，并且估计其未来收入的变动很小，那么这些证券是值得购买的。

投资者还必须通过对某一行业的考察，才能判断市场是否高估或低估了其证券及该行业的增长能力。在许多时候，市场中的投资者和投机者之间的相互作用和影响，足以促使证券的价格过高或过低，以致偏离其真实价值。大多数市场运动的变化都来源于投资者对某一企业或行业真实价值的感觉，而并非产生于影响某行业未来收入基本因素的变化。

很多时候，股票的价格会随着某一行业的发展而相应地上升。例如，某一种新型发动机的引入使得许多与该行业有关的证券价格上升，因为投资者和投机家们都断定，由于新型发动机的出现，使得这些行业都处在潜在增长的边缘。然而，当投资者获悉这种发动机具有耐久性并且极易应用于现有制造生产体系的确切资料之后，这些行业的证券市场价格便恢复到更为合理的水平，从而确认了这一产品引入的长期影响。

对个别投资者来讲，行业评价和意见的资料是极有价值的。因为个别投资者往往不能够对必要大量资料作出准确的计算，而这些投资机构拥有许多金融分析人员，他们专长于各行业，并且提供以行业和经济分析为基础的报告。

投资者要确定某一行业证券的投资价值，就必须辨别现实价格所反映的未来收入的机会有多大，所反映的投机需求程度有多大。投资者还应该考虑其他一些因素，例如，消费者的偏好和收入分配的变化，某产品或许有国外竞争者的介入等。只有系统地评估这些因素，投资者才能作出一个正确的行业分析，从而最后作出明智的行业投资决策。

三、企业经营与财务分析

（一）企业概况分析

对企业概况的分析一般应包括企业的管理能力、竞争能力、经营业绩、重大事项。

1. 管理能力

公司管理能力的分析首先是分析公司的主要领导。投资者应对公司主要领导的经历、社会关系、素质、股权数量进行分析。通常，公司领导具有丰富的工作经历、事业心强、知识渊博、社会知名度大、社交面广，这将有助于公司的发展。其次是分析公司管理机构的运作效率，如各部门管理人员的业务水平、工作经验、指挥调度能力、敬业精神等。一支具有较强管理能力的中层领导班子是公司各项决策得以实现的保证。

2. 竞争能力

对公司竞争能力的分析可以从公司在行业中的地位来进行。分析的方法可进行同行业各公司的比较，也可以以公司占整个行业的比重进行分析。分析的内容有资本规模、市场份额、技术水平、新产品开发能力等。资本规模大、市场占有率高，反映了公司在行业中乃至在整个国民经济中的重要性，在市场竞争中处于有利地位；技术水平高、新产品开发能力强，则意味着公司可不断推出低成本、高效能的新产品来供应市场，体现了公司强大的竞争力。

3. 经营业绩

公司的经营业绩是上述两项内容的综合体现，分析的内容应包括目前的经营业绩以及以后年度的盈利预测。

其一，以前年度利润分析。对以前年度公司利润分析，首先是看利润增长情况，如增长额、利润增长率；其次是分析公司利润来源的稳定性，公司的主要利润来源于主营业务和投资收益。一般而言，主营业务收入较为稳定；投资收益有实业投资收益及证券投资收益，其中证券投资收益受市场影响较大，具有较大不确定因素，其收益的来源是不稳定的。

其二，以后年度利润预测。公司以后年度利润的预测是建立在公司现有经营规模上，并结合以后年度的产品市场需求、新投资项目的投产等因素综合分析而得出的结论。首先，应对原有产品销售额、单位产品的成本变动趋势进行预测。常用的方法是进行回归分析，如公司产品的销售额不断扩大、产品成本逐年下降，则公司利润的增长潜力较强。其次，是对新增利润进行预测，从而测算出以后年度利润。

4. 公司重大事项

对公司重大事项的分析，主要包括公司财务制度的重大变更、税负和税率的变化、重要经济合同、法律诉讼事件、公司股本变动、利润的分配、公司的对外投资事项、主要的筹资方式等。投资者应对公司披露的重大事项进行逐项分析，揭示出这些事项与公司经营的内在关系及影响程度。

（二）财务分析

财务分析就是运用适当的方法，对公司的财务报表及其有关资料中的数据进行分析，从而对公司经营的现状作出评估，进而预测公司未来发展前景的分析。

1. 财务分析的主要依据

公司财务分析的主要依据是上市公司定期公布的财务报表，即资产负债表、损益表和现金流量表，财务分析中所需要的主要数据均来自资产负债表和损益表。

（1）资产负债表。资产负债表是反映公司在某一特定日期财务状况的静态报表，根据"资产 = 负债 + 股东权益"的会计平衡式编制，反映了公司资产和负债、股东权益之间的平衡关系。资产负债表由资产和负债两部分组成。报表的左边列示了公司的各项资产，一般包括流动资产、长期投资、固定资产和无形资产、其他资产四大类，反映了公司现存的或其他公司所占用的财产。报表的右边列示了负债和股东权益，其中负债包括流动负债和长期负债，反映了公司应支付的各种债务；股东权益包括公司的创业资本和历年留存利润，反映了以公司资产支付了全部负债后的公司净资产。

（2）损益表。损益表反映公司在某一段时期内发生的收支和盈亏状况的动态报表。它反映了公司的经营状况、盈利能力和经营趋势。损益表主要列示了公司每期收入和成本（费用），通过相减计算出利润。

（3）现金流量表。现金流量表是反映公司在一定时期内经营活动、筹资活动、投资活动对现金流量所产生影响的报表，主要是向报表使用者展示公司获取现金或现金等价物的能力，预测公司未来的现金流量。

2. 财务分析的方法

证券投资中所进行的财务分析主要使用传统的财务分析方法，一般有比较分析法和比率分析法两种。

表 7－2　　1997 年沪市纸业上市公司比较表

公　司	主营收入（万元）	净利润（万元）	净资产收益率（%）
青山纸业	51107	10268	0.06
漯河银鸽	24617	5895	13.24
江西纸业	25997	3783	10.38
宜宾纸业	28668	2148	10.64
大理造纸	10042	1605	11.36

（1）比较分析法常用于同行业之间、公司不同时期之间各项财务指标的对比分析。对比同行业之间的财务指标，可以分析公司在行业中的地位。表 7－2 是 1997 年沪市纸业上市公司指标比较。通过比较，可以了解目标公司在各项财务指标上的优势和劣势。

公司不同时期各项财务指标的对比分析有横向比较分析和纵向比较分析。横向比较分析是对公司连续数期的财务报表上各项目的不同数据进行对比分析。它可分为绝对数分析和相对数分析。绝对数分析是把各期各项目的财务报表数据直接列示，以基准期为基础进行的分析，如表7－3所示，以评价当期财务状况并作趋势分析。相对数分析是在基准期基础上，进行环比分析，如表7－4所示。我们可以发现，公司主营业务经历了萎缩到再次增加，但利润指标并没有随主营业务增加而回升，因此，相对数分析更能发现当期财务指标的变化程度和变动趋势。

表7－3　公司经营业绩绝对数横向比较表　单位：万元

项目＼年份	19×5年	19×6年	19×7年
主营业务收入	44270	38900	41310
主营业务利润	8090	5000	3710
利润总额	8110	5020	3690
净利润	5430	3570	2480

表7－4　公司经营业绩相对数横向比较表　单位：%

项目＼年份	19×5年	19×6年	19×7年
主营业务收入	100	－12.13	6.20
主营业务利润	100	－38.20	－25.80
利润总额	100	－38.10	－26.49
净利润	100	－37.94	－26.41

纵向比较分析是在各项财务数据中，把一个基本数据作基数，其他各个数据与此相比较，以此来分析各种项目与基本项目之间的比率关系，进而评价公司的财务状况及其变动趋势。通过表7－5，我们可进一步分析出公司利润指标占主营业务收入的比率从19×5年至19×7年逐年递减，销售利润下滑的幅度达50%。

表7－5　公司经营业绩纵向比较表　单位：%

项目＼年份	19×5年	19×6年	19×7年
主营业务收入	100	100	100
主营业务利润	18.27	12.85	9.10
利润总额	18.32	12.91	8.93
净利润	15.27	8.66	6.00

（2）比率分析法就是用比率来反映财务报表间不同项目之间的相互关系以评价公司财务状况、经营状况的分析方法。这种方法易于计算分析，是投资者进行公司价值分析必须掌握的工具。常用的比率指标可以归纳为三大类，即偿债能力分析、经营效率分析、获利能力分析。

第一类，偿债能力分析的指标包括以下五个：

第一，流动比率。流动比率反映流动资产和流动负债之间的关系，用以衡量公司的短期偿债能力。计算公式为：

流动比率 = 流动资产/流动负债

公司的短期负债须用流动资金来偿还，此项比率越高表示公司清偿能力越强，但比率过高，则表明资金过剩，尤其是应收账款增多或库存积压商品增多时，反映了资金使用效率低下。在一般生产企业，该指标在2左右；而在以现金收入为主的零售业、餐饮业，可以适当降低比率。

第二，速动比率。速动比率是反映公司速动资产与流动负债的关系。速动资产包括现金、银行存款、应收账款、应收票据、有价证券，即能迅速变现的资产，剔除了不能迅速变现的存货、预付费用。计算公式为：

速动比率 = （流动资产 - 存货）/流动负债

正常的速动比率为1，过低的比率则反映公司短期偿债能力较差。

第三，股东权益负债比率。股东权益负债比率反映公司净资产和负债总额之间的关系。计算公式为：

股东权益负债比率 = 股东权益/负债总额

该比率反映了公司的长期偿债能力，比率越大，公司债务越小，偿债能力越强，债权人的权益就越有保障，但该比率过大易造成资金浪费。正常的比率在2～3之间。

第四，负债比率。负债比率反映了公司总负债和总资产之间的关系。计算公式为：

负债比率 = 负债总额/资产总额

该指标用于衡量公司长期和短期债务的保证程度。比率越高，债权人的保障越低，比率太低，则反映公司经营太过保守，不能充分利用财务杠杆的作用。

第五，股东权益和固定资产比率。该比率反映了公司固定资产规模以及固定资产购置中自有资金的比重。计算公式为：

股东权益和固定资产比率 = 股东权益总额/固定资产总额

该比率大于1，表示公司所购的固定资产的资金中有一部分来自负债，加重了企业偿债的压力。

第二类，经营效率分析的指标包括以下三个：

第一，存货周转率。公司存货不能带来收益，只有销售后才能实现利润。存货过多，积压大量流动资金，并增加费用支出；存货过少，不能满足市场需求。因此，存货和销货之间应有一个合理的比率，实践中常通过分析存货补进次数的比率来评价存货的流动性。计算公式为：

存货周转率 = 销货成本/平均存货

通常存货周转速度越快，流动资金的利用效率越高。

第二，固定资产周转率。固定资产周转率表示全年固定资产的周转次数。计算公式为：

固定资产周转率 = 销售收入/平均固定资产

固定资产周转率越高，利用效果越好，周转率过低，则可能存在设备闲置或投资过大等现象。

第三，股东权益周转率。股东权益周转率反映了公司自有资本运作效率。计算公式为：

股东权益周转率=销售收入/平均股东权益

股东权益周转率高，表示自有资本运用效率高，但过高的比率有可能反映出公司负债经营比重太高。

第三类，获利能力分析的指标有以下五个：

第一，销售毛利率。销售毛利率是销售毛利和销售收入之比。计算公式为：

销售毛利率=（销售收入－销售成本）/销售收入×100%

销售毛利率表示公司单位销售收入扣除销售成本后，有多少可以形成公司盈利的基础。由于这项比率相对稳定，投资者可根据此比率预测公司盈利。

第二，销售净利率。销售净利率是用以分析公司净利润和销售收入之间关系的指标。计算公式为：

销售净利率=净利润/销售收入×100%

销售净利率直接反映公司经营活动的盈利能力。较高的比率常反映公司的盈利能力较强；过低的比率反映公司获利能力差，公司可能存在成本过高、费用太大等现象。

第三，净资产收益率。净资产收益率又称股东权益收益率，是公司净利润和净资产之比。计算公式为：

净资产收益率=净利润/净资产×100%

净资产收益率反映了公司自有资本的获利能力，比率越高，投资收益越大。

第四，主营业务收益率。主营业务收益率反映了公司主营业务创利能力。计算公式为：

主营业务收益率=主营业务利润/主营业务收入×100%

通常该指标比率高，体现出公司主营业务突出，竞争能力较强。

第五，投资收益率。投资收益率是公司对外投资收益和平均投资额的比率。计算公式为：

投资收益率=投资收益/长期投资和短期投资平均数×100%

投资收益率反映了公司对外投资的获利能力。

第三节 证券技术分析

一、技术分析概述

技术分析是证券投资分析中极为重要的方面。上百年以来，众多的证券投资者在进行证券投资的实践中总结出来的多种技术分析方法，在今天看来仍然具有很强的指导意义。

（一）技术分析的涵义

所谓技术分析，是指直接对证券市场的市场行为所作的分析。其特点是通过市场过去和现在的行为，应用数学和逻辑的方法，探索出一些典型的规律，并据此预测市场的未来变化趋势。

（二）技术分析的三大假设

技术分析的理论基础基于三项合理的市场假设：市场行为涵盖一切信息；价格沿趋势移

动；历史会重演。

第一条假设是进行技术分析的基础。其主要思想是认为影响股票价格的每一个因素（包括内在的和外在的）都反映在市场行为中，不必对影响股票价格的因素具体是什么过多地关心。如果不承认这一前提条件，技术分析所作的任何结论都是无效的。

第二条假设是进行技术分析最根本、最核心的因素。其主要思想是股票价格的变动是按一定规律进行的，股票价格有保持原来方向运动的惯性。正是由于这一条，技术分析师们才花费大量心血，试图找出股票价格变动的规律。

第三条假设是从人的心理因素方面考虑的。在某种情况下，按一种方法进行操作取得成功，那么以后遇到相同或相似的情况，就会按同一方法进行操作；如果前一次失败了，后面这一次就不会按前一次的方法操作。

在三大假设之下，技术分析有了自己的理论基础。第一条肯定了研究市场行为就意味着全面考虑了影响股价的所有因素；第二条和第三条使得我们找到的规律能够应用于股票市场的实际操作之中。

（三）技术分析方法应用时应注意的问题

技术分析作为一种证券投资分析工具，在应用时应该注意以下问题：

第一，技术分析必须与基本面的分析结合起来使用，才能提高其准确程度，否则单纯的技术分析是不全面的。对于刚刚兴起的不成熟证券市场，由于市场突发消息较频繁，人为操纵的因素较多，所以仅靠过去和现在的数据、图表去预测未来是不可靠的，这方面的例子举不胜举。因此，除了在实践中不断修正技术分析参数外，还必须注意结合基本面分析。

第二，注意多种技术分析方法的综合研判，切忌片面地使用某一种技术分析结果。投资者必须全面考虑各种技术分析方法对未来的预测，综合这些方法得到的结果，最终得出一个合理的多空双方力量对比的描述。实践证明，单独使用一种技术分析方法有相当的局限性和盲目性。如果每种方法得到同一结论，那么这一结论出错的可能性就很小；如果仅靠一种方法，得到的结论出错的机会就大。为了减少自己的失误，需尽量多掌握一些技术分析方法，掌握得越多，肯定越有好处。

第三，前人和别人的结论要自己通过实践验证后才能放心地使用。由于股票市场能给人们带来巨大的收益，上百年来研究股票的人层出不穷，分析的方法各异，使用同一分析方法的风格也不同。前人和别人得到的结论是在一定的特殊条件和特定环境中得到的，随着环境的改变，前人和别人成功的方法在自己使用时有可能失败。

二、技术分析方法

（一）量价关系论

成交量是指一定时间交易中成交的股数。成交量和股价的分析在技术分析中占主导地位，尤其是成交量的分析更为重要，投资者和分析师常有“量为价先”的说法。量和价是同一时间内发生的两种指标，具有高度相关性。其间的关系我们可以归纳如下：

1. 价涨量增

价涨量增表明股价上涨是由市场需求造成的，表示股价将继续上升，如图7－1所示。

2. 价涨量缩

价涨量缩所反映的市场关系有多种：一是股价上升创出历史新高价，成交量却小于前一

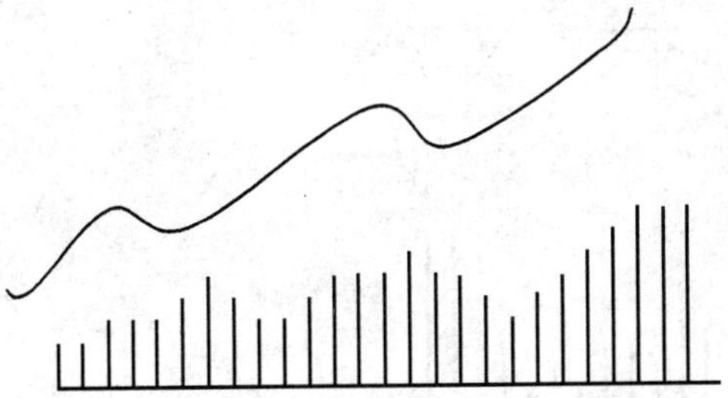

图 7－1 价涨量增

段上涨水平，这种量价背离的走势是转市的讯号，如图 7－2（A）所示。这种情况也有例外，如某些机构大户操纵公司股票，由于控制了这家公司极大比例的股票，进入拉升期后，价格上涨是以缩量为标志的，什么时候成交量大，则是做市者出货的讯号，如图 7－2（B）所示。二是在反弹行情中，股价回升到一定高度时，成交量递减，这使股价上升失去动力，预示股价即将回落，如图 7－2（C）所示。

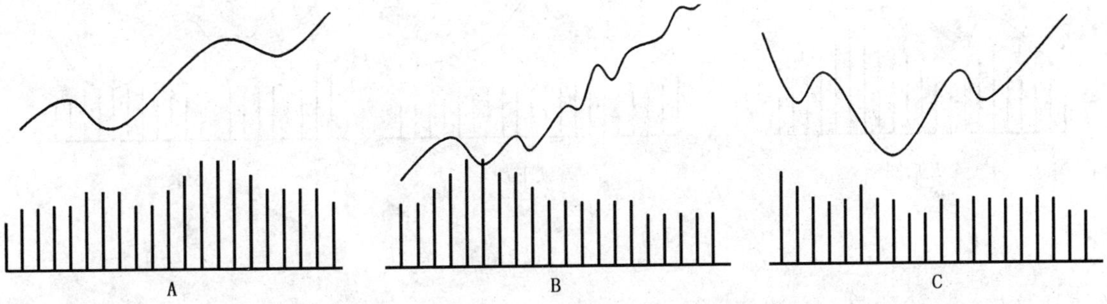

图 7－2 价涨量缩

3. 价跌量增

价跌量增反映两种基本情况：一是股价在高价区或整理区放量下跌，市场投资者处于恐慌之中，在这种氛围下，股价将进一步下跌；二是股价已持续下跌一段时间后，再次放量下跌，下跌速度加快，连续跌破诸如形态、支撑线、均线等，股票的短期供应能量迅速衰竭，只要多头组织反攻，行情就会反转或反弹，如图 7－3 所示。

4. 价跌量缩

价跌量缩反映了三种基本情况：一是在多头市场上，股价每次上升后的回档出现缩量，反映了投资者看好市场、持股待涨的心理，通常股价将持续上升；二是在空头市场中，股价连续小幅下跌，成交量逐步萎缩，这种情况反映市场处于低迷之中，成交量的萎缩是由于需求不足造成的，股价将进一步下探来寻找有效支撑；三是在空头市场末段出现反弹，成交量没有有效放大，股价再次回落，成交量进一步萎缩，这种情况反映了持股者的惜售心理，股价极有可能出现反转，如图 7－4 所示。

（二）K 线理论

K 线是日本幕府时代大阪米市场用于测算每天米价涨跌的图示法，后引入股票市场，经股市实践运用，效果较佳，现已受到广大投资者的欢迎，成为技术分析的一种基本理论。

股票价格由供需力量对比所决定，K 线就是以图示法来揭示供需关系，并用以预测价格

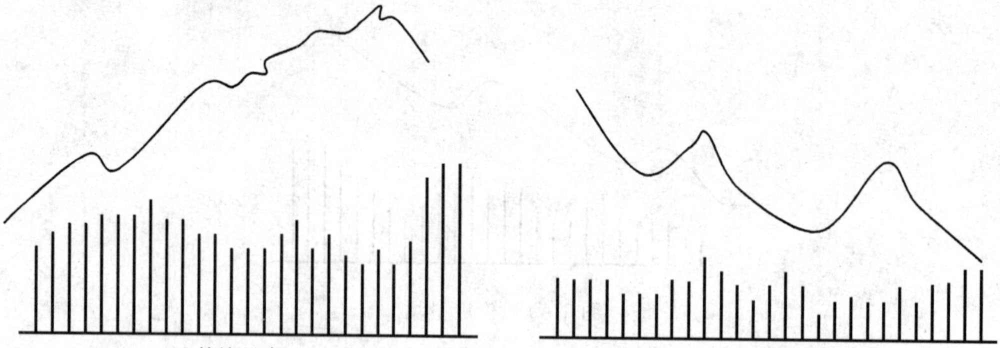

图 7－3　价跌量增

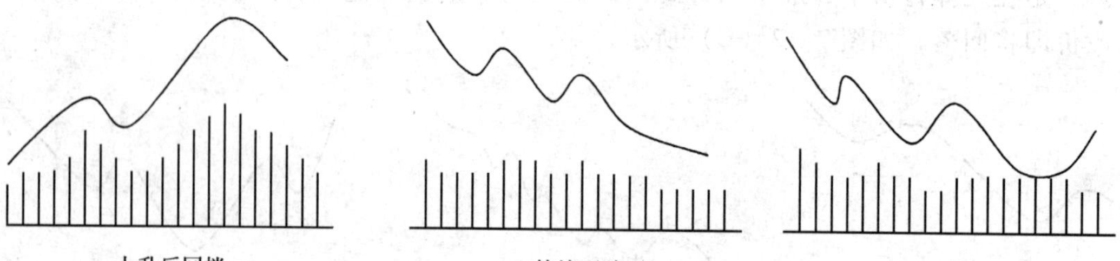

图 7－4　价跌量缩

的变动趋势。K 线的表示方法如图 7－5 所示。

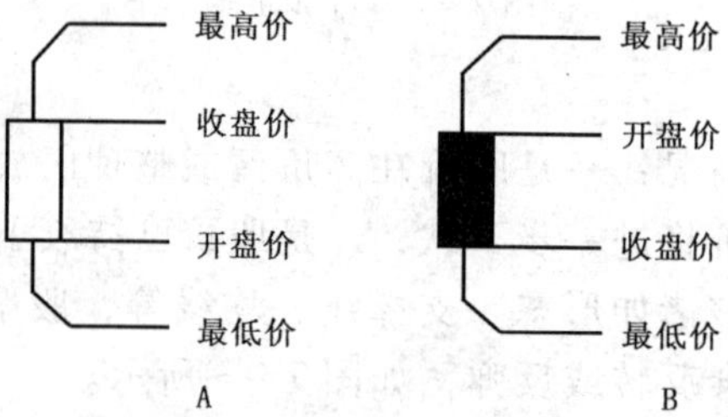

图 7－5　K 线制作示意图

图 7－5 中，K 线称作阴阳线。阳线是指收盘价高于开盘价的 K 线，中间柱状体称作实体，两头的直线称作影线，收盘价至最高价处的影线称作上影线，开盘价至最低价处的直线称下影线，如图 7－5（A）所示。图 7－5（B）的 K 线称作阴线，阴线是指收盘价低于开盘价的 K 线。开盘价到最高价处的直线称作上影线，收盘价到最低价处的直线称作下影线。

1. K 线的图形种类及意义

由于市场供需力量对比有强弱之分，且供需关系受各种因素影响，经常产生变化，这使 K 线出现不同的种类，如图 7－6 所示。

（1）小阳线以最低价开盘，最高价收盘，由于柱状体太小，表示买方占有优势，但优

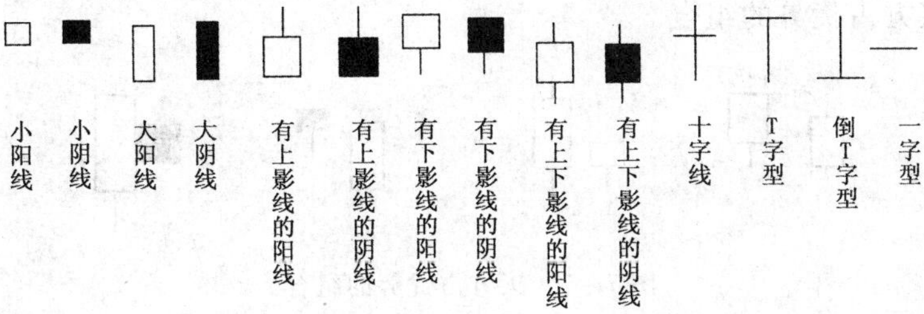

图 7－6　K 线图形种类

势有限。在盘整时，表示买方力量正在增加；在牛市时，买方稍占优势，卖方出现惜售心理；在熊市时，因买方补仓出现价格小幅上升，多为下跌抵抗型。

（2）小阴线以最高价开盘，最低价收盘，卖方略占优势。在盘整时，表示卖方力量逐渐加强；牛市时，如在股价大涨后出现，多为上升抵抗型，改变不了上升趋势；熊市时，表示买方力量逐渐加强，使股价下跌趋缓，但改变不了下跌趋势。

（3）大阳线以最低价开盘，最高价收盘，表示买方占尽上风。在低价区或盘整区出现，则意味着将出现一轮涨势，而在连续涨势后出现，则要防止股价回落。

（4）大阴线以最高价开盘，最低价收盘，卖方占绝对优势。这种 K 线类型多见于熊市中段，如在盘整区或牛市尾期出现，股价将出现一轮跌势；但如在低价区连续跌势后再出现大阴线，则有可能是最后一跌。

（5）带有上影线的阳线，表示买方受阻，上升趋缓。在 K 线实体大于影线时，买方仍有余力试探上攻；如实体小于上影线则表示上升阻力太大，短期上攻力量消失。

（6）带有上影线的阴线，表示股价上涨中遇到卖方阻击。当实体大于影线时，卖方占有优势；而当实体小于影线时，尽管以当日最低价收盘，但卖气已弱，后市有可能出现转势。

（7）带下影线的阳线表示先跌后涨，卖方气势已尽。而带下影线的阴线则属下跌抵抗型。此类 K 线如在低价区出现，则下影线越长越好，它表示在低价区买卖气势的此长彼消，后市反攻可能极大。

（8）有上下影线的阳线和阴线，表示买卖双方处于相对均势中，如上影线较长且大于实体，则表示空方略占优势；如下影线长且大于实体，则买方力量正在加强中；如实体大于上下影线，阳线时表示买方略占优势，而阴线时则表示卖方占优势。

（9）十字线表示买卖双方势均力敌，市场分歧正在加大，此图形如在低价区或高价区出现，多为转市讯号；在涨市中或跌市中出现，则表示短暂的调整，改变不了原有趋势。

（10）T 字型表示全天交易都在开盘价下方进行，收盘在最高价处，表示卖方势尽；而倒 T 字型则相反，表示买方力竭，此类图形在高价位区或低价位区出现都是强烈的变盘讯号。

（11）一字型表示全天交易集中在一个价位达成，通常表示交投清淡，但在有涨跌停板制度的市场上，则意味着涨停板和跌停板，显示买方极强或卖方极强。

2. K 线组合分析

（1）单根 K 线只有在特定价格区域中才有较大判析作用，平时则根据若干 K 线形成的组合进行研判，下面以两根 K 线组合来分析买卖气势。

图7－7是买方占优势的组合。

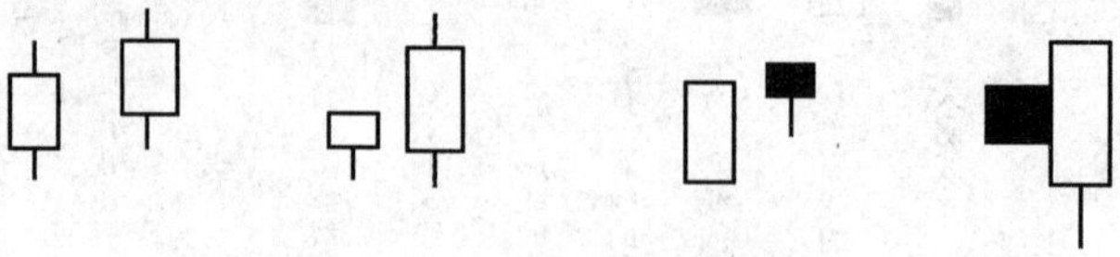

图7－7　买方占优势的组合

图7－8则是买方气势将竭，卖方力量占优势的组合。

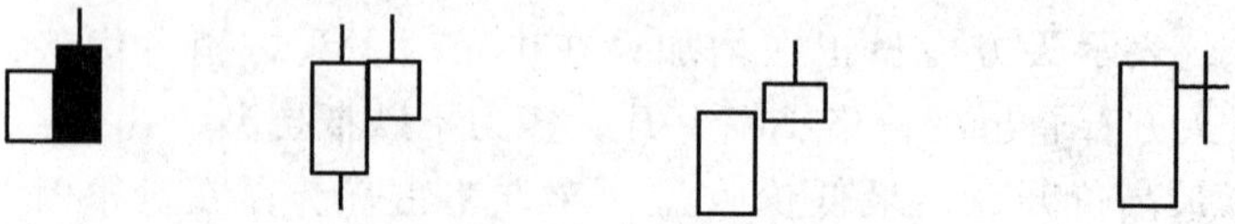

图7－8　优势向卖方转换的组合

图7－9是卖方气盛，买方势弱的组合。

图7－9　卖方占优势的组合

图7－10则是卖方气势逐渐削弱，买方气势渐生的组合。

图7－10　优势向买方转换的组合

（2）K线数量越多将越有助于正确判别市场趋势。我们以数根K线组合来分析买卖力量对比，其正确性要高于单根或两根K线组合。

图7－11是买方占有绝对优势的组合，这种图形在牛市经常出现，显示出牛市买气旺盛的景象，但在大幅上升之后，价格也常出现回落。

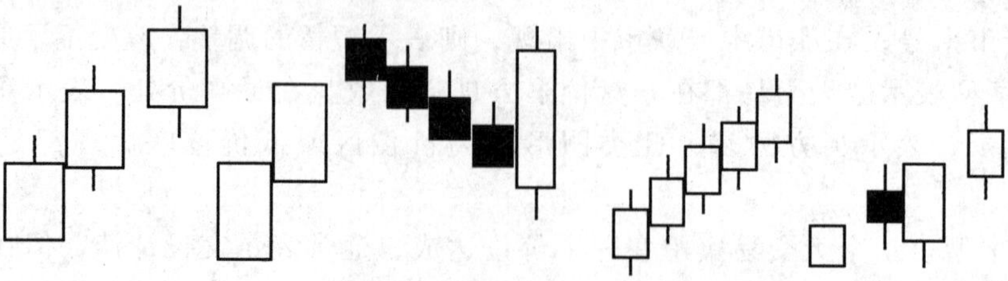

图7－11　买方占绝对优势的组合

图7－12则是多头优势渐失的组合，常出现在盘整末期或牛市尾期，预示股价将大幅下跌。

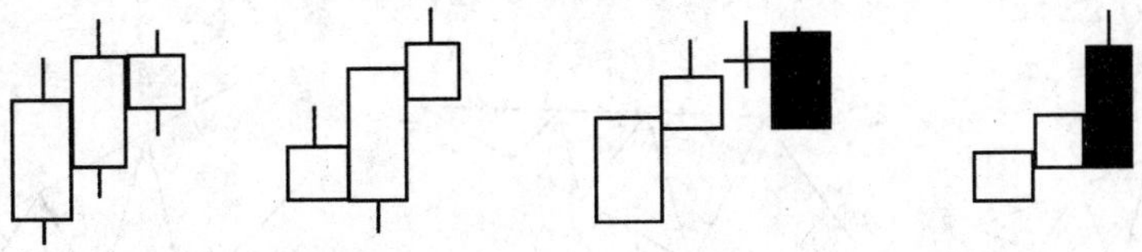

图 7－12 多头优势渐失的组合

图 7－13 是卖方力量占有绝对优势的组合，这种图形在熊市初期和中期经常出现，显示出熊市中卖气不断、买意不足的绝望景象，但在跌幅过大、人气低迷时，一轮反弹随时会出现。

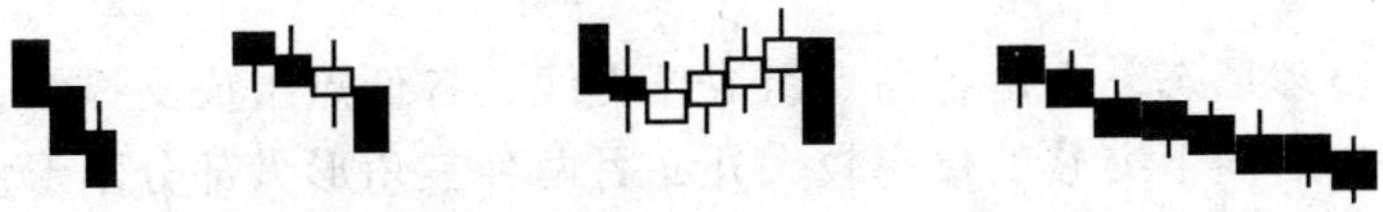

图 7－13 卖方占绝对优势的组合

图 7－14 是卖方力量即将消耗殆尽，买方力量将占主导地位的 K 线组合，常出现在一轮跌势后，预示股价将止跌回升，或至少止跌进入盘局。

图 7－14 卖方优势渐失的组合

对 K 线组合进行分析，不仅要分析其价格变动，还要研究其交易量的变化。如价格上涨伴随着成交量的逐渐放大，则说明价格上涨有量的配合，后市仍将上升；如上涨无量，则可能是机构大户刻意制造股价上升的势头，请君入瓮，随之股价有可能转头朝下。同样，若股价下跌，而交易量萎缩，则可能是机构大户进行震仓，来清除浮筹，以减轻股价进一步上升的压力。为正确研判大势，我们在使用日 K 线分析价格变动趋势时，也应关注周 K 线的变化，因为，日 K 线较易受短期供需的影响，易为机构大户操纵，以此来制造假象骗钱；而周 K 线因周期长，很难为少数人操纵，较能真实反映市况的变化。

（三）形态理论

把每天的收盘价连点成线就构成了价格形态。从技术分析的角度看，股价移动有着内在必然性，它受到供需双方力量强弱的影响。在一个时期，如买方势大，股价将逐步向上移动；如卖方势强，股价将向下移动；而一旦供需关系已呈明朗之势，股价将沿着惯性前进。通过对股价形态的分析，就可以捕捉买卖双方谁占优势的先机，从而进行投资决策。

股价形态分析主要是对某些价格密集交易的区域进行分析，寻找今后价格波动的趋势。价格密集区域有两种生成形式：一种出现在行情的起点或终点，我们称之为反转区域；另一种出现在行情的中途，我们称之为整理区域。在这些区域里，股价呈相对平衡之局，一有外力作用，股价将脱离形态，出现突破。下面我们列出经常发生的股价形态。

1. 三角形

三角形形态具体分为正三角形、上升三角形和下降三角形三种，如图 7－15 所示。

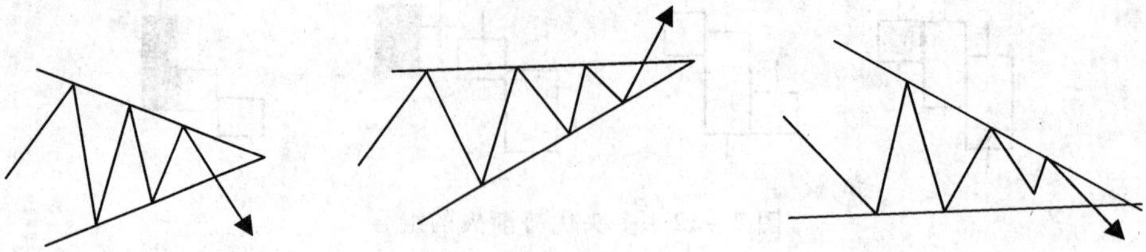

A. 正三角形　　B. 上升三角形　　C. 下降三角形

图7-15　三角形

三角形是一种整理形态，它由各高点组成压力线，各低点组成支撑线，收敛于顶点。除了下降三角形在形成后向下突破的概率较大外，另两种三角形大部分不形成突破，而转为另一类整理形态。表7-6是各类三角形判别的要点。

表7-6　三角形判别要点

类别 项目	正三角形	上升三角形	下降三角形
突破方向	不明	向上	向下
突破概率	25%	50%	90%
突破有效位置	第一高点到顶点的50%处至25%处	第一低点到顶点的50%处至25%处	第一高点到顶点的50%至25%处
突破后幅度	第一高点至第一低点垂直距离	压力线到第一低点垂直距离	支撑线到第一高点垂直距离
成交量变化	逐渐缩量，突破放量	上升放量，下跌缩量，突破放量	逐渐缩量，突破放量

2. 矩形

矩形由两条平行的水平线所组成，上面的切线为压力线，下面的切线是支撑线，股价在这一区域里狭幅波动，是一种典型的整理形态，如图7-16所示。

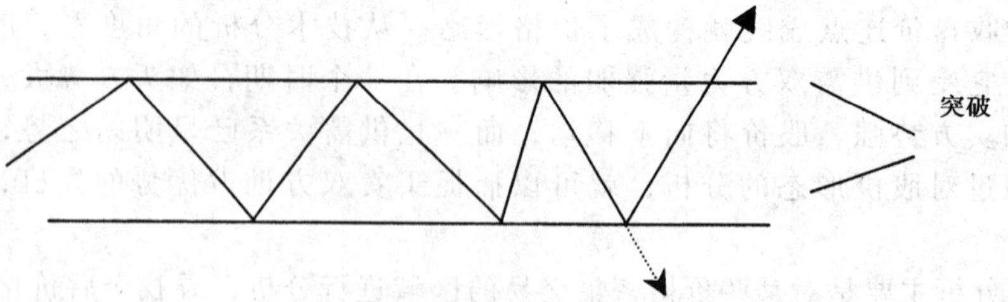

图7-16　矩形

股价在此形态中，上升遇压力线就回落，而下降碰支撑线就上升，几个来回后就形成了矩形。在此形态中，人气涣散，成交量逐渐萎缩。在上升趋势中形成的矩形，将来突破，会继续上升；在下降趋势中形成的矩形，突破后将继续朝下。形成突破时，一是成交量放大，二是冲破原有压力线或支撑线。突破后的波动幅度，在矩形垂直距离之上。

3. 旗形

在一段大幅上升或下跌的行情中，中途往往出现休整，后市的趋向往往令投资者迷茫，旗形就是行情中途进行研判的一个整理形态。旗形是以快速升降的股价作旗杆，整理形态作旗面所形成。从趋势上看，旗形有上升旗形和下降旗形；从旗面形态上看，则可分为平行四边形旗形和楔状旗形，如图 7－17 所示。

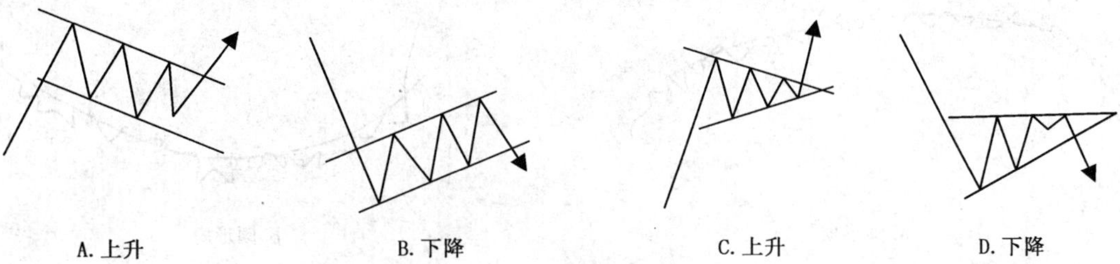

图 7－17　旗形

形态内，每段升降都在两三天左右，平行四边形旗形整理时间最长为 4 周，过时将失效，楔状旗形整理时间不超过 6 周。成交量在形态里逐渐萎缩，平行四边形旗形突破巨量，而楔状旗形则温和放量。突破后的波动幅度为原旗杆的垂直距离，平行四边形旗形突破后走势凌厉，斜率陡峭；而楔状旗形则以抛物状抵达理论幅度。

4. 双重顶和双重底

双重顶又称 M 头，在高价区出现。双重底又称 W 底，出现在低价区，是常见的反转形态，两者特征相反，如图 7－18 所示。我们以双重底为例，阐明其形成原理。第一段跌势陡峭，由于股价已低，持有者开始惜售，逢低买盘踊跃，造成 V 形反弹，由于投资者不看好后市，一有获利，纷纷兑现，使股价再次下跌，跌到原来反弹处，供需都呈极度萎缩，股价呈牛皮状态，形成了 W 底。双重顶（底）的第一顶（底）呈三角形，成交量较大，第二顶（底）接近圆弧形，成交量缩小，形态形成的时间往往比较长，至少一个月以上，短期形成的双重顶（底）多为整理形态。双重顶（底）的突破是以放量突破颈线为标志的。突破的确认：一是突破幅度在 3% 以上；二是股价有可能反抽，回到颈线位。验证颈线的反压或支撑作用，突破的理论幅度是以第二顶（底）到颈线的垂直距离来测量。

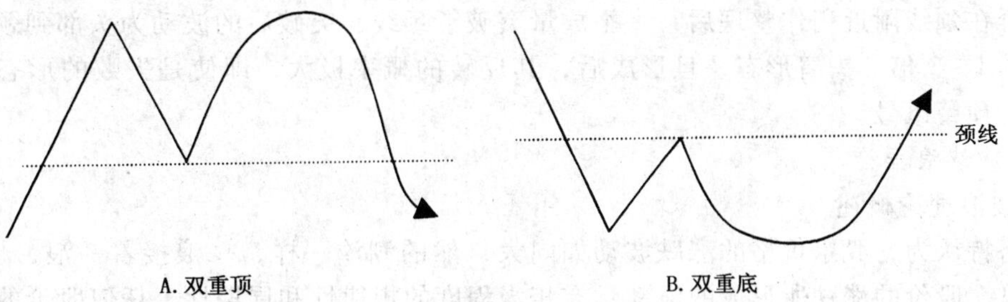

图 7－18　双重顶和双重底

5. 圆形顶和圆形底

圆形顶出现在多头市场尾期，圆形底则出现在空头市场末期，同属反转状态，两者特征也正好相反，如图 7－19 所示。我们以圆形顶为例来阐明其形成原理。当股价进入高价区，买者逐渐减少，使得股价上升速度趋缓，经过一段时间的反复涨跌，空头逐渐占了上风，股价开始快速下跌。圆形的形成时间需一个月以上。在形态内，成交量逐渐缩小，突破时成交量增加，突破后的波动幅度之深，难以测算。

图 7－19　圆形顶和圆形底

6. 头肩顶和头肩底

头肩形也是一种头部或底部的反转形态，头肩顶和头肩底的形态特征正好相反。从形态上看，头肩形有时会出现复合形态，如图 7－20 所示。

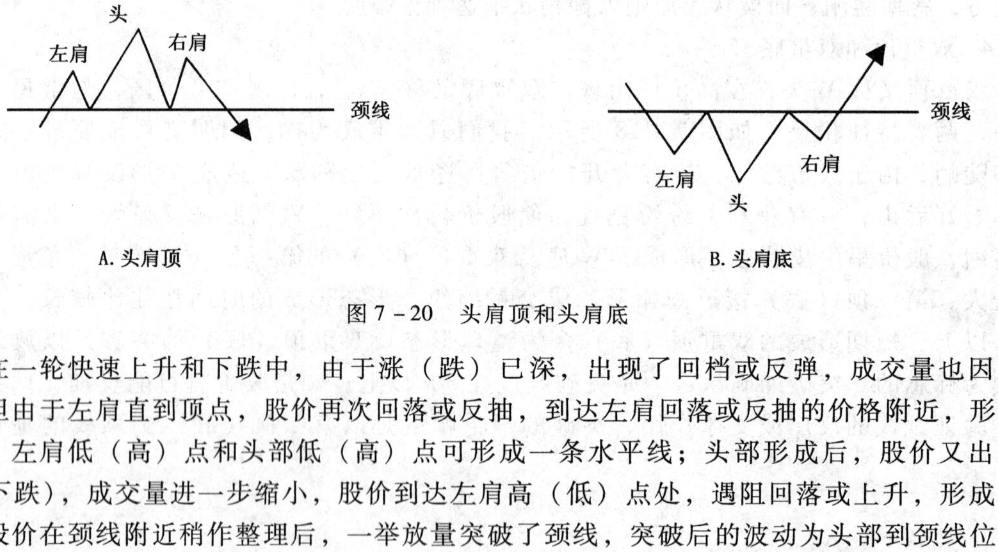

图 7－20　头肩顶和头肩底

在一轮快速上升和下跌中，由于涨（跌）已深，出现了回档或反弹，成交量也因而增加，但由于左肩直到顶点，股价再次回落或反抽，到达左肩回落或反抽的价格附近，形成了头部，左肩低（高）点和头部低（高）点可形成一条水平线；头部形成后，股价又出现上升（下跌），成交量进一步缩小，股价到达左肩高（低）点处，遇阻回落或上升，形成了右肩，股价在颈线附近稍作整理后，一举放量突破了颈线，突破后的波动为头部到颈线位的垂直距离的 1～3 倍。头肩形态一旦形成后，其反转的概率极大，即使是失败的形态，往往也是反转的预警讯号。

（四）波浪理论

1. 波浪理论概述

艾略特认为，股票价格的涨跌波动如同大自然的潮汐一样，一浪接着一浪，周而复始，循环不息。股价的涨跌所形成的波动具有相当程度的规律性和周期性，任何股价的波动均有迹可寻。投资者可以根据这些规律来预测股价未来的趋势，以采取不同的投资策略。

根据波浪理论，一个完整的股市涨跌周期由五波浪推动和三波浪调整所组成。无论涨跌幅度有多大和多小，无论时间有多长或多短，更无论股价是上涨还是下跌，任何一个股价运动的波浪均属于较大一级波浪之中的一部分。而每一个不同级数的波浪走势都是息息相关的，任何一个级数的波浪都可以分为次一级数的波浪。也就是说，一个大波浪总是由数个次一级的小波浪组成的，而数个低一级的小波浪可以组成一个高一级的大波浪。

在股价上升的趋势中，只要股价不向下跌破前一波浪的最低价，它的上升波浪就尚未结束，然而一旦跌破前一波浪的最低点，它的上升波浪已在反转向下前的最高价位之处结束。相反，在股价下跌的趋势里，只要股价不向上突破前一浪的最高价，它的下跌波浪就尚未结束，然而一旦突破前一波浪的最高点，它的下跌波浪就已在反转向上的最低价位处结束。因此，只要投资者能辨明股价的运动趋势，就可事先预测到任何一个不同级数的波浪的起点和终点，从而为投资者提供成功机率极高的可能性，这是波浪理论的最有价值之处。

2. 波浪理论的基本特点

根据波浪理论，一个完整的股市涨跌周期由五波浪推动和三波浪调整所组成。因此，波浪理论可概括为“八浪循环”，如图 7－21 所示。

波浪理论具有以下几个最基本的特点：（1）上升浪和下跌浪永远交替运行；（2）基本的波浪形态包括顺势 5 个浪、逆势 3 个浪共 8 个浪组成一个完整的循环周期。顺势 5 个浪即推动浪用阿拉伯数字 1、2、3、4、5 表示；逆势浪即调整浪用字母 a、b、c 表示，如图 7－21所示。

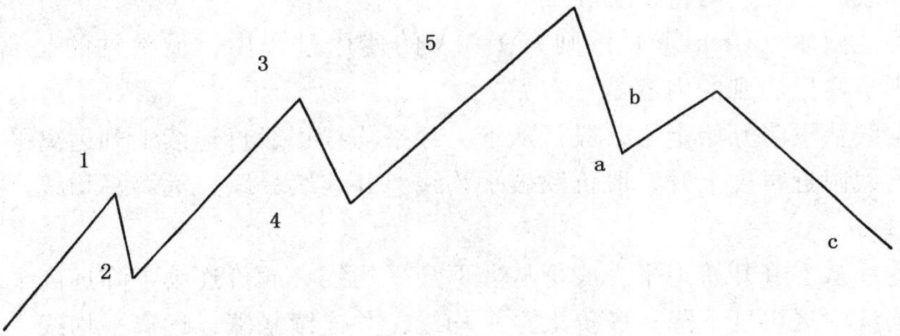

图 7－21　八浪循环

3. 波浪理论的规律

艾略特提出了几个波浪理论不可违背的数浪定律，就是投资者经常听说的波浪理论的铁律。美国的技术分析大师普拉克特强调，至今为止，他还没有找到任何理由来怀疑这些定律的可靠性。由于波浪的形成结构是波浪理论的基础，因此，数浪的正确与否，直接影响到投资者的投资策略，对波浪理论的铁律必须熟记于心，因为它们是分辨波浪或预测走势时最重要的工具之一。

波浪理论的铁律有六条：①推动浪必定由 5 个次一级的波浪组成；②调整浪是由 3 个次一级的波浪组成；③在第一、三、五的 3 个浪中，第三浪绝对不是最短的波浪，而往往是最长的波浪；④第二浪的底不能低于第一浪的起点；⑤第四浪的底不能与第一浪的顶重叠；⑥修正浪中的 c 浪必定可再细分为 5 个次一级的浪，除非这个 c 浪本身是最小级数的浪。

（五）技术指标分析

在技术分析中，有众多技术指标可供投资者使用，下面介绍几种常用的技术指标。

1. 价格平滑指标

移动平均线和平滑异同移动平均线有一个共同点，即都是对前期股价进行平滑之后的产物。

正是由于两个指标的产生过程类似，反映的是股价同一方面的内容，所以，这两个指标在操作手法上有很多相通的内容。

（1）移动平均线（MA）。MA 计算方法就是求连续若干天市场价格（通常采用收盘价）的算术平均。天数就是 MA 的参数。10 日的移动平均线常简称为 10 线即 MA（10），同理我们有 5 日线、15 日线等概念。

第一，移动平均线的特点。

一是追踪趋势。

二是滞后性。在股价原有趋势发生反转时，由于 MA 的追踪趋势的特性，MA 的行动往往过于迟缓，调头速度落后于大趋势，这是 MA 的一个极大的弱点。等 MA 发出反转信号时，股价调头的深度已经很大了。

三是稳定性。

四是助涨助跌性。当股价突破了 MA 时，无论是向上突破还是向下突破，股价有继续向突破方向再走一程的愿望，这就是 MA 的助涨助跌性。

五是支撑线和压力线的特性。

第二，葛兰威尔（Granvile）法则。在 MA 的使用过程中，最常见的是葛兰威尔法则，简称葛氏法则。葛氏法则的内容是：

一是平均线从下降开始走平，股价从下上穿平均线；股价连续上升远离平均线，突然下跌，但在平均线附近再度上升；股价跌破平均线，并连续暴跌，远离平均线。以上三种情况均为买入信号。

二是平均线从上升开始走平，股价从上下穿平均线；股价连续下降远离平均线，突然上升，但在平均线附近再度下降；股价上穿平均线，并连续暴涨，远离平均线。以上三种情况均为卖出信号。

（2）平滑异同移动平均线（MACD）。我们主要介绍 MACD 的应用法则。利用 MACD 进行行情预测，主要是从两个方面进行：

第一，以 DIF 和 DEA 的取值和这两者之间的相对取值对行情进行预测。其应用法则如下：

其一，DIF 和 DEA 均为正值时，属多头市场。DIF 向上突破 DEA 是买入信号；DIF 向下跌破 DEA 只能认为是回落，作获利了结。

其二，DIF 和 DEA 均为负值时，属空头市场。DIF 向下突破 DEA 是卖出信号；DIF 向上突破 DEA 只能认为是反弹，作暂时补空。

我们知道，DIF 是正值，说明短期的比长期的平滑移动平均线高，这类似于 5 日线在 10 日线上，所以是多头。DIF 与 DEA 的关系就如同股价与 MA 的关系一样，DIF 的上升或下降，进一步又是股价的上升和下降信号。

第二，利用 DIF 的曲线形状，利用形态进行行情分析。主要是采用指标背离原则，这个原则是技术指标中经常使用的。具体的叙述是：如果 DIF 的走向与股价走向相背离，则此时是采取行动的信号，至于是卖出还是买入，要依 DIF 的上升或下降而定。

MACD 的优点是除掉了 MA 产生的频繁出现的买入卖出信号，使发出信号的要求和限制增加，避免假信号的出现，用起来比 MA 更有把握。

MACD 的缺点同 MA 一样，在股市没有明显趋势而进入盘整时，失误的时候极多。另外，对未来股价的上升和下降的深度不能提出有帮助的建议。

2. 能量变化指标

OBV 的英文全称是 On Balance Volume，中文名称直译是平衡交易量。有些人把每一天的成交量看作海的潮汐，形象地称 OBV 为能量潮。OBV 是由葛兰威尔于 20 世纪 60 年代提出并广泛流行的。我们可以利用 OBV 验证当前股价走势的可靠性，并可以由 OBV 得到趋势可能反转的信号，这对于准确预测未来是很有用的。比起单独使用成交量来，OBV 比成交量看得更清楚。

OBV 的应用法则和注意事项：

（1）OBV 不能单独使用，必须与股价曲线结合使用才能发挥作用。

（2）计算 OBV 有一个选择最初值的问题，最初值可由使用的人自行确定一个数值。

（3）OBV 曲线的上升和下降对我们进一步确认当前股价的趋势有着很重要的作用。

第一，股价上升（下降），而 OBV 也相应地上升（下降），则我们更可以确认当前的上升（下降）趋势。

第二，股价上升（下降），但 OBV 并未相应地上升（下降），则我们对目前的上升（下降）趋势的认定程度就要大打折扣。这就是背离现象，OBV 已经提前告诉我们趋势的后劲不足，有反转的可能。

（4）对别的技术指标适用的形态学和切线理论的内容也同样适用于 OBV 曲线。W 底和 M 头等著名的形态学结果也适用于 OBV。

（5）在股价进入盘整区后，OBV 曲线会率先显露出脱离盘整的信号，向上或向下突破，且成功率较大。

3. 市场动力指标

（1）KDJ 指标。KDJ 指标的中文名称是随机指数（Stochastics），是由 George Lane 首创的。

（2）KDJ 指标的应用法则。KDJ 指标是三条曲线，在应用时主要从五个方面进行考虑，即 KD 取值的绝对数字、KD 曲线的形态、KD 指标的交叉、KD 指标的背离、J 指标的取值大小。

第一，从 KD 的取值方面考虑。KD 的取值范围都是 0～100，将其划分为几个区域：超买区、超卖区、徘徊区。按一般的划分法，80 以上为超买区，20 以下为超卖区，其余为徘徊区。

根据这种划分，KD 超过 80 就应该考虑卖出了，低于 20 就应该考虑买入了。这种操作是很简单的，同时又是很容易出错的，完全按这种方法进行操作很容易招致损失。大多数对 KD 指标了解不深入的人，以为 KD 指标的操作就限于此，故而对 KD 指标的作用产生误解。

应该说明的是，上述对0~100的划分只是一个应用KD指标的初步过程，仅仅是信号。真正作出买卖的决定还必须结合考虑其他因素。

第二，从KD指标曲线的形态方面考虑。当KD指标在较高或较低的位置形成了头肩形和多重顶（底）时，是采取行动的信号。注意，这些形态一定要在较高位置或较低位置出现，位置越高或越低，结论越可靠，越正确。操作时可按形态学方面的原则进行。

对于KD的曲线，我们也可以画趋势线，以明确KD的趋势。在KD的曲线图中仍然可以引进支撑线和压力线的概念。某一条支撑线和压力线被突破，也是采取行动的信号。

第三，从KD指标的交叉方面考虑。K与D的关系就如同股价与MA的关系一样，也有死亡交叉和黄金交叉的问题，不过这里交叉的应用是很复杂的，还附带很多其他条件。下面以K从下向上与D交叉为例进行介绍。

K上穿D是金叉，为买入信号，这是正确的。但是出现了金叉是否应该买入，还要看别的条件。

第一个条件是金叉的位置应该比较低，是在超卖区的位置，越低越好。

第二个条件是与D相交的次数。有时在低位，K、D要来回交叉好几次。交叉的次数以2次为最少，越多越好。

第三个条件是交叉点相对于KD线低点的位置，这就是常说的“右侧相交”原则。K是在D已经抬头向上时才同D相交，比D还在下降时与之相交要可靠得多。换句话说，右侧相交比左侧相交好。

满足了上述条件，买入就放心一些。少满足一条，买入的风险就多一些。但是，如果要求每个条件都满足，尽管比较安全，但也会错过很多机会。

对于K从上向下穿破D的死叉，也有类似的结果。

第四，从KD指标的背离方面考虑。简单地说，背离就是走势的不一致。KD处在高位或低位，如果出现与股价走向的背离，则是采取行动的信号。

当KD处在高位，并形成两个依次向下的峰，而此时股价还在一个劲地上涨，这叫顶背离，是卖出的信号；与之相反，KD处在低位，并形成一底比一底高，而股价还继续下跌，这构成底背离，是买入信号。

第五，J指标取值超过100和低于0，都属于价格的非正常区域，大于100为超买，小于0为超卖。

（3）相对强弱指标（RSI）。相对强弱指标RSI（Relative Strength Index）是与KD指标齐名的常用技术指标。RSI以一特定时期内股价的变动情况推测价格未来的变动方向，并根据股价涨跌幅度显示市场的强弱。RSI的应用法则为：

第一，不同参数的两条或多条RSI曲线的联合使用。同MA一样，天数越多的RSI考虑的时间范围越大，结论越可靠，但速度慢，这是无法避免的。

参数小的RSI我们称为短期RSI，参数大的RSI我们称之为长期RSI。这样，两条不同参数的RSI曲线的联合使用法可以完全照搬MA中的两条MA线的使用法则。即：短期RSI>长期RSI，则属多头市场；短期RSI<长期RSI，则属空头市场。当然，这两条只是参考，不能完全照此操作。

第二，根据RSI取值的大小判断行情。

将 100 分成四个区域，根据 RSI 的取值落入的区域进行操作，如表7－7所示。

表 7－7　**RSI 取值区域及其投资操作**

RSI 值	市场特征	投资操作
80～100	极强	卖出
50～80	强	买入
20～50	弱	卖出
0～20	极弱	买入

极强与强的分界线和极弱与弱的分界线是不明确的，换言之，这两个区域之间不能画一条截然分明的分界线，这条分界线实际上是一个区域。我们在其他的技术分析书籍中看到的 30、70 或者 15、85，这些数字实际上是对这条分界线的大致的描述。应该说明的是，这条分界线位置的确定与以下两个因素有关：

其一，与 RSI 的参数有关。不同的参数，其区域的划分就不同。一般而言，参数越大，分界线离中心线 50 就越近，离 100 和 0 就越远。

其二，与选择的股票有关。不同的股票，由于其活跃程度不同，RSI 所能达到的高度也不同。一般而言，越活跃的股票，分界线离 50 就应该越远；越不活跃的股票，分界线离 50 就越近。

随着 RSI 的取值超过 50，表明市场进入强市，可以考虑买入，但是强过了头，我们就该抛出了。物极必反，量变引起质变都是对这个问题很好的说明。

第三，从 RSI 的曲线形状判断行情。当 RSI 在较高或较低的位置形成头肩形和多重顶（底），是采取行动的信号。这些形态一定要出现在较高位置或较低位置，离 50 越远越好，越远结论越可信，出错的可能就越小。形态学中有关这类形状的操作原则，这里都适用。

与形态学紧密相联系的趋势线在这里也有用武之地。RSI 在一波一波的上升和下降中，也会给我们提供画趋势线的机会。这些起着支撑线和压力线作用的切线一旦被突破，就是我们采取行动的信号。

第四，从 RSI 与股价的背离方面判断行情。RSI 处于高位，并形成一峰比一峰低的两个峰，而此时，股价却对应的是一峰比一峰高，这叫顶背离。股价这一涨是最后的衰竭动作（如果出现跳空就是竭尽缺口），这是比较强烈的卖出信号。与这种情况相反的是底背离。RSI 在低位形成两个依次上升的谷底，而股价还在下降，这是最后一跌或者说是接近最后一跌，是可以开始建仓的信号。相对而言，用 RSI 与股价的背离来研判行情的转向成功率较高。

（4）威廉指标（WMS 或 R）。这个指标是由 Larry Williams 于 1973 年首创的。WMS% 表示是市场处于超买还是超卖状态。

WMS 的操作法则也是从两方面考虑：一是从 WMS 取值的绝对数值，二是从 WMS 曲线的形状。

第一，从 WMS 的绝对取值方面考虑。WMS 的取值介于 0～100 之间，以 50 为中轴将其分为上下两个区域。在上半区，WMS 大于 50，表示行情处于弱势；在下半区，WMS 小于 50，表示行情处于强势。

当WMS高于80，即处于超卖状态，行情即将见底，应当考虑买进。

当WMS低于20，即处于超买状态，行情即将见顶，应当考虑卖出。

这里80和20只是一个经验数字，不是绝对的，有些个别的股票可能要求比80大，也可能比80小，不同的情况产生不同的买进线和抛出线，要根据具体情况，在实战中不断摸索。同时，WMS在使用过程中应该注意与其他技术指标相配合。在盘整过程中，WMS的准确性较高；而在上升或下降趋势当中，却不能只以WMS的超买超卖信号为依据来判断行情即将反转。

第二，从WMS的曲线形状考虑。这里只介绍背离原则以及撞顶和撞底次数的原则。

在WMS进入高位后，一般要回头，如果这时股价还继续上升，这就产生背离，是卖出的信号。

在WMS进入低位后，一般要反弹，如果这时股价还继续下降，这就产生背离，是买进的信号。

WMS连续几次撞顶（底），局部形成双重或多重顶（底），则是卖出（买进）的信号。

思考与练习

一、名词解释

基本分析

技术分析

二、问答

1. 简述新经济对证券投资理论的挑战。
2. 请评价宏观经济形势的相关变量变化对证券价格的影响。
3. 简述行业的生命周期。
4. 简述技术分析的三大假设。
5. 简述波浪理论。

三、思考题

为什么很多人发现在中国证券市场基本分析与技术分析往往失灵？

第八章

证券法律规范与证券市场监管

学习目标

通过本章的学习，掌握我国证券市场的法规体系和监管体系的历史沿革与现状。

第一节　证券法规体系

证券法规是指与证券发行、交易和证券商管理直接相关的一系列法律、法规的集合，并不是单指被冠以“证券法”一类名称的法律、法规。从法理上讲，证券法和与之相关的法律、法规以及根据它们制定的各种行政命令形式的法律文件，一起构成证券法规体系。

一、三大证券法规体系

证券立法和其他立法一样，因社会、经济、历史和法律的传统不同，各国证券立法繁简不一，内容各异。同时，由于各国政府对证券市场的认识不同、证券市场的发育程度不同、以及政府管理经济的手段不同，也使证券立法存在差异。从各国或地区证券立法的本质和总规律看，证券法规体系可以分为三大类，即以专门立法为主的证券法规体系、以自律规则为主的法规体系和以商法为基础的法规体系。

（一）以专门立法为主的法规体系

以专门立法为主的法规体系也称为美国法系，是指在一国或地区的证券立法中，制定有专门的证券基本法律，如《证券法》、《证券交易法》等，并以此为基础，制定一些单行的证券法规，这些证券基本法和单行法规在该国证券体系中居于主导地位，是调整和管理该国证券市场活动的主要法律。一般实行集中型证券监管体制的国家，在证券立法中多形成以专门立法为主的法规体系。美国是集中型证券监管体制的典型代表，也是以专门立法为主的证券法规体系的代表。实行这一法规体系的国家和地区还有日本、韩国和我国台湾地区等。

（二）以自律规则为主的法规体系

以自律规则为主的法规体系也称为英国法系，是指在一国的证券立法中，自律管理规则占主导地位，在该国证券市场管理中起主要作用。其特点是：一般没有专门的证券基本法律，有关规范证券市场的政府立法较少。实行自律型证券监管体制的国家在证券立法时多形成这一法规体系。英国是这一体系的代表。我国香港、新加坡、澳大利亚、马来西亚等国家和地区都实行这一法规体系，只是由于这些国家采用不同年代的英国法令，近年来又受国际国内的政治、经济因素的影响，在内容上有所差别。

（三）以商法为基础的法规体系

以商法为基础的法规体系也称为欧陆法系，是指在一国的证券立法中没有综合性的证券基本法，有关证券市场管理的法规主要公布在公司法和商法中。这类法规体系的特点有：一是证券立法比较分散。立法机关制定的法规在证券立法中占主导地位，但缺乏综合性的证券基本法，专门的证券立法也较少，证券市场活动被作为一种商事活动，主要由传统的商事法调整，这也决定了这一法规体系的证券立法比较分散。二是自律规则的作用也比较大。实行综合性证券监管体制的国家多采用这一法规体系，德国是这一体系的典型代表。

二、我国现行的证券法规体系

（一）我国证券法规体系的建立过程

20世纪80年代初，随着我国证券市场的恢复，证券立法工作也重新开始，并随着证券市场的发展而不断发展与完善。回顾我国几十年来的证券立法历程，我国证券法规体系的建设经历了三个阶段：

第一阶段是20世纪80年代初，我国证券立法以规范债券的发行为主，也有一些地方立法涉及规范股票的发行与交易。1981年，我国恢复发行国债，国务院制定了《1981年国库券条例》。此后，为了配合国债的发行，加强国债市场管理，每年均制定了国库券条例。除了国库券条例外，国务院和人民银行还颁布了许多有关外币债券、企业债券、国家重点建设债券的管理条例和办法。与此同时，地方立法内容涉及股票和企业债券的发行与交易以及企业的股份制改造。

第二阶段是20世纪90年代初期，主要是从1990年到1992年年末，国务院及其有关部委制定了大量有关股份制试点的法规，形成了一整套关于股份制企业组建和试点的政策、法规。对证券一级市场来说，主要是规范一级市场以及作为证券发行者的上市公司的行为；对证券二级市场来说，主要是深圳和上海两地有关证券交易所的地方立法。

第三阶段是1993年以后，我国的证券立法取得了长足的发展，有关证券发行与交易的立法不断发展和完善，证券法规体系已基本形成。1993年以来，我国制定了大量证券法规，已形成由全国人大及其常委会制定的法律、国务院制定的行政法规、证券主管机关和其他具有证券监管职能的有关部委制定的规章，以及地方立法机关、地方政府制定的地方性证券法规和规章组成的多层次的证券法规体系。

（二）我国目前的证券法规体系

我国目前的证券法规内容已涉及证券市场的方方面面，这些内容包括：

1. 证券市场的基本法律

目前，我国证券市场的基本法律主要是《中华人民共和国证券法》（以下简称《证券法》）和《中华人民共和国公司法》（以下简称《公司法》）。这类法律的特征是规定证券发行与交易的基本问题，实行对证券市场的宏观管理，其他证券法规以基本法律为基础，在内容上不得违背基础法律的原则和精神。

《证券法》1998 年年底颁布，1999 年 7 月 1 日正式实施，是我国证券市场方面的基本法。《证券法》的调整对象为证券市场各类参与主体，其范围涵盖了证券发行、证券交易和证券监管，其核心旨在保护投资者的合法权益，维护社会经济秩序和社会公共利益。《证券法》在证券发行、证券交易、上市公司收购、证券交易所、证券公司、证券登记结算机构、证券交易服务机构、证券业协会、证券监督管理机构等方面均作了规定，使证券市场的一些基本问题有法可依，在很大程度上理顺和完善了我国证券法规体系。

《公司法》是 1993 年颁布的，其调整对象为公司的组织和行为，范围包括股份有限公司和有限责任公司，核心旨在保护公司、股东和债权人的合法权益。《公司法》最核心的内容是规范公司法人治理结构的关系。其中有直接规定证券市场的活动的法规条文，如股份有限公司股份和债券的发行与转让以及上市公司的规定等；也有间接规定证券市场活动的法规条文，如有关股份有限公司的财务会计、公司合并与分立、公司的破产、解散与清算等涉及上市公司的规定。因此，《公司法》虽然不是专门规范证券市场的法律，但也是证券市场的基本法律之一。

在《证券法》颁布以前，1993 年国务院制定的《股票发行与交易管理暂行条例》在形式上不属于证券市场的基本法律，但在内容上具有证券市场基本法律的特征，在实践中，也执行着证券市场基本法律的职能。

2. 有关证券发行的法规

有关证券发行的法规专门就证券发行中的一些特殊问题作了规定，内容涉及证券类别、证券发行条件、发行程序、包销承购办法和承销责任、认购办法等。如中国证监会 1995 年制定的《关于股票发行与认购办法的意见》和 1996 年制定的《关于股票发行与认购方式的暂行规定》、原国务院证券委 1996 年制定的《证券经营机构股票承销业务管理办法》等。

3. 规范证券交易行为的法规

规范证券交易行为的法规很多，其中最主要的法规是原国务院证券委 1993 年制定的《禁止证券欺诈行为暂行办法》，对证券市场可能出现的内幕交易、操纵市场、证券欺诈和虚假信息等行为，在法律上进行了明确的界定，并作出禁止性规定。

4. 规范证券经营机构和从事证券相关业务的中介机构及其从业人员的法规

（1）规范证券经营机构的行为对维护整个证券市场的稳定、健康发展和保障投资者权益具有重要意义。规范证券经营机构行为的法规内容涉及证券经营机构的设置、业务资格的取得和业务范围、业务活动规则以及从业人员的管理，主要有 1993 年的《国债一级自营商管理办法（试行）》、1996 年的《证券经营机构证券自营业务管理办法》、2003 年的《证券从业人员资格管理办法》和 2006 年的《证券市场禁入规定》、《证券公司风险控制指标管理办法》等。

（2）规范从事证券相关业务的注册会计师事务所、资产评估机构和律师事务所的有关业务活动，对防止证券欺诈有着重要意义。这方面的法规主要有：1993 年制定的《关于从事证券业务的会计师事务所、注册会计师资格确认的规定》和《关于从事证券法律业务律师及律师事务所资格确认的暂行规定》，1996 年制定的《会计师事务所、注册会计师从事证券相关业务许可证管理暂行办法》等。

（3）规范证券投资咨询机构及投资咨询人员的资格认定和业务管理，对防止虚假信息干扰证券市场和保护投资者的利益有着重要的作用。在这方面，有1997年制定的《证券、期货投资咨询管理暂行办法》，该办法对证券、期货投资咨询机构的设立，证券、期货投资咨询人员资格的取得及其业务管理作了详细规定。

5. 有关证券交易所的规定

我国有关证券交易所的法规最早是1991年深圳证券交易所制定的《深圳证券交易所营业细则》、《深圳证券交易所业务规则》和《深圳证券交易所章程》，这些规章对证券交易所的性质、组织机构、业务管理、交易时间、交易方法、交易规则等均作了规定。上海证券交易所也作了类似的规定。1993年制定的《证券交易所管理暂行办法》，对证券交易所的性质、设立和解散，证券交易所的职能、组织、内部管理以及对证券交易所的监督管理等，作了详细规定。1997年修改了证券交易所的管理办法，并改名为《证券交易所管理办法》，使有关证券交易所的法规渐趋完善。

6. 有关各类证券的专门规定

目前，我国证券市场上发行与交易的证券包括股票、企业债券、可转换公司债券、证券投资基金、国债等，对这些不同的证券，我国都有专门立法予以规范。如1993年制定的《企业债券管理条例》，对企业债券的票面内容、持有人的权利与义务、企业债券的发行条件和程序、发行人的权利与义务、企业债券交易等作了规定。2003年制定了《证券投资基金法》，对证券投资基金的有关事项作了详细规定。

从我国证券立法的法规组成结构和法规内容看，我国证券法规体系已经形成。在这一体系中，有综合性的证券基本法律，即《证券法》，对证券市场的管理是以政府的专门立法为主。因此，我国证券法规体系在特征上属于以专门立法为主的证券法规体系。

第二节　证券市场监管体系

证券市场监管是指证券管理机关为了保证证券市场的稳定和发展，运用法律的、经济的以及必要的行政手段，对证券的募集、发行、交易等行为以及证券投资中介机构的行为进行监督与管理。证券市场区别于其他金融子市场的一个明显特征是高风险、高收益，市场波动剧烈。要维护证券市场的公开、公平、公正原则，保护投资者的合法权益，就必须对证券市场的活动进行严格的管理与监督。

一、我国证券市场监管体系的演进

一个国家证券市场监管体系的形成和发展取决于该国的政治体制、经济体制，并受制于该国的金融组织机构建设以及证券市场的发育程度和成熟程度等因素。我国证券监管体系也不例外。回顾我国证券市场的发展历程，其监管体系几经变革，但基本走向是由分散监管向集中统一监管方向发展。我国证券监管体系的演变进程分为三个阶段：

第一阶段是1992年以前，我国证券市场主要由中国人民银行兼管，其他有关职能部门也负有相应的管理职能，证券市场缺乏统一、专门的监管机构，呈多头、分散管理状态。1992 年以前，我国证券市场处于重新建立的初期，证券市场发展速度慢，规模较小。证券市场作为金融市场的一部分，主要由中国人民银行管理。这一时期，由于我国在经济体制上实行的是有计划的商品经济，计划经济体制下的经济管理手段也被应用于证券市场的管理，表现为对证券市场的管理是按部门的职权分割管理，如国债的发行与转让主要由财政部管理，金融债券及短期融资债券由中国人民银行管理，企业股份制改造由原国家体改委负责审批，股票发行由原国家体改委会同人民银行审批，国家计委负责证券发行额度的编制，国家税务局、国家工商局也从不同的角度参与证券市场的管理。

在具体管理上，除了小部分由中央进行宏观调控外，大部分由各地政府根据当地具体情况进行管理和发布规定。当时，许多地方政府都颁布了证券管理法规，如 1986 年的《厦门市企业股票、债券管理方式办法》、1986 年的《北京市企业股票、债券管理办法》、1990 年的《上海市证券交易管理办法》、1991 年的《深圳市股票发行与交易管理暂行办法》和 1992 年的《上海市股份有限公司暂行规定》等。这些地方性法规明显地反映了这一阶段监管的地方性特点。

第二阶段是从 1992 年 10 月至 1998 年上半年，我国证券市场开始从分散的地方管理向集中的中央管理过渡。1992 年 10 月，国务院撤销了中国人民银行证券市场管理办公室，成立了国务院证券委员会和中国证券监督管理委员会，统一协调股票、债券市场等有关政策，保护广大投资者的利益。国务院证券委员会的主要职责是：负责组织拟订有关证券市场的法律、法规草案；研究制定有关证券市场的方针政策和规章；制定证券市场发展规划和提出计划建议；指导、协调、监督、检查证券市场的各项工作。中国证券监督管理委员会是国务院证券委员会的监管执行机构，负责证券市场的日常管理活动。1992 年 12 月国务院发布了《关于进一步加强证券市场宏观管理的通知》，对当时各地分散管理的状况进行了清理和职责分工。之后，按此通知的精神，各有关部门充分行使自己的管理权限，相继颁布了一系列规章。至此，我国对证券市场的监管形成了中央、地方和部门等不同层次的监管体系，这种监管体系开始突出国务院证券委员会和中国证券监督管理委员会作为中央监管的核心作用。1995 年国务院下发的《关于批转国务院证券委 1995 年证券期货工作安排意见的通知》指出："证券、期货市场是全国性的市场，风险大，变化快，必须实行集中统一管理。"

第三阶段是 1998 年国务院机构改革后，实行集中统一的证券监管体制，即国务院证券委员会的职能并入中国证券监督管理委员会，确定中国证券监督管理委员会为国务院直属机构和证券市场的主管部门，中国人民银行的证券监管职能全部移交给中国证券监督管理委员会，由中国证券监督管理委员会统一行使证券监管职能。地方证券监管机构在设置和隶属上由地方政府移交到中国证券监督管理委员会，作为中国证券监督管理委员会在各地的派出机构，由中国证券监督管理委员会垂直领导，实行集中统一管理制度。至此，我国证券市场开始在一个实现了集中统一监管的体系下运作。

二、证券市场监管要素

（一）证券市场监管目标

由于政治体制、经济体制、金融组织机构建设以及证券市场的发育程度和成熟程度等因素的差异，各国证券市场监管体系不尽相同，但在证券市场的监管目标上大致相同。我国证券市场监管的目标在于：

1. 增强投资者信心，保护投资者的合法权益

证券市场是筹集资金重要、有效的途径之一，而投资者是证券市场资金的供应者。要使投资者将其所积累的资金投资于证券市场，就必须增强其投资信心，保护其合法权益。这就要求监管者运用和发挥证券市场机制的积极作用，限制其消极作用；保护投资者利益，保障合法的证券交易活动，监督证券中介机构依法经营；防止人为操纵、欺诈等不法行为，维持证券市场的正常秩序等，给投资者树立“公平、公开、公正”的证券市场形象。

2. 充分发挥证券市场的机制，引导资金流向，促进经济持续、协调发展

证券市场是国家筹集资金的重要渠道，其资金流向和配置结构影响着国家产业结构和经济结构，影响着国民经济的持续、协调发展。因此，监管者必须根据国家宏观经济管理的需要，运用灵活多样的方式，调控证券市场与证券交易的规模，引导资金流向，使之与经济发展相适应。

3. 协调证券市场上发行者、投资者和中介者之间的关系，协调证券市场和其他市场的关系，协调国内证券市场和国外证券市场的关系

（二）证券市场监管主体

我国的证券市场监管主体可以分为他律监管主体和自律监管主体。在他律监管主体方面，有中国证券监督管理委员会及其派出机构；在自律监管主体方面，主要有证券交易所和证券业协会。

1. 中国证券监督管理委员会

中国证券监督管理委员会简称证监会，是国务院直属机构，为全国证券期货市场的主管部门。中国证监会按照国务院授权履行行政管理职能，依照法律、法规对全国证券期货业务进行集中统一监管，维护证券市场秩序，保障其交易合法进行。

证监会成立于1992年10月，目前设有发行部、市场监管部、上市公司监管部、机构监管部、基金监管部、法律部、稽查局、会计部、国际合作部、政研室等主要职能部门，分别具体行使证监会的各种职责权限，并在上海和深圳设两个证券监管专员办事处。

证监会的主要职责包括：制定有关证券市场监督管理的规章、规则，并依法行使审批权或核准权；统一管理证券期货市场，按规定对证券期货监管机构实行垂直领导；对有价证券发行人、上市公司、证券交易所、证券登记结算机构、证券投资基金管理机构、证券投资咨询机构、资信评估机构以及从事证券业务的律师事务所、会计师事务所、资产评估机构的证券业务活动进行监督管理；依法对证券业协会的业务活动进行指导和监管；依法制定从事证券业务人员的资格标准和行为准则，并监督实施；依法监督检查证券发行和交易的信息公开情况等等。

2. 中国证券监督管理委员会派出机构

证监会同时还在各地设有派出机构，其主要职责是：依据证监会的授权，对辖区内的上市公司、证券期货经营机构、证券期货咨询机构和有关股票发行及证券投资基金的业务活动进行监督管理；依法查处辖区内前述监管范围的违法、违规案件，调解证券期货业务纠纷和争议，以及证监会授予的其他职责。

3. 证券交易所

证券交易所既是证券交易的中心市场，又是一个会员制的自律性管理机构。目前，我国

设有两家全国性证券交易所——上海证券交易所和深圳证券交易所，其主要职责是提供证券交易的场所和设施，制定交易规则，并管理上市公司、证券商和投资者的行为。

（1）证券交易所对证券交易活动的管理。证券交易所就交易证券的种类和期限，证券交易方式和操作程序，证券交易中的禁止行为，清算、交割和交易纠纷的解决，上市证券的暂停、恢复与取消交易，开市、收市、休市及异常情况的处理，交易手续费及其他有关费用的收取方式和标准，对违反交易规则行为的处理规定，有关交易所信息的提供和管理等事项，制定了具体的交易规则。

（2）证券交易所对会员的管理。证券交易所就取得会员资格的条件和程序、席位的管理办法、与证券交易和清算业务有关的会员内部监管、风险控制、电脑系统的标准及维护等方面的要求，会员业务报告制度，会员所派出市代表在交易场所内的行为规范，会员及其出市代表违法、违规行为处罚等事项，制定了具体的会员管理规则。

（3）证券交易所对上市公司的管理。证券交易所就证券上市的条件、申请和批准程序，上市协议的内容及格式，上市公告书的内容及格式，上市推荐人的资格、责任、义务，上市费用及其他有关费用的收取方式和标准，对违反上市规则行为的处理规定等事项，制定了具体的上市规则。

4. 中国证券业协会

证券业协会是证券业的自律性组织。中国证券业协会成立于1991年8月，是依法注册，具有独立法人地位，由经营证券业务的金融机构自愿组成的行业性自律组织。中国证券业协会采取会员制的组织形式，其职能是：依法拟订自律性管理规则；统一会员的交易行为，维护市场秩序；调解会员的纠纷；接受主管部门的授权，仲裁会员与顾客间的争议等。

（三）证券市场监管的对象

证券市场监管的对象包括对证券市场主体的监管和对证券市场客体的监管。

证券市场主体主要包括证券交易所、证券商（证券经营机构）、发行公司或上市公司、投资者（个人投资者和机构投资者）以及其他相关的服务主体，如会计师事务所、资产评估机构、投资咨询机构等。

对证券市场客体的监管是指对股票、债券等有价证券的发行与流通进行审查、管理和监督。

（四）证券市场监管的内容

1. 信息披露监管

近年来，随着我国证券市场国际化、规范化程度的日益提高，我国证券市场的信息披露制度从无到有，已形成了一套初步的信息披露制度，对维护证券市场秩序、保护投资者起到了积极作用。

信息披露制度的主要内容包括：证券发行与上市的信息公开制度和持续信息公开制度，以及证券交易所的信息公开制度。

（1）证券发行与上市的信息公开制度。首先，证券发行信息的公开。发行人有责任对投资于其证券的有关风险和投机因素、发行证券所筹集资金的目的和使用方向、证券发行的包销和销售计划等，向投资者加以阐明。证券发行信息的披露形式主要是招股说明书。其次，证券上市信息的公开。我国《证券法》规定，股票上市交易申请经证券交易所同意后，上市公司应当在上市交易前5日之前公告经核准的股票上市有关文件，股票获准在证券交易所交易的日期，持有公司股份最多的前10名股东的姓名和持股数量，董事、监事、经理及有关高级管理人员的姓名及其持有本公司证券的情况。上市信息的披露形式主要是上市公告书。

（2）持续信息公开制度。持续信息公开的主要内容有：公司财务会计报告和经营情况，涉及公司的重大诉讼事项，已发行的股票和公司债券情况，高级管理人员及其持股票情况，持有公司股票最多的前10名股东的姓名和持股数量等。持续信息公开的形式主要是年度报告、中期报告、季度报告和临时报告。我国《证券法》规定，上市公司应于每个会计年度结束后4个月内公布年度报告，于每个会计年度的上半年结束后2个月内公布中期报告。

（3）证券交易所的信息公开制度。证券交易所应为组织公平的集中竞价交易提供保障，即时公布证券交易行情，并按交易日制作证券市场行情表，予以公布。另外，证券交易所对在交易所进行的证券交易实行实时监控，并对异常的交易情况提出报告。

2. 对操纵市场的监管

证券市场中的操纵市场，是指某一组织或个人以获取利益或者减少损失为目的，利用资金、信息等优势，或者滥用职权，制造证券市场假象，诱导或者致使投资者在不了解事实真相的情况下作出证券投资决定，扰乱证券市场秩序的行为。对操纵市场行为的监管可分为事前监管和事后救济两种。

事前监管，是指在证券市场发生操纵行为之前，证券管理机构采取必要手段以防止损害发生。

事后救济，是指证券管理机构对证券市场操纵行为者的处理，及操纵者对受损当事人的损害赔偿。这主要包括两方面：一是对操纵行为的制裁；二是操纵行为受害者可以通过民事诉讼获得损害赔偿。

3. 对欺诈客户行为的监管

欺诈客户，是指证券商或证券交易所在接受客户委托进行证券交易的过程中，违反有关证券管理法规，欺骗客户，损害客户利益的行为。

为禁止证券欺诈行为，《证券法》规定：禁止任何单位或个人在证券发行、交易及相关活动中欺诈客户。证券经营机构、证券登记或清算机构以及其他各类从事证券业的机构有欺诈客户行为的，将受到相应的处罚。

4. 对内幕交易的监管

内幕交易，又称知情者交易，是指公司的董事、监事、经理、职员、主要股东、证券市场内部人员或市场管理人员以获取利益或减少经济损失为目的，利用其地位、职务等便利，获取发行人未公开的、可以影响证券价格的重要信息，进行有价证券交易或泄露该信息的行为。

我国《证券法》规定：知悉证券交易内幕信息的知情者或非法获取内幕信息的其他人员，不得买入或卖出所持有的该公司的证券，或者泄露该信息或者建议他人买卖该证券。《禁止证券欺诈行为暂行办法》规定：禁止任何单位或个人以获取利益或减少损失为目的，利用内幕信息进行证券发行、交易活动。

（五）证券市场监管的手段

证券市场监管的手段是多重的，包括法律手段、经济手段和行政手段。在选择具体的监管手段时，不仅要考虑证券监管的效果和水平，还要考虑证券产品和证券市场的特殊性，以及证券市场的发展水平和具体的监管环境。

1. 法律手段

法律手段指通过制定各种法律与法规来干预和规范证券市场的活动和行为，以实现对证券市场的监管。这是证券市场监管的主要手段，约束力强。

2. 经济手段

经济手段指通过运用利率政策、公开市场业务、税收政策等经济手段，对证券市场进行干预，以实现对证券市场的监管。经济手段相对比较灵活，但调节过程可能较慢。

3. 行政手段

行政手段指通过制定计划、政策等，对证券市场进行行政性的干预，以实现对证券市场的监管。这种手段比较直接，但运用不当可能违背市场规律，无法发挥作用，甚至有负效果。行政手段一般多在证券市场发展初期、法制尚不健全、市场机制尚未完善或遇突发事件时使用。

小资料

2001 年是中国证监会成立后，历史上出台各类文件、法规、征求意见稿等最多的一年。同时，证监会还重点打击了黑庄，连续查处了几十家违规的上市公司，其中包括“银广厦”等一大批大案。证监会进一步规范了上市公司的信息披露行为，规范了委托理财，建立了退市制度等。有人说 2001 年是证券监管年。

思考与练习

一、问答

1. 谈谈我国现行证券法规体系的缺陷。
2. 为什么要进行证券监管？
3. 加强监管会对证券市场产生什么样的影响？

二、思考题

我国应该如何进一步加强对证券市场的监管，以维护市场的稳定与发展？

第九章

国际金融市场（选学模块）

学习目标

通过本章的学习，对国际金融市场有一个全面的认识，重点掌握国际货币与国际资本市场的有关内容，了解金融衍生市场与国际金融市场的风险与防范的相关知识。

第一节　国际金融市场概述

一、国际金融市场的概念

传统的国际金融市场是在国内市场的基础上逐步发展起来的。首先，有限区域内的资金流动形成了地区性的金融市场；随着商品经济的发展，资金的余缺调剂范围扩大到全国，形成了全国性的金融市场；之后随着国际贸易的发展和国际间货币兑换、支付、结算的发展，逐步形成了外汇市场；此后，国际借贷与投资的发展，形成了国际资金借贷市场和直接投资市场。第二次世界大战以后，随着国际经济形势的发展，形成了一种新型的国际金融市场即欧洲货币市场，又称离岸金融市场，它和传统的国际金融市场（在岸市场）的主要区别在于，传统的国际金融市场是在居民与非居民之间从事市场所在国货币的融通，并受市场所在国政策、法令管辖的金融市场；而在欧洲货币市场上交易的双方均为非居民，交易的货币为市场所在国货币以外的任何主要西方国家的货币。如法国银行向英国公司提供美元贷款，这种借贷既不受货币发行国法律的限制，也不受市场所在国法令的管制。正是由于这种优越性，使得20世纪60年代以来离岸金融市场飞速发展成为目前世界上最大的国际资金融通市场。

二、国际金融市场的产生与发展

（一）国际金融市场的形成条件

一个国际金融市场的形成必须具备以下主要条件：

1. 政局稳定

国际资本活动首先考虑的是安全性，其次才是盈利性。一个国家或地区如果政局动荡不定，国际资本就不会流向那里，因而也不可能建立起国际金融中心。

2. 完善的市场结构

这是指既有发达的国内金融市场（包括货币市场、资本市场、黄金市场和外汇市场），又有数量、种类众多的金融机构和高素质的专门人才，同时还要具备健全与高效的金融运行机制。

3. 宽松的金融环境

这主要是指无外汇管制或外汇管制较松，外汇交易自由，资金调拨灵活，在存款准备金、利率等方面没有严格的管制条例等。

4. 现代化的通讯设施

国际金融市场业务活动的交易双方主要通过电话、电报、电传和计算机系统来相互联系，进行外汇买卖、资金借贷、证券承购与发行等活动。

5. 适中的地理位置

交通的便利和时差衔接上的便利是形成现代国际金融中心的一个重要条件。

一国或地区如果具备上述条件，即使本身并没有强大的经济实力，也能形成国际金融市场。

（二）现代国际金融市场的形成

英国在19世纪30年代率先完成工业革命，成为“世界工厂”和推动资本主义世界经济发展的火车头。与此同时，英国建立了当时世界上最为完善的银行制度。以此为基础，英国一方面大力开展对外贸易，积极向海外输出商品，成为当时世界上最大的工业品输出国；另一方面，英国也积极推行资本输出，向广大殖民地国家输送了大量低息贷款，成为当时世界上最大的资本输出国。英国在国际贸易和国际金融领域的主导地位，使其首都伦敦从国内的金融中心发展成为国际汇兑、结算和信贷中心，这标志着现代国际金融市场开始形成。

伦敦国际金融中心建立后，由于受益于各国对外贸易与投资的增长，当时其他主要资本主义国家的国内金融市场也相继发展成为国际金融中心，如美国的纽约、瑞士的苏黎世、德国的法兰克福等。

（三）国际金融市场的发展

第一次世界大战后，英国在工业生产和国际贸易上的领先地位逐渐被美国所取代，伦敦国际金融市场的地位大为削弱，纽约成为另一个国际资本的结算中心。

第二次世界大战后，美国经济实力急剧膨胀，成为头号资本主义大国，纽约取代伦敦成为西方世界最大的国际金融中心。第二次世界大战后到20世纪60年代初期，随着西欧、日本等国经济的复苏与发展，苏黎世、巴黎、法兰克福等国际金融中心的地位逐渐恢复和加强，不过，上述这些金融中心基本上是以传统的金融市场来从事国际金融活动的。20世纪60年代后期，新型的国际金融市场即欧洲货币市场开始形成并不断发展，欧洲货币市场是离岸金融市场（从事境外货币存贷的市场）的总称。离岸金融市场脱离了任何国家金融法规条例的制约，经营的货币已不限于市场所在国的货币，而是包括所有可自由兑换的货币，交易的对象既包括本国居民，也包括许多非居民，基本是各国的大公司及各国中央银行、金融机构、政策机构等。目前，许多大的金融中心已集国内金融市场、传统国际金融市场和离岸金融市场于一身。

20世纪80年代以来，随着国际金融形势的发展与变化，国际金融市场发生了许多重大的变化：一是国际金融市场的全球一体化。随着现代电子技术的发展，计算机和卫星通讯把散布于世界各地的金融市场联系在一起，全球性的资金调拨只需要短短几分钟甚至几秒钟便可以完成，从而散布全球的金融中心正形成一个全时区、全方位的一体化全球国际金融市场。二是融资方式的证券化。20世纪80年代以来，国际金融市场融资结构发生了新变化，即传统的通过商业银行信贷融通资金的方式开始逐渐让位于通过证券市场筹资的方式。三是资本流动方向改变。从20世纪80年代初开始，国际资本活动一改以前从发达国家流向发展中国家的格局，发达国家之间的资本流动成为国际资本流动的主体。四是金融创新趋势。20世纪70年代以来，汇率、利率的频繁波动使得国际金融市场风险加大，西方国家放松金融管制后，各类金融机构之间业务交叉并展开激烈竞争，同现代通讯技术与计算机技术的发展等各种因素综合在一起，促使金融机构创造新的工具、交易技术去规避风险或获取更多盈利。到了20世纪80年代，这些新的金融工具与技术已广泛应用于全球各主要国际金融中心。

第二节　国际货币市场与国际资本市场

国际货币市场（短期资金市场）和国际资本市场（长期资金市场）是国际金融市场两个相辅相成的组成部分。

一、国际货币市场

（一）国际货币市场概述

货币市场亦称短期资金市场，是指期限为1年和1年以下的各种资金交易的场所。国际货币市场的参加者主要是商业银行、中央银行、各国政府、跨国公司、证券公司等，其中跨国银行和国际性商业银行处于市场的关键地位，是国际货币市场资金的主要供给者和需求者。

国际货币市场主要为短期资金余缺双方融通资金，它的基本特征是：一是以银行同业拆放为主，且双方多用信用交易，无需抵押品，手续简便；二是因为市场资金交易量大，交易的证券大多有准货币性质，所以该市场一般成为中央银行公开市场操作、实施货币政策的对象；三是通过国际货币市场融通的资金一般不限定用途，可由借款人自行安排。

（二）货币市场的构成

货币市场主要由短期信贷市场、短期证券市场、票据贴现市场、大额可转让定期存单市场四大市场组成。其中短期信贷市场，尤其是银行同业拆借市场，占主导地位。

1. 短期信贷市场

短期信贷市场包括银行对工商企业等客户的信贷市场和银行同业拆借市场。银行同业拆借市场是银行之间为解决资金头寸的平衡或调拨而进行的资金拆借市场。伦敦同业拆借市场是国际间最典型的同业拆借市场，其同业拆放利率（LIBOR）成为国际金融市场的基准利率。在美国，其联邦储备系统对商业银行的存款储备金率是按天来检查的，一天之内，有的商业银行可能有多余的准备金，而另一些银行在中央银行的准备金有可能不足，于是银行之间就可以相互融通资金，形成联邦资金市场。它相当于美国的银行同业拆借市场，其利率称为联邦资金利率，是美国货币市场乃至国际货币市场的重要基准利率之一。

2. 短期证券市场

短期证券市场是各种短期金融工具发行并交易的市场。这些工具包括国库券、商业票据、银行承兑票据和可转让大额存单等。

（1）国库券。国库券是指各国政府为满足财政先支后收或季节性不平衡的需要而发行的短期债券，期限一般为 3 个月到 1 年。在西方国家，国库券不附票面利率，发行采用折价方式，到期则按国库券面额还本。国库券二级市场交易量巨大，是西方各国主要的货币市场。

（2）商业票据。商业票据是大的公司或企业为筹措短期资金发行的有固定期限的借款票据，期限一般在 80 天到 1 年不等，其中以 30 ~ 60 天者居多。该票据通常没有票面利息，采用折价方式发行。其利率低于商业银行优惠贷款利率，但一般高于国库券、银行承兑票据、大额定期存单利率。

（3）银行承兑票据。银行承兑票据，是指经借款人联系，银行承诺兑付的商业汇票。一般企业在货币市场发行短期票据筹集资金需要有较高的商业信誉，而银行承兑票据的发行则是基于借款人及其联系银行双方的信誉。因此，银行承兑票据的出现为那些信誉尚待确立的广大中小企业进入货币市场融资打开了方便之门。银行承兑票据的面额一般没有限制，期限一般在 30 ~ 180 天之间，最长可达 270 天。票据持有人可在票据到期之前到承兑银行贴现，或在二级市场转让，转让时的价格按面值打一定折扣，买价与面额的差额为持票者的收益。

3. 票据贴现市场

票据贴现市场是指经营贴现业务的短期资金市场。贴现是指票据持票人在票据尚未到期时，把票据转让给银行，银行扣除自贴现日至到期日利息而把余款支付给持票人的业务活动。贴现市场由贴现行、商业票据行、商业银行和中央银行组成，贴现的票据包括政府短期债券、商业承兑汇票等。在贴现市场上，需要资金周转的商业银行可以持已贴现的票据到中央银行申请再贴现。

4. 大额可转让定期存单市场

大额可转让定期存单是银行发行的标明金额、期限、浮动或固定利息率的存款凭证，大多不记名，可在二级市场自由转让。大额可转让定期存单的期限一般在 30 天至 1 年之间，最长可达 5 年。大额可转让定期存单是银行和非银行金融机构筹集短期资金的重要渠道，也是金融机构和跨国公司进行投资的理想工具。

二、国际资本市场

（一）国际资本市场概述

国际资本市场是国际间长期资本借贷（期限在 1 年以上）或证券发行与交易的市场。

国际资本市场的资金供应者主要是各种金融机构、各国货币当局和私人投资者等，资金需求者是各国政府、跨国公司、国际金融机构等。

国际资本市场作为国际间长期资本融通的场所，具有与国际货币市场以及其他市场不同的特点：一是该市场的功能在于通过自身的市场机制吸收、利用国际间的各种资金，对其进行中长期的分配与再分配；二是该市场涉及的风险较多，除了违约风险外，还存在着利率、汇率、价格风险以及经营风险；三是国际资本市场的资金借贷交易数量大，期限长，利率高。

（二）国际资本市场的构成

国际资本市场分为广义与狭义两种。广义的国际资本市场是由国际间银行中长期信贷市场与国际证券市场构成，狭义的国际资本市场仅指国际证券市场。国际间银行中长期信贷市场主要以欧洲货币中长期信贷、独家银行信贷和银团贷款为主。国际证券市场可以分为国际股票市场和国际债券市场。国际债券市场上发行的金融工具主要有政府债券、公司债券和欧洲债券等。

1. 国际间银行中长期信贷市场

在国际间银行中长期信贷市场上，银行为各国公司、政府机构、金融机构等长期资金需求者提供期限在1年以上的中长期信贷，其中1~5年称为中期信贷，5~10年甚至更长期的称为长期信贷。中长期贷款的利率多采用浮动利率，通常是伦敦银行同业拆借利率再加上一个附加利率。国际中长期信贷并不限定借款人的用途，可以由借款人自由使用，且资金供应充裕，借贷方便。

由于国际中长期信贷规模大，期限长，其贷款方式往往不采用传统的独家银行贷款方式，而由一家银行牵头、多家商业银行联合提供贷款，这样既可以增大资金供应量，又可以分散贷款风险。

2. 国际证券市场

（1）国际债券市场。国际债券市场是国际证券市场的重要组成部分，对于国际债券的定义、发行方式、种类，第二章第五节已作过相关阐述，这里只简单介绍一下目前几大主要的国际债券市场。

20世纪80年代以来，在融资证券化趋势下，国际债券市场得到了较快发展。目前，全球有五大国际债券中心，即伦敦、纽约、法兰克福、苏黎世和东京。其中苏黎世是全球最大的外国债券市场，基于其政治稳定、资本市场自由的优势，苏黎世债券市场的外国债券发行额在国际上一直处于领先地位。

（2）国际股票市场。国际股票市场又称为国际股权市场，是指在国际范围内发行并交易股权的市场。国际股票交易是在国际性的证券交易所或证券交易网络系统进行的。股票市场的核心是股票交易所，此外场外交易市场也在证券交易中发挥着重要功能。目前，世界上主要的股票市场都是高度国际化的。这一方面体现在全球主要股票交易所之间有现代化的通讯联系，某一股票市场的行情可以迅速传递到其他股票市场；另一方面，在西方发达国家的股票交易所上市或在场外市场（如美国纳斯达克市场）交易的已不仅是国内公司的股票，它们都拥有大量的外国公司发行的股票。

第三节　金融衍生市场

20世纪70年代布雷顿森林体系的解体与世界性的通货膨胀，使得汇率与利率更加剧烈地波动，整个金融市场风险加大。在人们要求分散和规避风险以适应变化莫测的经济环境的情况下，金融期货市场、期权市场、互换市场和其他金融衍生工具市场应运而生，金融创新层出不穷。

一、金融期货市场

（一）期货市场的产生与发展

期货合同是关于将来一定时间以一定价格买卖特定商品的合约。期货合同采取标准化的形式，合同中商品的规格、品质、数量、交货时间和地点等都是确定的。期货市场就是这种标准远期合同交易的场所。

期货市场的历史可追溯到古希腊和古罗马时期。当时一些商人在农产品收获之前向农民预购，而在收获后进行实物交割。这可以认为是远期交易的雏形。到中世纪时，这种交易进一步发展成了一些有组织的市场。

早期期货交易的发展是为了适应农民与谷物商人的需要。谷物的生产有很明显的季节性，在收获季节，往往会出现供过于求的现象，使谷物价格下跌，农民因此而受损失；而在其他季节，又往往会供不应求，价格猛涨，影响消费者的利益。在这种情况下，谷物储销商人出现了。他们收购农民的谷物，并进行仓储销售。为了消除因季节性与自然条件不确定性而引起的谷物价格不稳定所带来的风险，在商人与农民之间渐渐出现了期货交易。

随着这种谷物交易的发展，1848 年，芝加哥交易所（Chicago Board of Trade，简称 CBOT）成立了。交易所最初时的主要任务就是标准化谷物交易的数量和质量。开始时，交易所仍以远期合同的形式进行交易；不久一种叫做待到达（To - arrive Contract）的合同出现了，这是最早的严格意义上的期货合同。标准化合同的出现大大便利了交易的进行，也吸引了大批投机商。以后，交易所的结算采用了按金制度，经纪行、清算行等也一一应运而生，使期货交易渐渐完善起来。

芝加哥期货交易所是第一个正规的现代期货交易所。在它之后，在美国及世界各地相继成立了大小近百家交易所，其中比较重要的还有芝加哥商业交易所的国际货币市场分部（IMM）、英国伦敦国际金融期货交易所（LIFFE）、新加坡国际货币交易所（SIMEX）、东京证券交易所（TSE）等。在交易所内交易的商品品种也发展到了 100 多种，不仅包括各类谷物、牲畜产品及金属等大宗商品，而且在 20 世纪 70 年代开始出现了多种多样的金融期货，如股票指数、债券、外汇及利率的期货等，金融期货合同的不断涌现，大大充实了期货交易的内容。

小资料

芝加哥期货交易所成立于 1848 年，是世界上第一个现代化的商品期货市场。1975 年前，该市场以交易农产品期货而著称于世界。从 1975 年 10 月开办政府国民抵押协会的抵押证券期货交易以来，其金融期货的交易量占总交易量的比重日益上升，从而成为世界上最重要的金融期货市场之一。现在，芝加哥期货交易所交易的金融期货品种有 10 多种，但它以各种利率期货为重点，如美国长期国债期货、各种期限的美国中期国债期货、短期利率期货以及 3 年期和 5 年期的利率互换期货等。除了利率期货之外，芝加哥期货交易所也有一些指数期货品种，其中以主要市场股价指数期货及市政债券指数期货为最主要的品种。

（二）金融期货的概念与品种

金融期货是指以各种金融工具或金融商品（如外汇、债券、存款证、股价指数等）作为标的物的期货交易。换言之，金融期货是指人们在集中性的交易场所，以公开竞价的方式所进行的标准化金融期货合约的交易。

世界上第一张金融期货合约是1972年5月16日由美国芝加哥商业交易所的分部——国际货币市场所推出的外汇期货合约。外汇期货的出现，标志着金融期货这一新的期货类别的产生。从那时起，不仅外汇期货本身的交易数量迅速增加，交易市场迅速扩大，而且其他各种新的金融期货品种也被陆续推出，并以异常迅猛的发展速度赶上和超过其他各种期货类别，逐渐在整个期货交易领域占据首位。

目前，在世界各大金融期货市场，交易活跃的金融期货合约就有数十种之多。根据各种合约标的物的性质，金融期货大致可分为外汇期货、利率期货、股价指数期货三大类别。

1. 外汇期货

外汇期货是指在集中性的交易市场以公开竞价的方式进行的外汇期货合约的交易。外汇期货合约是由交易双方订立的、约定在未来某日期以成交时所确定的汇率交收一定数量的某种外汇的标准化契约。

在国际金融市场动荡不安、各国货币之间的汇率大起大落的条件下，为满足人们规避外汇风险的需要，1972年5月16日，美国芝加哥商业交易所的国际货币市场分部推出了第一张外汇期货合约。经过几十年的迅速发展，外汇期货和外汇期权一起成为人们在管理外汇风险过程中普遍运用的工具。

2. 利率期货

利率期货是继外汇期货之后产生的又一个金融期货类别。所谓利率期货，是指交易双方在集中性的市场以公开竞价的方式所进行的利率期货合约的交易。利率期货合约，是指由交易双方订立的、约定在未来某日期以成交时确定的价格交收一定数量的某种利率相关商品（亦即各种债务凭证）的标准化契约。利率期货包括短期国库券期货、欧洲美元期货、中长期国库券等。1975年10月，美国芝加哥期货交易所率先推出了以政府国民抵押协会的抵押证券为交易对象的利率期货。这一利率期货交易的成功，大大刺激了其他利率期货的出现。经过20多年的发展，利率期货交易已在全球范围内展开，同时利率期货的规模也呈几何级数跃升。目前，各国的期货市场大多开办了利率期货业务。在期货交易比较发达的国家和地区，利率期货早已超过农产品期货而成为成交量最大的一个期货类别。

3. 股价指数期货

以股价指数为交易标的物的期货合同为股价指数期货合约。而股价指数期货就是指在集中性的交易场所，以公开竞价的方式对这种合约进行的交易。股价指数期货合同要求卖方和买方在未来一定日期以一定价格交割相关指数对应的现金。在股价指数期货合同中，买卖双方在股票市场上根据自身对股价指数涨落的预测事先约定买卖价格和交割时间，这为保证股票持有人不受损失或少受损失提供了有效的方式。

股价指数期货是金融期货中产生最晚的一个品种，也是20世纪80年代金融创新过程中出现的最重要、最成功的金融工具之一。自1982年2月24日由美国堪萨斯城期货交易所首次推出以来，股价指数期货日益受到金融界及其他各类投资者的青睐，因而其交易规模迅速扩大，交易市场和交易品种也不断涌现。目前，它已成为世界各大金融期货市场上交易最活跃的期货品种之一。

（三）金融期货交易的功能

金融期货的功能主要是套期保值与价格发现，同时金融期货在投资、生产、资产管理等方面也具有特殊作用。

1. 套期保值

市场经济的一个重要特征就是各种资产（特别是金融资产）的价格受各种因素影响而上下波动，资产持有者为了转移因价格变动所带来的风险，常常在现货市场上买进或卖出某种金融证券的同时，在期货市场上卖出或买进同一种金融证券，从而用在期货市场上获取的盈利来抵消在现货市场的亏损，以上就是套期保值的基本原理。

套期保值是金融期货交易最重要的经济功能。其制度的设计在于让更多的投机者和避险者同时加入金融期货的买卖，避险者为了套期保值，将价格波动的风险转嫁给愿意承担风险并从中获利的众多投机者。

2. 价格发现

价格发现是金融期货交易的另一个重要功能。金融期货市场是一个与现货市场息息相关的高度集中的交易场所。大批的交易者，包括套期保值者、投机者等，根据各自对未来行情趋势的预测，公开报出自己的理想价格，通过讨价还价、相互竞争，最终达成一个均衡价格，然后再把这种价格通过大众媒介传到各地，并供场外交易者参考。

这种期货价格比较真实地反映了各种相关金融商品的需求状况及一段时间内需求变动的趋势，可以作为市场运行的晴雨表，从而指导现货市场交易。

（四）我国的金融期货市场

中国金融期货交易所于 2006 年 9 月 8 日在上海宣告成立，成为中国内地首家金融衍生品交易所及首家采用公司制为组织形式的交易所。中国金融期货交易所是经国务院同意，由上海期货交易所、郑州商品交易所、大连商品交易所、上海证券交易所和深圳证券交易所共同发起设立的金融期货交易所。

二、金融期权市场

（一）金融期权的基本概念

金融期权是期权的一种。所谓期权（Options），是一种能在未来某特定时间以双方约定的价格（协议价格 Striking Price）或执行价格（Exercise Price）买进或卖出一定数量的某种特定商品的权利。期权交易就是这样一种权利的交易。所谓金融期权（Financial Options），则是以金融商品或金融期货合约为标的物的期权交易形式。

按期权购买者的权利划分，期权可分为看涨期权（Call Option）和看跌期权（Put Option）。凡是赋予期权购买者购买标的资产权利的合约，就是看涨期权，而赋予期权购买者出售标的资产权利的合约就是看跌期权。

按期权购买者执行期权的时限划分，期权可分为欧式期权和美式期权。欧式期权的购买者只能在期权到期日才能执行期权（即行使买进或卖出标的资产的权利）。而美式期权允许购买者在期权到期前的任何时间执行期权。

按期权合约的标的资产划分，金融期权合约可分为利率期权、货币期权、股价指数期权、股票期权等现货期权以及金融期货期权。

按交易方式划分，可以分为有组织的交易所交易期权和场外交易市场交易期权。在交易所内交易的期权合约都是标准化的，其各项要素都由交易所来确定。参与者需要做的只是同意交易中合约的价格和数量。而在场外交易市场交易的期权可以适合个别客户的需要，不必像交易所那样标准化，还可以公开协商，即可以根据客户的需要，对期权合约进行特别规定。

期权对于期权合同的买方来说，只是一种权利，而不是一种义务。在期权合同有效期内的任何时候（美式期权）或在合同到期日（欧式期权），当市场变动方向和买方预期一样，买方可以行使这种权利；如果市场变动与预期相反，买方认为行使权利对自己不利，还可放弃这种权利，任其作废，买方损失的只是购买期权的费用。对于期权的出售者来说，他只有履行合约的义务，而没有任何权利。当期权合同的买方按合约规定行使其买进或卖出标的资产的权利时，期权合同的卖方必须依约相应地卖出或买进该标的资产。作为给期权合同的卖方承担义务的报酬，期权合同的买者要支付给期权合同的卖者一定的费用，称为期权费（Premium）或期权价格（Option Price）。期权费视期权种类、期限、标的资产价格的易变程度不同而不同。

（二）金融期权市场的产生与发展

期权产生已有多年，并且一直以多种形式存在着。最初出现的只有商品期权，后来在商品期权基础上发展了各种金融期权，即在将来规定的日期以事先确定的协议价格买卖某种金融商品的选择权。然而，20 世纪 70 年代前，由于条件的限制，金融期权的交易很少，并且几乎都是在场外市场进行的。到了 20 世纪 70 年代，动荡不定的国际金融和世界经济形势，涨跌不定的利率和汇率，加大了风险，人们对挖掘市场潜力、发展和完善更好的避险措施产生了强烈的需求，从而刺激了期权交易向规范化的场内交易发展。1973 年 4 月美国芝加哥期权交易所成立，同时推出标准化的股票期权合同并正式挂牌交易，标志着金融期权场内市场交易的开始。随后，1982 年英国伦敦股票交易所、荷兰欧洲期权交易所都开办了股票期权业务；世界上其他一些交易所，如加拿大蒙特利尔交易所、美国费城证券交易所引进了外汇期权合同的交易；而后，澳大利亚的悉尼期货交易所和美国的芝加哥期货交易所又分别开始了银行票据和带息证券期权（即利率期权）的交易，芝加哥商品交易所则全面开展了股票指数期货期权等的买卖。这样，20 世纪 70 年代末 80 年代初，金融期权市场得到了迅速的发展，金融期权交易日益活跃。自 1982 年以来，无论是场内，还是场外，金融期权交易量都迅速增加，市场规模也不断扩大，金融期权市场逐步发展成为一个门类齐全、结构完善的市场。

（三）金融期权交易的基本策略

金融期权是一种复杂的交易技术，在现实的交易活动中，无论是套期保值者，还是套利者与投机者，都有无数种可供他们选择的交易策略。这些不同的交易策略都各有其不同的适用场合和适用时机，并且可产生不同的交易结果。

金融期权有看涨期权与看跌期权这两种基本类型。而在金融期权交易中，投资者可分为期权购买者和期权出售者这两类基本的交易者。金融期权这两种基本类型与两类基本交易者的不同组合，可形成金融期权交易的四种基本策略：即买入看涨期权、卖出看涨期权、买入看跌期权、卖出看跌期权。这四种基本交易策略是其他各种比较复杂的期权交易策略的基础。

1. 买入看涨期权（Buy Call Option）

当投资者预期某种标的资产的市场价格上涨时，他可买进该标的资产的看涨期权。日后，若市场价格真的上涨，且涨至期权合约之协定价格之上，则该投资者可执行期权，从而获利，获利的多少将视市场价格上涨的幅度而定。从理论上说，因市场价格上涨的幅度无限，故期权购买者的获利程度亦将无限。反之，若市场价格不是上涨，而是下跌，且跌至协定价格或协定价格以下，也就是说当投资者预期错误时，他可放弃期权。此时，该投资者将受到一定的损失，但这种损失是有限的，且是已知的。也就是说，当期权购买者放弃期权时，其最大的损失是失去他购买期权时所支付的期权费。买入看涨期权损益如图 9－1 所示。

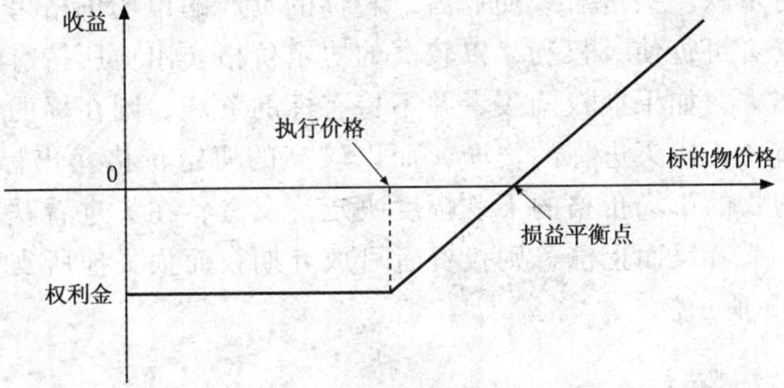

图 9－1　买入看涨期权损益图

2. 卖出看涨期权（Sell Call Option）

在期权交易中，既然有人买进，就一定有人卖出。买进者和卖出者都希望能在交易中获利。就看涨期权来说，买进者之所以买进，是因为他预期标的物的市场价格将上涨，从而希望通过履约而获利，或通过以较高的期权费转让期权合约而获利。而卖出者之所以卖出，是因为他预期标的物的市场价格将下跌，所以，他卖出期权时可收取期权费，而在标的物的市场价格下跌至协定价格或协定价格以下时，看涨期权的购买者将自愿放弃期权。同时，即使标的物的市场价格高于协定价格，期权购买者要求履约，但只要标的物的市场价格低于协定价格与期权费之和，则看涨期权的出售者也仍然有利可图，只是其利润少于他所收取的期权费而已。卖出看涨期权损益如图 9－2 所示。

因此，对看涨期权的出售者而言，其最大利润是他出售期权所得的期权费，而其最大损失则随标的物的市场价格的上涨幅度而定。从理论上说，这种损失将是无限的。然而，在卖出看涨期权时，投资者获利的可能性将大于其损失的可能性。在一般情况下，看涨期权的出售者发生大幅度亏损的概率通常很小，而获得小幅度利润的概率往往很大。所以，在现实中，投资者未必在大幅度看涨时才出售看涨期权，而只要预期市场价格不会有较大幅度的上涨，他即可卖出看涨期权，并有较大的获利可能性。同时，万一对价格的预测真的有较大的失误，则投资者也可以较高的价格“买回”同样的看涨期权以避免或限制进一步的损失。

3. 买进看跌期权（Buy Put Option）

看跌期权是期权购买者所拥有的可在未来某特定时间以协定价格向期权出售者卖出一定数量的某种金融商品或金融期货合约的权利。投资者之所以买进这种期权，是因为他预期标

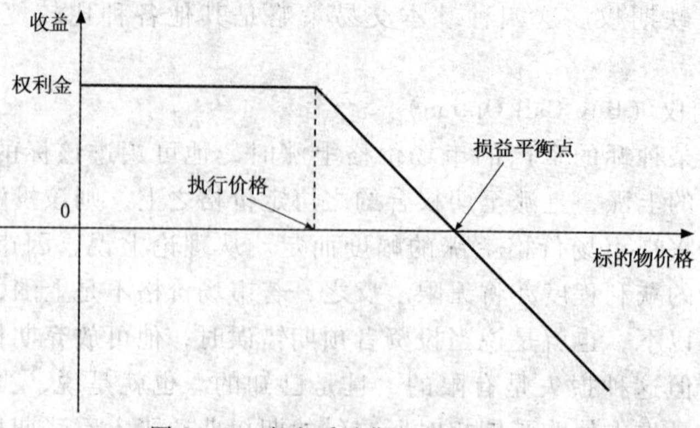

图 9-2　卖出看涨期权损益图

的资产的市场价格将下跌。买进看跌期权后，若标的资产的市场价格果然下跌，且跌至协定价格之下，则该投资者可行使其权利，以较高的协定价格卖出他所持有的标的资产，从而避免市场价格下跌的损失。如果期权购买者并不持有标的资产，则在标的资产的市场价格下跌时，他可以较低的市场价格买进标的资产，而以较高的协定价格卖出标的资产，从而获利，获利的幅度将视标的物的市场价格的下跌幅度决定。反之，在买进看跌期权后，若标的物的市场价格没有下跌，或者反而上涨，则投资者可放弃期权而损失他所支付的期权费。买进看跌期权损益如图 9-3 所示。

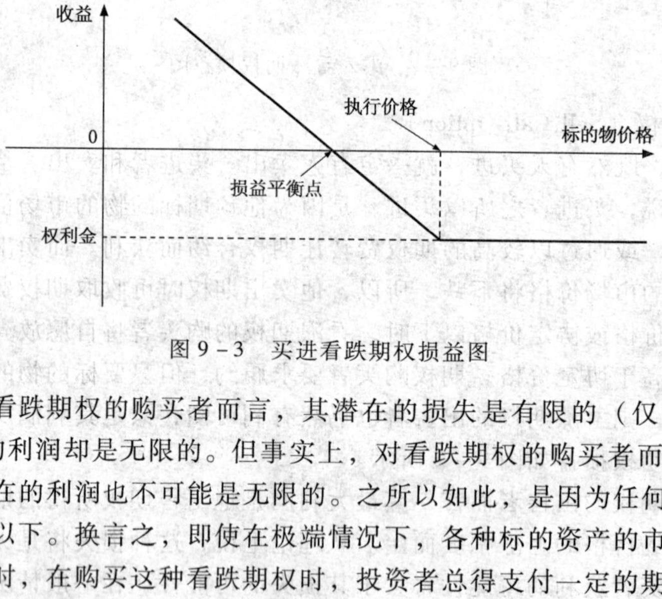

图 9-3　买进看跌期权损益图

一般认为，对看跌期权的购买者而言，其潜在的损失是有限的（仅限于他所付出的期权费），而其潜在的利润却是无限的。但事实上，对看跌期权的购买者而言，即使从纯理论的角度而言，其潜在的利润也不可能是无限的。之所以如此，是因为任何标的资产的市场价格都不可能跌到零以下。换言之，即使在极端情况下，各种标的资产的市场价格也都以零为其下跌的极限。同时，在购买这种看跌期权时，投资者总得支付一定的期权费，而期权费又不可能为一负值，即使是无内在价值的看跌期权也是如此。于是，对看跌期权的购买者而言，其潜在的最大利润也只能限于协定价格与期权费之差。

4. 卖出看跌期权（Sell Put Option）

对投资者来说，尤其是对套利者与投机者来说，卖出期权的目的是通过期权费的收取来获得收益。投资者能否获得这一收益，即他们收取的期权费能否抵补他们因出售期权而招致的损失还有剩余，决定于他们对期权标的物的市场价格的预期是否准确。所以，在一般情况下，若投资者对市场价格看涨，他们就卖出看跌期权；而若投资者对市场价格看跌，则他们就卖出看涨期权。由此可见，期权之“看涨”与“看跌”都是对期权购买者而言的，而对期权出售者而言，则情形正好相反。卖出看跌期权损益如图 9－4 所示。

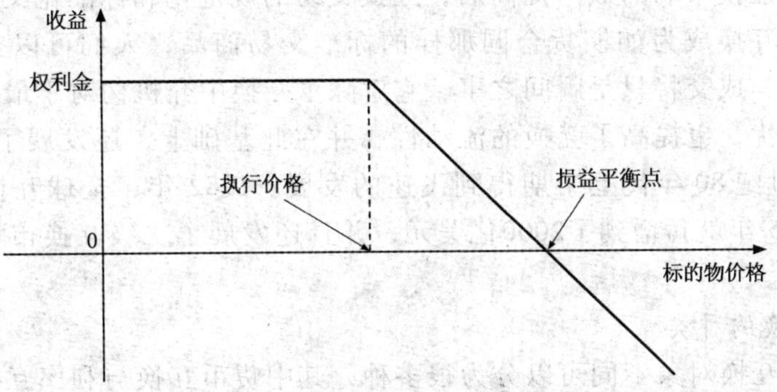

图 9－4　卖出看跌期权损益图

从获取利润的角度而言，投资者卖出看跌期权与他们卖出看涨期权一样，其最大利润是他们所收取的期权费。所以，对投资者来说，他们卖出看跌期权的最大利润也是有限的，且是已知的。但从产生亏损的角度而言，则因卖出看跌期权与买进看跌期权在盈亏方面的对称性，投资者的最大损失便是协定价格与期权费之差。

三、金融互换市场

金融互换（Financial Swaps）是约定两个或两个以上的当事人，按照商定条件，在约定的时间内，交换一系列现金流的合约。自 1981 年世界上第一份互换协议签订以来（由世界银行与 IBM 公司进行），互换交易迅速发展，已成为国际金融市场的重要业务，是金融衍生产品中最主要的工具之一。

（一）金融互换市场的产生与发展

金融互换是 20 世纪 80 年代在平行贷款和背对背贷款基础上发展起来的。所谓平行贷款，是指在不同国家的两个母公司分别在国内向对方公司在本国境内的子公司提供金额相当的本币贷款，并承诺在指定到期日，各自归还所借货币。平行贷款为非本国居民提供了避免因汇率波动而造成风险损失的工具，但是这种平行贷款包括两个独立的贷款协议，有违约风险，当一方出现违约时，另一方仍不能解除履约义务。为了解决平行贷款中的信用风险问题，背对背贷款应运而生。背对背贷款是指两个国家的公司相互直接贷款，贷款币种不同但币值相等，贷款到期日相同，各自支付利息，到期各偿还原借款货币。背对背贷款只签订一个贷款协议，协议中明确若一方违约，另一方有权抵消应尽的义务，这就大大降低了平行贷款中的信用风险，向互换大大迈进了一步。然而，这种贷款仍是一种表内业务，会影响贷款双方的资产负债结构。为了解决这个问题，所罗门兄弟公司安排在世界银行和 IBM 公司间进行了第一笔互换交易，由于互换是负债的交换或资产的交换，是一种表外业务，并不改变资产负债结构，因此从诞生起就深受欢迎，并得到飞速发展。

在互换交易及其市场发展的初期，主要是一些发达国家的投资银行、证券公司、商业银行等充当互换中介机构，为各种各样的交易者搭线，安排互换交易，这是一种效率较低的经营方式。后来，随着互换市场的发展，互换中介机构开始以最终使用者的身份先与一个互换最终使用者直接签订互换合同，然后寻找互换交易另一方配对，依样与另一个互换交易最终使用者签订反方向的互换合同，以此完成整个互换交易。

在互换交易和互换市场的效率提高后，互换交易的规范化和标准化又促进了互换市场的进一步发展，它使互换成为如期货合同那样的标准交易商品，人们可以获得互换的连续报价，一旦参与互换，成交将只是瞬间之事。它解除了互换中介机构对于最终能否为单个互换交易配对的后顾之忧，也提高了互换的流动性，并在此基础上，还发展了其他种类的互换。这样，互换在20世纪80年代上半期得到飞速的发展。1982年，全球互换市场交易额仅有30亿美元，到1985年就猛增到了2000亿美元，并且还发展了二级互换市场，标志着互换市场进入了成熟阶段。

（二）金融互换的种类

金融互换根据互换对象不同可以分为很多种，其中货币互换与利率互换是目前国际金融市场上最为活跃的两种互换交易。

1. 货币互换

货币互换（Currency Swaps）是将一种货币的本金和固定利息与另一货币的等价本金和固定利息进行交换。

货币互换由于涉及本金互换，因此当汇率变动很大时，双方就将面临一定的信用风险，当然这种风险仍比单纯的贷款风险小得多。

2. 利率互换

利率互换（Interest Rate Swaps）是指双方同意在未来的一定期限内根据同种货币的同样的名义本金交换现金流，其中一方的现金流根据浮动利率计算出来，而另一方的现金流根据固定利率计算。互换的期限通常在2年以上，有时甚至在15年以上。

利率互换与货币互换的不同在于，它不涉及本金的交换，只交换利息差额，因此信用风险很小。

第四节　国际金融市场的风险与防范

一、证券市场风险

2001年9月11日，美国纽约和华盛顿发生恐怖袭击事件，在袭击当天，美国经济几近崩溃，美国股市更是破天荒的连停4日。9月17日股市重新开市后，航空、保险、汽车、IT、零售等类股票价格一泻千里，道·琼斯指数狂跌近700点，并跌破9000点大关，纳斯达克综合指数下跌6.83%；标准·普尔500指数损失53.81点，跌幅为4.93%。美联储紧急减息0.5%来托市，但依然难挽败局。尤其是航空股，普遍暴跌65%，仅一天之内就蒸发了122亿美元的市值。

美国股市感冒引发了全球范围的动荡。法兰克福、伦敦、巴黎、多伦多等交易市场均遭冲击。欧洲最大的伦敦股市跌破5000点大关，法兰克福股市则创3年来最低，巴黎股市CAC－40种蓝筹股的平均价格指数跌幅达7.39%，香港股市重挫700点，东京股市翌日开盘便跌破10000点心理关口，以9989.34报收。泰国政府则紧急磋商，暂时关闭了泰国股市。惊魂未定的投资者蜂拥抛售各类股票，恐慌心理使全球股市哀鸿遍野。

根据估算，在复市后的5个交易日中，美国股市共计损失了13800亿美元的财富。恐怖袭击事件使美国股市创纪录的停市4天，华尔街的金融公司因此损失了10亿美元的佣金收入。

“9·11”恐怖事件引发的股灾只是有关证券市场风险的一个典型案例。它告诉人们，证券市场风险无时不在，无处不在，经济的、政治的、国内的、国外的以及证券市场自身的各相关因素，都可能对其产生或大或小的影响。在经济全球化的今天，资本可以在全世界流动，证券市场已从局部的、区域的市场发展成为全国性乃至国际性市场。一个证券市场的波动会迅速扩大，传播至全球。我国已经加入了WTO，证券市场将逐步向国际开放，证券市场面临的风险也将随之加大。这就要求我们对证券市场的风险有一定的认识，并且采取对策来防范与化解证券市场风险。

证券市场面临系统与非系统多重风险，导致证券价格具有很大的波动性、不确定性。证券市场的高风险性是由证券的本质及证券市场运作的复杂性所决定的。

（一）证券的本质决定了证券价格的不确定性

从本质上说，证券是一种价值符号，其价格是市场对资本未来预期收益的货币折现，其预期收益受利率、汇率、通货膨胀率、所属行业前景、经营者能力、个人及社会心理等多种因素影响，难以准确估计，表现在价格上具有较强的不确定性。证券的这一本质属性，决定了以它为交易对象的证券市场从一形成就具有高风险性。

（二）证券市场运作的复杂性导致了证券价格的波动性

证券市场的运作过程，实际上是市场供给与需求之间由不平衡到平衡、由平衡到不平衡的循环往复过程，但与其他商品市场不同的是，证券市场的供需主体及决定供需变化的因素与机制更加复杂。从市场参与者来看，从政府到企业、从机构到个人，形形色色，非常广泛，他们在市场中的地位、对市场的熟悉程度、对市场的要求千差万别。从市场构成来看，包括发行主体、交易主体、中介机构等，代表着不同的利益群体，内部运作机制各不相同。从交易工具来看，有债券、股票、基金及金融衍生商品等，各类工具在性质、交易方式、价格形成机制等方面既自成体系，又彼此联系。在这一市场环境中，证券市场的价格表现得更加难以捉摸，不断波动，甚至暴起暴落。

（三）投机行为加剧了证券市场的不稳定性

在证券市场的运作过程中，投资行为与投机行为是相互伴生的。投机资本追逐利润的行为，加剧了市场价格波动。当投机行为超过正常界限变成过度投机时，则市场风险突显。例如，20世纪20年代末美国股市出现投资大众化浪潮，投资者最少只需交10%保证金即可购买股票，信用交易条件之宽、规模之大空前绝后。股价逐日飚升，中场投机气氛炽热，道·琼斯指数从1926年的120点飞速达到1929年的最高点——386点。最终，疯狂的投机导致更大幅度的灾难性暴跌，到1932年，道·琼斯指数下降了85%。

（四）证券市场风险控制难度较大

从客观上看，证券市场涉及面广，敏感度高，社会、文化生活中的许多变化都会对市场风险的积聚产生影响，任何重大政治、经济事件都可能触发危机，对市场中的所有风险因素难以全面把握、控制。从主观上看，受监管能力及自律程度的局限，各类甘冒风险博取盈利的不规范、不自律行为难以杜绝，而对违规行为的发现、纠正则需有一段过程，诸如香港百富勤公司因大量持有印尼债券而陷于财务困境最终清盘等事例，都说明证券市场风险无处不在、无时不在。

（五）证券市场风险对社会、经济的冲击力和破坏力较大

证券市场是经济、社会的焦点，证券市场风险是各种经济矛盾、问题的集中体现。例如，美国1929年股市崩溃加剧了银行体系混乱，触发了信用危机，1929年至1930年间有6000多家银行倒闭。股市崩溃后，投资者损失惨重，生产积压更为严重，失业人口达到5000万人。1929年美国国民收入为800亿美元，1932年降至400亿美元。

同成熟市场相比，我国证券市场起步晚，还处于初级阶段。上市公司、证券公司等市场参与者的素质有待提高，投资者的风险意识相对薄弱，监管手段有待完善，管理市场的经验还不成熟，市场所隐含的风险更大。所以，我们要充分认识防范和控制市场风险的必要性，加强证券市场风险防范与控制。

二、金融衍生市场风险

1995年3月，有233年历史的英国著名投资银行——巴林银行因其新加坡期货公司交易员尼克·里森投机日经指数期货和期权失败，形成8.6亿英镑的巨额亏损而倒闭，最后被国际荷兰集团以象征性的1英镑收购。无独有偶，几近同时，我国国内出现了上海证券交易所“327”国库券期货风波，著名的万国证券公司因投机亏损10亿多元人民币。这些例子告诉我们，金融衍生市场投机行为存在高风险性，并有可能导致严重后果，必须引起人们的高度重视。近年金融衍生品市场风险案例见表9－1。

表9－1　近年金融衍生品市场风险案例　　单位：亿美元

时间	公　司	亏损金额	交易方式
2008年	巴西Aracruz	21	外汇期权
2008年	香港中信泰富	19	外汇衍生品
2008年	法国兴业银行	71	股指期货
2006年	美国Amaranth	67	天然气期货
2005年	中国国家储备局	2	金属类期货
2004年	中国中航油（新加坡）	5.5	石油期权
2000年	奥地利BAWAG银行	19.7	外汇衍生品
1998年	美国长期资本管理公司	58.5	利率衍生品

（一）金融衍生市场风险的表现

金融衍生工具交易的高风险性，主要体现在以下几个方面：

第一，从衍生工具市场的运作机制来看，由于金融衍生工具交易的杠杆作用，使投机者可能以较小的资金获得较大的利润。因为衍生工具交易实行保证金交易制度，交易者只须缴纳5%～10%的保证金，便可以做100%的交易，从而使得衍生工具交易可以以小博大，吸引了众多的投机者。这对衍生工具市场的高风险起了推波助澜的作用。

第二，从衍生工具交易的操作过程和结果看，衍生工具交易一旦发生，在未平仓前很难在账面上直接反映出来，属表外业务，容易隐藏亏损，因而很难事前控制，一经平仓，已无可奈何。一些机构投资者，当市场动向与交易时预测的方向相背离时，可能不仅不停止交易，反而追加资金力图使市场改变方向，这样做的风险是非常大的，可能会使其越陷越深不能自拔，最后将所有能动用的资金都用上，孤注一掷，以至于全军覆灭。正因为如此，衍生工具交易的风险具有亏损面广、亏损额大的特点。

第三，从衍生工具市场产生和发展的历史进程来看，衍生工具市场的高风险，除了包含自身运作过程中各因素所形成的风险外，还容纳了由现货市场转移过来的风险。从衍生工具市场本身交易看，是一种信用交易，因而存在信用风险。同时，由于衍生工具市场属于期货市场范畴，因而其市场行情要受到现货市场价格的影响，从而必然将现货市场的某些风险带进衍生工具市场。

第四，金融衍生市场存在许多人为风险因素。这主要包括：一是把交易员收入与交易利润挂钩的奖励制度；二是管理层缺乏经验，监督乏力；三是相关金融法律、法规不完善等。

（二）金融衍生市场风险的防范与管理

金融衍生工具是把“双刃利剑”，有利有弊，国际上一般从加强内部管理与外部监督两个方面来对金融衍生市场风险进行防范与管理。

1. 加强对金融衍生工具交易的内部管理

这主要包括：

（1）建立严格的交易员资格审查制度。交易风险往往由交易员作弊或市场操作失误而造成。因此对交易员的学历、经历应有明确的要求，可采取通过权威机构的有关考试、持证上岗的办法。同时，定期对交易员的职业道德、业务水平进行实事求是的考核。

（2）交易员应严格执行公司有关风险管理的政策规定，严禁超头寸下单。

（3）交易员应根据市价变动情况及时向管理层或客户报告交易盈亏情况，严格控制损失幅度，超越一定亏损幅度应及时平仓。

（4）严格区分委托交易和自营交易。

（5）建立严格的、合理的交易员奖惩制度。

2. 加强法制建设，完善外部监督体制

首先，进一步完善各种衍生工具交易法律、法规建设，使金融衍生工具交易做到有法可依，有章可循。其次，建立一个全国统一的管理机构，赋予其特定的权力和职能，负责对金融衍生工具交易的监督和管理，诸如根据资本金的大小确定持仓限额，防止内幕交易和操纵市场，合理制订并及时调整保证金比例，以免发生连锁性的合同违约风险，不断增强交易的透明度，信息披露规范化，完善会计反映体系，加强衍生工具交易的清算、结算和支付系统的管理，严肃及时处罚违规的交易员。最后，需制定出一套严格、有效的管理方法和手段，以形成一个严格自律的管理体制。

三、美国次贷危机

2007 年 2 月 13 日，美国新世纪金融公司（New Century Finance）发出 2006 年第四季度盈利预警。同时，汇丰控股为在美次级房贷业务增加 18 亿美元坏账准备，接下来是一系列金融机构的亏损预期和倒闭。从此，由美国房地产次级按揭贷款引发了一场影响空前、教训深刻的次贷危机，进而导致全球金融危机爆发。这一轮由美国次贷危机引起的金融危机对全球实体经济和虚拟经济均产生了深远的影响，也为我们思考经济的可持续发展提供了借鉴。限于本书内容，这里只简要介绍美国次贷危机发生的过程、原因以及危机所带来的启示。

（一）美国次贷危机发展过程

在2006年之前的5年里，由于美国住房市场持续繁荣，加上前几年美国利率水平较低，美国的次级抵押贷款市场迅速发展。随着美国住房市场的降温尤其是短期利率的提高，次级抵押贷款的还款利率也大幅上升，购房者的还贷负担大为加重。2007年2月13日，美国新世纪金融公司发出2006年第四季度盈利预警。汇丰控股为在美次级房贷业务增加18亿美元坏账准备。面对来自华尔街174亿美元逼债，作为美国第二大次级抵押贷款公司——新世纪金融公司在2007年4月2日宣布申请破产保护、裁减54%的员工，美国次级抵押贷款危机开始初露端倪。

2007年8月2日，德国工业银行宣布盈利预警，后来更估计出现了82亿欧元的亏损，因为旗下一个规模为127亿欧元的“莱茵兰基金”（Rhineland Funding）以及银行本身少量地参与了美国房地产次级抵押贷款市场业务而遭到巨大损失。德国央行召集全国银行同业商讨拯救德国工业银行的一篮子计划。美国第十大抵押贷款机构——美国住房抵押贷款投资公司8月6日正式向法院申请破产保护，成为继新世纪金融公司之后美国又一家申请破产的大型抵押贷款机构。2007年8月8日，美国第五大投行贝尔斯登宣布旗下两支基金倒闭，原因同样是由于次贷风暴。2007年8月9日，法国第一大银行巴黎银行宣布冻结旗下三支基金，同样是因为投资了美国次贷债券而蒙受巨大损失。此举导致欧洲股市重挫。2007年8月13日，日本第二大银行瑞穗银行的母公司瑞穗集团宣布因美国次贷业务损失了6亿日元。据瑞银证券日本公司的估计，日本九大银行持有美国次级房贷担保证券已超过一万亿日元。此外，包括Woori在内的五家韩国银行总计投资5.65亿美元的担保债权凭证（CDO）。至此，美国次级房贷风暴开始大范围波及，次贷危机影响进一步加深。

同年8月，为了防止美国次级抵押贷款市场危机引发严重的金融市场动荡，美联储、欧洲央行、日本央行和澳大利亚央行等向市场注入资金。9月，英国第五大抵押贷款机构诺森罗克银行，因美国次级住房抵押贷款危机出现融资困难，该银行遭遇挤兑风潮。10月，美林证券财报称，第三季度在次贷相关领域遭受约80亿美元损失。美林证券CEO斯坦·奥尼尔随后辞职。11月，阿联酋主权基金阿布扎比投资管理局将投资75亿美元购入花旗集团4.9%的股份，花旗因次贷事件受到重创。12月，美国财政部表示，美国政府已经与抵押贷款机构就冻结部分抵押贷款利率达成协议，超过200万借款人的“初始”利率有望被冻结5年。12月，美、欧、英、加、瑞士央行宣布，将联手向短期拆借市场注资，以缓解全球性信贷紧缩问题。全球各国开始积极采取措施应对美国次贷危机带来的影响，共同合作解决危机。

随着事态的发展，美国次贷危机逐渐演变成了一场全球性的金融危机，对全球实体产业和虚拟经济均产生了严重的冲击。在持续了2年多后，随着全球经济发展的恢复，金融危机得以逐渐止步，但次贷危机带来的危害将长期地影响全球经济的发展，同时也为全球各国经济的可持续发展提供借鉴。

（二）美国次贷危机的原因

美国次贷危机的直接原因是利率上升和住房市场持续降温。在美国，通常都是通过长期贷款来购房，部分收入并不稳定甚至根本没有收入的人，买房因为信用等级达不到标准，就被定义为次级信用贷款者，美国次级抵押贷款市场通常采用固定利率和浮动利率相结合的还款方式，即：购房者在购房后头几年以固定利率偿还贷款，其后以浮动利率偿还贷款。在2006年之前的5年里，由于美国住房市场持续繁荣，加上前几年美国利率水平较低，美国的次级抵押贷款市场迅速发展。但是，随着美国住房市场的降温尤其是短期利率的提高，次贷还款利率也大幅上升，购房者的还贷负担大为加重。同时伴随房价的突然走低，借款人无力偿还时，房屋出售甚至无法弥补贷款额本身，这直接导致大批次贷的借款人不能按期偿还贷款，进而引发了次贷危机。

但是，在表面因素之后，还存在着更深层次的原因，主要有：

第一，美国投资市场以及全球经济、投资环境的持续过热。进入21世纪，世界经济金融的全球化趋势加大，全球范围利率长期下降、美元贬值以及资产价格上升，使流动性在全世界范围内扩张，激发追求高回报、忽视风险的金融品种和投资行为的流行。在一个低利率的环境中，它能使投资者获得较高的回报率，这吸引了越来越多的投资者。美国金融市场的影响力和投资市场的开放性，吸引了不仅来自美国、而且来自欧亚其他地区的投资者，从而使得需求更加兴旺。面对巨大的投资需求，许多房贷机构降低了贷款条件，以提供更多的次级房贷产品。这在客观上埋下危机的隐患。事实上，不仅是美国，包括欧亚、乃至中国在内的全球主要商业银行和投资银行，均参与了美国次级房贷衍生产品的投资，金额巨大，使得危机发生后影响波及全球金融系统。

第二，银行和非银行金融机构违规操作，忽略贷款风险。在美国次级房贷的这一轮繁荣中，部分银行和非银行金融机构利用房贷证券化将风险转移到投资者身上，有意地降低贷款信用门槛，导致银行、金融和投资市场系统风险的增大。在过去几年，美国住房贷款一度出现首付率逐年下降的趋势。房贷首付额一度降到了零，甚至出现了负首付。有的金融机构还故意将高风险的按揭贷款，打包到证券化产品中去，向投资者推销这些有问题的按揭贷款证券。而评级市场的不透明和评级机构的利益冲突，又使得这些严重的高风险资产得以顺利进入投资市场。

第三，金融监管缺乏，投机盛行。自20世纪80年代以来，美国一直通过制定和修改法律，放宽对金融业的限制，推进金融自由化和金融创新。发展到现在，储蓄机构可以购买商业票据和公司债券，发放商业抵押贷款和消费贷款，甚至购买垃圾债券。另外，美国国会还先后通过了《1987年公平竞争银行法》、《1989年金融机构改革、复兴和实施方案》以及1999年《金融服务现代化法》等众多立法，消除银行业与证券、保险等投资行业之间的壁垒，从而为金融市场的金融创新、金融投机等打开方便之门。在上述法律改革背景之下，特别是自20世纪90年代末以来，随着利率不断走低，资产证券化和金融衍生产品创新速度不断加快，美国华尔街的投机气氛日益浓厚。

第四，社会分配关系严重失衡，中产阶级收入不升反降。近30年来，美国社会存在着老百姓超前消费，同时，收入却一直呈下降态势。经济发展的成果更多地流入富人的腰包。统计表明，这几十年来美国贫富收入差距不断扩大，加上弥漫全社会的奢侈消费文化和对未来繁荣的盲目乐观，为普通民众的借贷超前消费提供了可能，这也为美国的次级房贷市场的发展兴盛创造了有利条件。

（三）美国次贷危机的启示

美国次贷危机在给我国经济带来严重影响的同时，也为我国经济金融发展和宏观调控提出了多方面的启示，主要有以下几个方面：

第一，完善监管体系。建立强有力的金融监管体系是金融市场稳健快速发展的保障。银行经营应保持其安全性、流动性，之后才是盈利性。由于银行本身资产结构的高负债比例，容易使股东或管理者从事高风险业务。为了实现银行的健康发展，必须对银行进行有效的监管。外部监管应该与银行内部监管部门齐头并进，对商业银行进行有效监管。外部监管体系的完善，包括相关法律法规的健全和监管机构的建立，相关法律法规应该对银行的高风险业务经营进行有效的约束。外部监管应该引导银行业的稳健运行，从而维护金融市场的稳定。内部监管部门应对本行的资产和业务进行客观的风险评估，从根本上对风险进行有效的控制。

第二，增强银行的抗风险能力。银行的本质是风险经营，要减少危机对银行本身的冲击就必然要求银行有抵御风险的能力。有效的金融创新已被证明不仅能为银行带来直接的收益，也能为银行化解风险提供更多、更有效的工具。在我国金融市场发展的现阶段，我国商业银行资产证券化还不成熟，放贷风险基本集中于银行本身，因此，银行应该积极开拓新的金融产品以到达转嫁和化解风险的目的，实现银行的快速、健康发展。

第三，加强房贷申请者的资信和还贷能力的审查。由于我国贷款主要来自商业银行，应加强商业银行对住房贷款申请者信用和还贷能力的审核。在我国个人消费信用评价系统还处于初级阶段、个人信用的数据储备还不完善的情况下，信贷机构应在此基础上更加注重贷款者还贷能力的审核。而在现阶段，房地产市场在中国经济增长中占有很大比例，这就需要尽量避免商业银行或信贷机构因为利益的驱使而放松借款者的资格标准，或对其有可能虚假的信息不进行必要的审核，这就要求金融机构加强对职员职业操守的培养。与此同时，我国应该建立个人信用评级制度，给商业银行评价消费者信用提供一个合理的依据。

第四，完善我国证券市场，发展债券市场，推进资产证券化。流动性过剩格局下发展债券市场，既要防止风险被低估，又要提升评级公司透明度。当前我国正在着力发展公司债市场，公司债在流动性过剩的情况下容易产生风险低估，我国应进一步推进利率自由化，从多方面入手解决流动性过剩，从根本上防止风险低估产生的问题。此外，我国的评级机构也是接受债券发行人付费，甚至存在按评级结果付费的现象，为避免重蹈美国评级公司的覆辙，迫切需要制订对评级机构的切实可行的改革方案。

思考与练习

一、名词解释

金融期货

金融期权

金融互换

二、概念比较

国际货币市场与国际资本市场

传统国际金融市场与欧洲货币市场

三、辨析

1．LIBOR 是国际金融市场的中长期利率。

2．国际中长期信贷往往采取银团贷款方式。

四、问答

1．简述国际金融市场的发展过程及其趋势。

2．简述国际货币市场上的金融工具。

3．期权交易有哪些基本交易策略？

4．为什么说证券市场是高风险的市场？

主要参考书目

1. 张亦春、郑振龙：《金融市场学》，高等教育出版社 2013 年版。
2. 吴晓求：《证券投资学》，中国人民大学出版社 2014 年版。
3. 黄达：《金融学》，中国人民大学出版社 2012 年版。
4. 杨长江、姜波克：《国际金融学》，高等教育出版社 2014 年版。
5. 滋维·博迪：《投资学》，机械工业出版社 2012 年版。
6. 易纲、吴有昌：《货币银行学》，格致出版社、上海人民出版社 2014 年版。
7. 姜波克：《国际金融新编》，复旦大学出版社 2012 年版。
8. 沈悦：《证券投资学》，中国人民大学出版社 2015 年版。
9. 中国证券投资基金业协会：《证券投资基金》，高等教育出版社 2015 年版。
10. 本杰明·格雷厄姆、代维·多德：《证券分析》，中国人民大学出版社 2013 年版。
11. 谢百三：《证券投资学》，清华大学出版社 2005 年版。
12. 约翰·赫尔：《期权、期货及其他衍生产品》，机械工业出版社 2014 年版。
13. 胡金焱：《证券投资学》，高等教育出版社 2013 年版。
14. 吴晓灵：《中国金融政策报告（2015）》，中国金融出版社 2015 年版。
15. 李杨、王国刚：《中国金融发展报告》，社会科学文献出版社 2014 年版。
16. 布鲁斯·塔克曼、安杰尔·塞拉特：《固定收益证券》，机械工业出版社 2014 年版。
17. 曹凤岐、刘力、姚长辉：《证券投资学》，北京大学出版社 2013 年版。
18. 李心丹：《金融市场与金融机构》，中国人民大学出版社 2013 年版。